Matthias v. Saldern

Klassengröße - gestern und heute

STUDIEN ZUR KLASSENGRÖSSE

Band 1

Die Bände 1 bis 3 der Studien zu Klassengröße basieren auf der modifizierten Fassung der Habilitationsschrift "Klassengröße als Forschungsgegenstand". Universität in Landau: Fachbereich Erziehungswissenschaften, 1992

Klassengröße - gestern und heute

Von

Matthias v. Saldern

Verlag der Universität in Landau

Die Deutsche Bibliothek - CIP-Titelaufnahme

Saldern, Matthias von:
Klassengröße - gestern und heute/ von Matthias
v. Saldern.- Verlag der Universität in Landau, 1993
ISBN 3-923786-39-5

Gesamtherstellung: difo-Druck, Bamberg

ISBN 3-923786-39-5

für

Adelheid und Manfred

INHALTSVERZEICHNIS

1. EINLEITUNG

Zum Schulstart werden die Klassen wieder größer - dpa-Meldung 1991

Vielleicht bringt keine Variable die Probleme des Lebendigen so lebhaftund klar vor das Auge des Analytikers, wie die der Größe. Der Elefant leidet an den Problemen der Größe; die Spitzmaus an denen der Kleinheit. Dem Elefanten ginge es aber nicht besser, wenn er erheblich kleiner wäre, und auch für die Maus wäre es keine Erlösung, wenn sie viel größer wäre. Wir können sagen, daß jeder der Größe *überlassen* ist, die besteht" (BATESON, 1987, S. 73).

Diese Veranschaulichung von Gregory Bateson gilt sicher für eine Vielzahl von Phänomenen, nicht nur für Naturphänome, sondern auch für soziale. Inwieweit sie insbesondere auch tragfähig ist für die Beschreibung der Wirkung von Größe sozialer Gruppen, muß erst einmal geprüft werden. Dazu wird in der vorliegenden Arbeit nicht generell über soziale Gruppen reflektiert, sondern die Aufmerksamkeit wird auf eine ganz spezifische Gruppe gerichtet, in der die meisten von uns über Jahre gelebt und gelernt haben: die Schulklasse.

Es stellt sich schnell heraus, daß gerade die Diskussion über den Problemkreis Klassengröße als Themenbereich eine der spannendsten ist: Die Diskussion darüber ist nämlich einerseits durch die Betroffenen Lehrer, Eltern und Schüler emotional besetzt, andererseits ist der wissenschaftliche Beitrag gerade im Sinne einer Politikberatung äußerst unbefriedigend. Wenn die Lage aber der hier so skizzierten entspricht, stellt sich die Frage, wieso der Problemkreis Klassengröße nicht schon längst unter verschiedenen Aspekten aufgearbeitet ist. Es könnte daran liegen, daß trotz der öffentlichen Diskussion Klassengröße unter wissenschaftlichen Kriterien zur Erklärung sozialer Phänomene nicht tragfähig erscheint. Es ist allgemeine Aufgabe dieser Arbeit zu zeigen, daß diese Ansicht nicht gerechtfertigt ist. Dies begründet sich schon durch ein Mißverhältnis zwischen öffentlicher Diskussion und der wissenschaftlichen Forschungspraxis. Die Bedeutung dieser Problematik wird verschiedentlich offenbar.

1.1 Erwartungen an kleine Klassen

Die Diskussion über die Wirkung der Klassengröße wird dadurch erschwert, daß die Erwartungen an kleine Klassen oftmals polemisch sind und/oder sich durch einen unzureichenden Bezug zu sozialwissenschaftlichen Daten auszeichnen.

Eltern, Lehrer und Schüler sind sich offensichtlich ebenso wie die bildungspolitisch interessierte Öffentlichkeit über den pädagogischen Nutzen kleinerer Klassen einig. Die Senkung der Klassengrößen wird als wirkungsvolle Maßnahme zur Verbesserung der Schulqualität angesehen. Man erwartet, daß sich die Schulleistungen verbessern, Disziplinprobleme verringern, und daß die sozialen Kontakte sich intensivieren. Diese Ansicht über die Wirkung kleiner Klassen ist dabei durchaus nicht nur auf die Bundesrepublik beschränkt, sondern international festzustellen.

Zwar wird in einer Vielzahl von vorwiegend praxisbezogenen Veröffentlichungen auf die Bedeutung reduzierter Klassengrößen für die Qualität schulischer Lehr- und Lernprozesse hingewiesen, die empirische Forschungslage gibt aber nur selten Unterstützung für einzelnen Annahmen. Bei der Argumentation finden sich Bereiche, für die positive Effekte genannt werden können (BENNETT, 1987; HADDAD, 1978; KRÜGER, 1981; MCKENNA & OLSON, 1975):

Die Lehrer sollen höher motiviert sein und Verfahren einzusetzen, die das Lernen fördern. Sie sollen angemessenen auf die Leistungs- und Verhaltensbesonderheiten aller Schüler eingehen. Ihr Arbeit sei mit weniger Streß und mehr Berufszufriedenheit verbunden. Generell werden mit kleinen Klassen bessere Arbeitsbedingungen assoziiert.

Bei Schülern wird der Erwerb von Sprach- und Sozialkompetenz begünstigt; sie erlernten mehr Verantwortungsbewußtsein und erhielten ein höheres "seelisches Wohlbefinden". Weiterhin könnten sie in kleinen Klassen eher Leistungsschwächen kompensieren. Generell wird eine optimale Förderung der Schüler durch Differenzierung und Individualisierung mit kleinen Klassen verbunden.

Auch für die Schülergruppe ergäben sich Vorteile in kleinen Klassen: Weniger Außenseitertum sei ein wesentliches Kennzeichen kleiner Klassen, der Unterricht sei, kein "Massenbetrieb", sondern eher überschaubar. Es gäbe weniger Spannungen, ein günstigeres Sozialklima, also generell ein besseres Sozialverhalten in kleinen Klassen.

Für die Eltern ergäbe sich ein engerer Kontakt zu den Lehrern und Lehrerinnen.

Diese Liste ließe sich beliebig erweitern. Aber man kann diesen Hoffnungen auch leicht potentielle Quellen der Ernüchterung gegenüberstellen: Für Schüler könnte relevant sein, daß andere Faktoren die vermutete positive Entwicklung in kleinen Klassen stören oder gar verhindern. Bei Lehrern könnte man annehmen, daß die Effekte der Klassengröße durch andere Faktoren, die die Arbeitsbedingungen ausmachen, moderiert werden. Der Kontakt zwischen Lehrer und Eltern wird vielleicht behindert durch das Desinteresse der Eltern.

Positive Erwartungen von kleinen Klassen sind aber durchaus unterschiedlich je nach Perspektive und Art der Berührung mit dem Faktor Klassengröße. Schüler, Eltern, Lehrer und die Kultusadministration werden teilweise ähnliche, teilweise sehr unterschiedliche Stellungnahmen abgeben. Da die Qualität dieser Stellungnahmen sehr unterschiedlich ist, fällt es manchmal schwer, die außerwissenschaftliche Diskussion um die optimale Klassengröße nachzuvollziehen, so viel Polemik zeigt sich kaum auf einem anderen Gebiet. BLOMBERG & LUTZMANN (1976) berichteten bspw. über die Aktion *Kleine Klasse* in Niedersachsen. Dort wird ein Kind in der Schulklasse mit einem Schäferhund verglichen. Das Kind habe durchschnittlich 1,8m^2 zur Verfügung, der Schäferhund allerdings 8m^2. Offensichtlich wurde hier nicht verstanden, wie ein Schäferhund lebt. Er lebt (im schlimmsten Falle) sein ganzes Leben in diesen 8m^2, ein Kind ja wohl nicht sein ganzes Leben auf 1,8m^2. Aber auch bei den Gegnern kleinerer Klassen lassen sich leicht Polemiken finden. So z.B. bei LAUGHLIN (1976). Dieser vertritt die Auffassung, daß der Glaube an die kleine Zahl mit der Politik eines Rabbis aus dem 3. Jahrhundert vergleichbar sei.

Solche unwissenschaftlichen und der Diskussion keineswegs dienlichen Aussagen gibt es zuhauf: RAUSCHER (1986, S. 10) spricht bspw. von einer "Monokultur der kleinen Klasse", in der die Chancen des sozialen Lernens verengt würden: "Ehrgeiz nämlich kann durchaus gesund sein".

Nun darf man sich aber nicht zum Urteil verleiten lassen, daß nur Vertreter der Kultusadministration ohne empirische Grundlage argumentieren: Die Aktion *Kleine Klasse* (1972) ist der Auffassung, daß Klassen, die größer als

30 Schüler sind, automatisch zu einem dominanten Lehrstil führen.[1] Und die Folgen des dominanten Lehrstils seien ja durch die Arbeiten von TAUSCH & TAUSCH (1973) hinlänglich bekannt.

Trotz der schwachen empirischen Stützung findet die Forderung nach Senkung der Klassengrößen allgemein breite Zustimmung und ist in zahllosen Stellungnahmen begründet worden. Die vom Kultusminister des Landes Baden-Württemberg eingesetzte Kommission *Anwalt des Kindes*, die in einer 1978 veröffentlichten Empfehlung eine deutliche Senkung der Klassengrößen unter 30 Schülern als vordringlichste bildungspolitische Reformmaßnahme bezeichnet, weist darauf hin (Empfehlungen, 1978, C1), daß

- das seelische Wohlbefinden der Schüler ebenso wie die vielfältigen Formen der Lehrer-Schüler-Interaktion in zu großen Klassen beeinträchtigt würden,
- innere Reformmaßnahmen mit Erfolg nur in kleinen Klassen zu verwirklichen seien und nur dort das Lernen der Schüler begünstigt würde und eine Reduzierung der überhöhten Stundenzahlen möglich sei,
- sich die Intensität individueller Betreuung, auf die vor allem Schüler mit Leistungsschwächen, langsam lernende Schüler und Gastarbeiterkinder angewiesen seien, ebenso wie die Kontakte zu den Eltern mit steigender Klassengröße verringerten,
- ab einer bestimmten Klassengröße der Geräuschpegel ein die Kommunikation beeinträchtigendes Ausmaß erreiche, häufiger Störungen des Unterrichts aufträten, die Unterrichtszeit durch notwendige disziplinierende Maßnahmen verkürzt würde und der Lehrer insgesamt zu einem autoritären Führungsstil gezwungen würde,
- sich mit zunehmender Klassengröße die gruppendynamischen Verhältnisse in Richtung Massenbetrieb entwickelten, was u.a. Unterdrückung von Einzelinitiativen, Gruppenabhängigkeiten, Konformität der Meinungsbildung und Schwächung des individuellen Verantwortungsgefühls zur Folge habe.

MILSTEAD hat die Diskussionslage sehr treffend charakterisiert: "Everyone admits the virtue of smaller classes without fully understanding why. There is little empirical evidence to justify their existence" (1973, S. 4). Nur in seltenen Fällen werden empirische Untersuchungen herangezogen, die die positiven oder negativen Argumente stützen könnten, dies trotz zahlreicher offener Fragen, wie sie z.B. von SCHIEBER et al. (1979) formuliert worden sind. Häufig werden auch empirische Ergebnisse benannt, die bei

---

1) Zu dieser Aussage kam aber auch schon Tews im Jahre 1913.

näherem Hinsehen keineswegs als Beleg gelten können. In vielen Fällen scheint eine Augenscheingültigkeit ausreichend zu sein. Es bleibt aber die Frage: "What actually happens in an class of 15 that does not happen in a class of 30?" (KLEIN, 1985, S. 579).

All diese vermeintlichen Vorteile gehen von einer Linearität in der Beziehung zwischen Klassengröße und einer weiteren Variablen aus. "Je kleiner, desto besser?" fragten schon INGENKAMP et al. (1985). Die Frage aber bleibt: Wie klein? Zur Beantwortung dieser Frage gibt es zahlreiche Vorschläge.

1.2 Magische Zahlen

Wie groß soll eine Schulklasse sein? Zahlreiche Autoren geben Empfehlungen, wie groß die durchschnittliche Anzahl von Schülern in einer Klasse sein soll. Im folgenden sollen diese Vorschläge als *magische Zahl* bezeichnet werden, denn bei den meisten dieser Vorschläge fällt auf, daß sie empirisch nicht begründet sind, bestenfalls auf subjektiven Erfahrungen der Autoren basieren. COMENIUS (1909, S. 135) dazu: "Wie kann ein einziger Lehrer für eine Anzahl von Schülern, wie groß diese immer sei, ausreichen?". Bei NOHL & PALLAT (1933, S. 101; Band 4) findet man folgende Wertung: "Ein erträgliches Maß ist es aber sicherlich nicht, wenn bis zu 50 Kinder und sogar darüber hinaus in demselben Raume betreut werden sollen." Schon vor 60 Jahren gab es Wünsche, die z.T. heute noch nicht erfüllt sind: "Ideal wäre: Unterstufe 30, Mittelstufe 25, Oberstufe 20 Schüler; erträglich bleiben 40 bzw. 30 und 25 Schüler" (SPIELER, 1932, S. 854). Das erstaunliche an der Diskussion ist, daß die optimale Klassengröße durchaus unterschiedlich hoch angesetzt wird. Dies kann man im günstigsten Falle auf inhaltliche Überlegungen zurückführen, aber auch auf den historischen Zeitpunkt, zu dem diese Aussage getroffen wurde. Dazu im folgenden ein paar Beispiele:

Maximum: 30 Schüler. "Aufsehen erregte die Forderung des bekannten Greifswalder Naturwissenschaftlers Prof. Dr. Rehmke, die Höchstzahl einer Klasse möge auf 30 Kinder gesetzlich festgelegt werden" (REUKAUF, 1909, S. 326). Dies zu einer Zeit, in der 100 Schüler in einer Volksschulklasse keine Seltenheit waren (siehe Kap. 2). Siebzig Jahre später wird diesselbe Forderung noch einmal gestellt: SINGER (1976, S. 45f) fordert Klassen "nicht über 30", am besten um 20 Schüler. Der Autor begründet dies damit, daß das emotionale Lernklima bei zu großen Klassen ungünstiger würde.

Empirische Daten werden nicht vorgelegt. SINGER wird von ANGER (1970, S. 112) gestützt. Dieser spricht von einem *Umschlagpunkt* bei 25 bzw. 30 Schülern in einer Klasse. In der gleichen Höhe der magischen Zahl befindet sich THORNE (1946), der für Grundschulen Klassen nicht größer als 30 Schüler fordert. Dieser Auffassung schließt sich auch LITTLE (1951), der ebenfalls für amerikanische Grundschulen Klassen nicht größer als 30 Schüler propagiert. REUKAUF wertet diese Diskussion wie folgt: "Erfahrene Pädagogen geben 30 als Höchstzahl in Rücksicht auf diese und ähnliche Bedenken an ... Wir halten dies, wie schon erwähnt ist und hier nochmals ausdrücklich hervorgehoben sein möge, für subjektiv ..." (REUKAUF, 1909, S. 329).

Maximum: 25 Schüler. REUKAUF (1909, S. 327) kommt deshalb nach einer Vielzahl von Plausibilitätsüberlegungen zu folgender Forderung: "So nach sehen wir unter Berücksichtigung der vielen einzelnen Bedenken gegen die gewöhnliche Auffassung eine Zahl von 20 bis 30 Kindern für die Schulanfängerklassen als die Normalzahl an". 60 Jahre später: "Pädagogisch gut ist ein Klassendurchschnitt von 20 bis 25 Schülern (in einigen Staaten praktisch erreicht)" (GROOTHOFF & STALLMANN, 1971 S. 597). NÖRENBERG (1973) glaubt die Obergrenze von 25 Schülern aus Art. 3, Abs. 1 des Grundgesetzes herleiten zu können. Diese juristische Argumentation ist nur schwer nachzuvollziehen, insbesondere fragt sich, warum gerade die Zahl 25 und nicht eine andere durch das Grundgesetz gestützt wird. 25 Schüler in einer Klasse als Maximum werden ebenso von KELIHER (1966) gefordert. Von BLOMBERG & LUTZMANN (1976, S. 630) aber dazu: 25 Schüler "sind bereits eine Größe, die Erziehung nicht mehr ermöglicht". Die Autoren geben keine Belege für ihre Auffassung. Nach Ansicht der Kommission *Anwalt des Kindes* sollten wegen der fundamentalen Bedeutung des ersten Schuljahres für den späteren Schulerfolg die Klassen für Schulanfänger zwischen 18 und 22 Schüler aufweisen und einen Maximalwert von 25 auf keinen Fall übersteigen. Zur Begründung wird angeführt, daß Schulanfänger eine intensivere individuelle Betreuung und pädagogische Zuwendung durch den Lehrer benötigten, damit auftretende Schwierigkeiten frühzeitig erkannt und geeignete therapeutische Maßnahmen eingeleitet werden könnten (EMPFEHLUNGEN, 1978, C3). Auch ROTH (1970, S. 90) stützt die Obergrenze von 25 Schülern, weil hier die "kritische Masse" beginne. Für BARTMANN (1974, S. 85) beginnt bei 25 Schülern die "Großklasse", die zu "Konfliktmöglichkeiten" führe.

Maximum: 20 Schüler. Für Hilfsschulklassen sind im Handbuch von NOHL & PALLAT (1933, S. 155) maximal 20 Schüler gefordert, eine Zahl, die für diesen Schultyp lange unterschritten ist und war (s. Kap. 2).

Maximum: 15 Schüler. Eine ganze Gruppe von Autoren setzt die Grenze bei 15 Schülern an. Dazu gehören BAIN & ACHILLES (1986), BÖHME (1980), BOZZOMO (1978), KRÜGER (1981), MILSTEAD (1973) und SUHOR (1984). Das PÄDAGOGISCHE ZENTRUM (Berlin) faßt in seiner Stellungnahme aus dem Jahre 1976 zusammen, daß die Obergrenze von 15 Schülern in einer Klasse von den meisten Autoren als Maximum angesehen wird. Bedauerlicherweise führt die Stellungnahme die vom PÄDAGOGISCHEN ZENTRUM berücksichtigten Autoren nicht auf.

So bleibt festzuhalten: Die Forderungen nach einer optimalen Klassengröße schwanken. Dies ist sich auch durch die historische Situationen zu erklären, in der eine Forderung erhoben wurde. Aus diesem Grunde wird eine historische Analyse notwendig sein. Bis zum 2. Weltkrieg geschieht dies in Kapitel 2, für die jüngste deutsche Geschichte in Kapitel 3. Aber die historische Situation alleine erklärt nicht die Unterschiede in den Forderungen, die in jüngster Zeit erhoben werden. Denn solche divergierende Zahlenangaben wären noch vor dem Hintergrund verständlich, wenn man Drittvariablen wie Fach, Klassenstufe mit einbeziehen würde. Dies ist aber meist nicht geschehen. Dennoch wird es Motivationen zu solch unklaren Festlegungen geben, die nur aus der Perspektive der Betroffenen verständlich erscheinen. In Kapitel 4 werden solche Perspektiven empirisch zu rekonstruieren versucht.

1.3 Definitionen

Einer der ersten Schritte zur Diskussion über einen Problemkreis ist die Festlegung dessen, worüber man reflektiert. Aber selbst diese banale Voraussetzung scheint in der Klassengrößenforschung umstritten, zumindest diffus. SIMMEL (1968, S. 50) hat das Kernproblem der Klassengrößenforschung erahnt, ohne daß dies sein Hauptanliegen war: "Endlich knüpfen sich wichtige soziologische Folgen an numerische Bestimmtheit - wenngleich die wirksamen Qualitäten der Elemente je nach den Umständen ganz verschiedene sein können...". Drei Fragenkomplexe sind zu klären, bevor eingehende Analysen vollzogen werden können: Was ist eine Klasse, was ist Klassengröße, und was sind große bzw. kleine Klassen?

Definition von Klasse. In der Bundesrepublik ist durch die vorgegebene Organisationsform *Klasse* nicht eindeutig definiert: Den Begriff der Klasse kann man einerseits auf die *Schülergruppe* beziehen, andererseits aber auch umgangssprachlich auf den *Raum*, in dem die Schülergruppe lernt (Klassenraum).[2]

Definition von Schulklasse (als Gruppe von Schülern). Nach FLEMING (1959, S. 37; s.a. LANG, 1953) ist eine Klasse eine Zahl von Schülern unter exklusiver Leitung eines Erwachsenen. Diese Definition könnte man gelten lassen, solange es einen Klassenlehrer gibt. Dies ist aber nicht der Fall, denn pro Schulklasse gibt es mehrere Lehrer. Die Definition kann also nicht auf der Leitung basieren, sondern muß von der Gruppe selbst ausgehen. Hier sei vorgeschlagen: *Eine Schulklasse ist eine Gruppe von Schülern mit nahezu fixer Schülerzahl, die dauerhaft besteht, um unter Anleitung zu lernen.* Unterrichtsorganisationen wie in der reformierten Oberstufe fallen hier nicht drunter. Im Hinblick auf die Klassengrößenforschung hat diese Definition zwei Schwachstellen, die allerdings kaum zu umgehen sind: Die *nahezu fixe* Schülerzahl impliziert eine Veränderung über die Zeit; Schulklassen haben also nicht immer die gleiche Größe, was die Spezifizierung von Effekten nicht einfach macht. Das *Dauerhafte* einer Schulklasse ist ebenso eine wage Umschreibung dessen, wielange diese formelle Gruppe existiert: Die Größe der Klasse ist auch dann noch gleich, wenn Zu- und Abgänger sich die Waage halten - auch dies erschwert die Modellierung von Effekte der Klassengröße auf andere Variablen.

Definition von Klassengröße. Die Definition der Klassengröße ist nicht einheitlich, SHAPSON (1973) spricht sogar von einem "lack of consistent definition". Denn bei der Definition der Klassengröße wird oft die Größe des Raumes mit der Zahl der Schüler in einem Raum verwechselt. GUMP (1987, S. 704) gibt ein schönes Beispiel: "Ist New York oder Los Angeles größer? Allgemein ist bekannt, daß New York größer ist, weil es 7 Mio. Einwohner hat und Los Angeles hat nur 3 Mio. Aber die räumliche Ausdehnung von Los Angeles ist 1 1/2 mal größer als New York." Im folgenden interessiert nur die Zahl der Schüler einer Klasse und nicht die Größe des Raumes. Es gibt aber zahlreiche Begriffe, die dem der Klassengröße inhaltlich sehr nahe stehen, aber dennoch keineswegs mit ihm identisch sind. GUPTA (1979) stellt fest, daß die Begriffe oft verwechselt bzw. synonym gebraucht werden. Es gilt deshalb, die folgenden Begriffe auseinanderzuhalten:

---

2) Der mathematische Begriff Klasse wird hier außer Acht gelassen.

- durchschnittliche Klassengröße pro Schule (LANDLER, 1977).
- *teacher load* (ANDERSON, 1950; täglich zu unterrichtende Zahl von Schülern)
- Lehrer-Schüler-Verhältnis (REISERT, 1971; HAUG, 1983; KLITGAARD & HALL, 1973: *teacher-pupil ratio*; Zahl der Schüler pro Lehrer in einer Schule; TURNER ET AL., 1986)
- *Class Size* (NEW YORK STATE TEACHER ASSOCIATION, 1959; Gesamtschülerzahl geteilt durch Zahl der Klassen; s.a. LANDLER, 1977)
- *Klassenmeßzahl* ist der von den Kultusbehörden vorgegebene Richtwert, der je nach Bundesland unterschiedlich interpretiert ist (s. Kap. 4).
- *Class Load*: (NEW YORK STATE TEACHER ASSOCIATION, 1959; Zahl der Schüler, die ein Lehrer pro Tag unterrichtet; größer als *Class Size*, wenn der Lehrer mehr als eine Klasse pro Tag unterrichtet)
- *Klassenfrequenz*: Dieser Begriff wird häufig mit Klassengröße synonym verwendet, ist aber ungeeignet, da Frequenz eine Bewegung impliziert. Nur SCHORB (o.J., S. 131) bezeichnet die Klassenmeßzahl als Klassenfrequenz.

Hier sei folgende Definition von Klassengröße vorgeschlagen: *Klassengröße ist die Anzahl von Schülern in einer für einen längeren Zeitraum zusammengefaßten Gruppe von Schülern, die unter Anleitung lernen.*

Klassengröße ist damit sehr einfach zu messen. Es gibt aber auch Beispiele für umständliche, ja fast kuriose Indexbildung: Offensichtlich wird es dabei mit der Wahl eines geeigneten Index für die Klassengröße manchmal nicht sehr genau genommen. KATZMANN (1971) untersuchte beispielsweise Bostoner Schulen und benötigte einen Index für die durchschnittliche Klassengröße pro Schule. Er entschied sich für den Quotient Lehrer/Schüler, obwohl ihm der Median der Klassengröße pro Schule vorlag. Seine Begründung lautete schlicht, daß das Lehrer-Schüler-Verhältnis eine gute Schätzung ($r = .55$) für die Klassengröße sei (KATZMANN, 1971, S. 50, Fußnote). Aber warum nimmt man eine Schätzung, wenn man den wahren Wert hat? Zudem ist eine Korrelation von $r=.55$ nicht gerade eine gute Schätzung. Eine sehr *praktische* Operationalisierung von Klassengröße stellte SOLOMON (1966) vor: Er nahm die Zahl der pro Klasse rückgelaufenen Fragebogen, ohne zu wissen, ob diese der Zahl der Schüler entspricht.

Definition von großen und kleinen Klassen. Eine weiteres Problem taucht durch die Verwendung der Attribute *groß* und *klein* auf. Wann ist eine Schulklasse klein? GESER geht von der Gruppe als kleinsten Sozialsystem aus, weil die Größe hier existenzbegrenzende Funktion hat: fällt die Größe unter 2 Mitglieder, so hört die Gruppe auf zu existieren. *Klein* ist demnach hier nach unten hin klar definiert. Die Grenze nach oben hin ist unklar gezogen: Große Gruppen werden ab einer bestimmten Größe auch als *Menge* oder *Masse* bezeichnet. Für den Größenbereich in der Schule tritt dieser Fall nicht ein. In der Klassengrößenforschung gibt es durchaus unterschiedliche Vorstellungen von klein und groß. Diese Frage ist nicht unerheblich, weil sich diese beiden Begriffe auf einer Skala bewegen, die relativ ist (FOULKES, 1977, S. 44): "Es liegt auf der Hand, daß die Begriffe: großer und kleiner Kreis von außerordentlicher wissenschaftlicher Roheit sind, durchaus unbestimmt und verschwimmend..." (SIMMEL, 1968, S. 45). Dies wird deutlich, wenn man über einige Studien hinweg vergleicht, wie ein Autor die beiden Begriffe verwendet hat. Dies sei beispielhaft gezeigt anhand einiger Studien, die von RYAN & GREENFIELD in deren Literaturüberblick einbezogen waren (s. Abb. 1.1). Eine ähnliche Gegenüberstellung leistete bereits INGENKAMP (1969, S.247).

2. KLASSENGRÖSSE IN HISTORISCHER SICHT

2.1 Einleitung

In diesem Kapitel soll eine Übersicht über die historische Veränderung des Problemkreises Klassengröße gegeben werden. Will man solch einen geschichtlichen Überblick bieten, so stellt sich die Frage, was berichtet werden soll und was nicht. Dies ist ein generelles Problem, wie Baumgart und Zymek betonen: "Wer selbst auf dem Gebiet der Sozialgeschichte der Erziehung zu arbeiten versucht, muß Skrupel bei jeder kritischen Bemerkung haben, bei jeder Forderung nach Mehr an dieser oder Korrektur an jener Stelle eines Buches; denn man weiß, wie schwer der Anspruch einzulösen ist, den komplexen Zusammenhang von Schul- und Gesellschaftsveränderung in den Griff zu bekommen und darzustellen" (BAUMGART & ZYMEK, 1977, S. 624).

Im folgenden konzentriert sich die Darstellung auf die zahlenmäßige Veränderung der Klassengrössen. Die Überlieferung dazu ist allerdings recht bruchstückhaft, vor allem je weiter man sie zeitlich zurückverfolgt. Da es eine solche Zusammenstellung von schriftlichen Quellen und Zahlenmaterial für die historischen Phasen des 19. und des frühen 20. Jahrhunderts noch nicht gibt, kommt alleine schon der Materialausbreitung ein gewisser Eigenwert zu. Der jeweilige juristische, allgemein-gesellschaftliche, politische und soziale Hintergrund wird allenfalls nur partiell eingeblendet, was allerdings vertretbar ist, da die Bezüge zur Klassengröße zu vage und meist nur - wenn überhaupt - mittelbar vorhanden sind. Gleichwohl wird versucht, etwaige Verbindungslinien wenn möglich aufzuzeigen, so z.B. zwischen Klassengröße und der Einführung der Schulpflicht bzw. der Jahrgangsklasse. Auch muß nach dem Zusammenhang von Schulfinanzierung und der Veränderung der Klassengröße gefragt werden. Darüber hinaus finden pädagogisch relevante Theorien und Bewegungen (wie z.B. die Reformpädagogik) insoweit Berücksichtigung, als sie das hier zur Diskussion stehende Thema der Klassengröße thematisieren.

Will man die Veränderung der Klassengrößen und der dazugehörigen Rahmenbedingungen über einen längeren Zeitraum schildern, so stellt sich weiterhin die Frage nach der Gliederung auf der Zeitachse. Nach einem kurzen Einführungskapitel über die Zeit vor 1800 schließen sich die Ausführungen über das 19. Jahrhundert (bis 1914) an. Aufgrund der Art der Quellenüberlieferung bietet eine Unterteilung nach systematischen Gesichtspunkten (Bildungspolitik, Gesetzentwicklung, Statistik, Finanzierung) Vorteile. Es folgen Abschnitte über die Zwischenkriegszeit (Weimarer Republik, Drittes Reich), während die Bundesrepublik Deutschland in einem eigenen Kapitel (Kapitel 3) behandelt wird.

Aufgrund der Quellenlage hat die preußische Schulveränderung in der Darstellung über das 19. Jahrhundert ein Übergewicht. Es wird allerdings verschiedentlich in der Literatur darüber geklagt, daß die Bildungsgeschichte sich allzusehr auf den Staat Preußen konzentriert habe, ohne die regionalen Besonderheiten zu berücksichtigen (MÜLLER & ZYMEK; 1978, S. 11) oder auf andere Länder des Reiches zu achten. Dadurch seien viele komplexe Zusammenhänge auf Teilkomplexe reduziert worden, und unzulässige Verallgemeinerungen seien die Folge gewesen. Man muß MÜLLER & ZYMEK sicherlich zustimmen. Im folgenden wird dieses Problem jedoch relativ pragmatisch angegangen, insofern auch die aufgefundenen nicht-preußischen Quellen zur Klassengröße präsentiert werden, ohne daß allerdings die Frage des bildungspolitischen Einflusses Preußens in Bezug auf die Veränderung der Klassengröße gegenüber anderen deutschen Staaten geklärt werden könnte. Zudem ist die im folgenden weitgehende Konzentration auf Preußen nicht so weit hergeholt. KRAUL (1984, S. 11) spricht von einem "einigenden Band", welches Preußen für die Staaten des Deutschen Reiches war. HUBER (VI, S. 862ff) hat diesen Sachverhalt aus verfassungsrechlicher Sicht für die Zeit der Weimarer Republik belegen können.

2.2 Die Zeit vor 1800

Zwar muß ein bildungshistorischer Rückblick "nur" bis zum Beginn des 19. Jahrhunderts zurückgehen, weil erst seit diesem Zeitpunkt der Problemkreis Klassengröße relevant wird. Dennoch soll wenigstens ein kurzer Einblick in die Jahrhunderte vorher gegeben werden, soweit dies aufgrund der schlechten Datenlage überhaupt möglich ist. Die folgenden Angaben sind demnach eher sporadisch, was verständlich wird, wenn man sich vergegenwärtigt, daß bis zum Ende des 18. Jahrhunderts schulische Bildung Privatsache war.

2.2.1 Konzeptionelle Vorschläge

COMENIUS, der große Mann mit einem bewegten Leben im Dreißigjährigen Krieg (KRATOCHVIL, 1984), wird gerne in Einleitungen zu Arbeiten im Bereich der Klassengrößenforschung erwähnt, aber meist etwas knapp (zu Comenius s.a. KRAUL, 1981, S. 18ff). Ihm zufolge sollte die Schule "ein angenehmer Ort sein, der von innen und außen den Augen einen angenehmen Anblick bietet. Im Innern sei sie ein helles, reines, überall mit Bildern geschmücktes Gemach, entweder mit Gemälden berühmter Männer, oder Landkarten, oder Darstellungen geschichtlicher Ereignisse oder sonstigen Ornamenten. Draußen soll sich bei der Schule nicht nur ein freier Platz zum Spazierengehen und Spielen befinden, sondern auch ein Garten, in den man die Schüler bisweilen führt, damit sie ihre Augen an dem Anblicke der Bäume, Blumen und Kräuter erfreuen. Wenn die Sache so eingerichtet ist, werden die Schüler wahrscheinlich mit nicht geringerer Lust zur Schule gehen als sonst zu den Jahrmärkten, wo sie immer etwas Neues zu sehen und zu hören hoffen" (COMENIUS, bearbeitet von RZESNITZEK, 1909, S. 86f). Man vergleiche einmal heutige Schulbauten vor dem Hintergrund dieser Forderungen!

COMENIUS plädierte allerdings im Unterschied zu heutigen Pädagogen und Pädagoginnen für eine große Schülerschar. Er forderte deshalb - und zwar nicht nur aus ökonomischen Gründen -, daß ein Lehrer ungefähr 100 Schüler unterrichten sollte: "Es ist nicht nur möglich, sondern sogar notwendig, daß ein einziger Lehrer einige hundert Schüler leitet, behaupte ich, weil dies für den Lehrer wie für den Schüler bei weitem zweckmäßiger ist. Jeder wird zweifellos seine Arbeit mit größerer Lust verrichten, je größer die Schar ist, die er vor sich sieht (wie ja auch den Bergleuten in einem Bergwerke die Hände hüpfen); und je begeisterter er selbst ist, desto lebendiger wird er seine Schüler machen. Ebenso wird die größere Zahl den Schülern die Freude und Nutzen vermehren, Freude ist es für alle, Genossen der Arbeit zu haben" (COMENIUS, 1909, S. 108). Und in seiner *Pampaedia* schrieb er: "Zweitens kann ein Lehrer leichter viele Schüler auf einmal unterrichten als jeden für sich. Frage einen Offizier, ob er seine Rekruten lieber einzeln auf den Exerzierplatz führen und in den Waffen ausbilden will oder in Gruppen... Drittens lernen auch die Schüler selbst in gemeinsamen Wettstreit leichter als allein. Der Dichter sagt: Ein tüchtiges Pferd läuft hurtiger aus dem Stall, wenn es anderen nachlaufen und sie überholen kann" (COMENIUS, 1960, S. 135). Er erklärt weiter in seiner BÖHMISCHEN DI-

DAKTIK: "Wie die Sonne am Himmel nicht zu jedem Baum oder Kraut gesondert herabsteigt, sondern in der Ferne steht, allgemein ihr Licht spendet und alles erwärmt, daß jedes für sich Licht und Wärme trinkt, so soll auf der Lehrer niemals mit einem einzelnen Schüler arbeiten, sondern mit allen gemeinsam" (KOMENSKY, 1970, S. 144; siehe zfd. SCHALLER, 1962, der auch die *Böhmische Didakik* übersetzte und die *Pampaedia* mit herausgab; FISCHER, 1971).

COMENIUS (1909, S. 125) zufolge hat die große Zahl von Schülern einen großen Vorteil: Der Lehrer wird nicht mehr mit der Heterogenität der Klasse konfrontiert, er wird sogar eher vor einer individualisierenden Wahrnehmung geschützt. "COMENIUS muß geahnt haben, daß bei 100 Schülern die Versuchung, einem einzelnen visuelle Aufmerksamkeit zu schenken, gering ist" (NIEDERBERGER, 1974, S. 128).

COMENIUS schlug allerdings - und dies wird gerne übersehen (so z.B. von GEISSLER, 1969, S. 163) - *Zehntschaften* vor, die von sog. *Zehntmännern* geleitet werden sollten.

Insofern plädierte er für eine innere Differenzierung. Offensichtlich hat es tatsächlich solche Organisationsformen gegeben. So ist überliefert (WEIMER & SCHÖLER, 1976, S. 47), daß in einem Gymnasium in Straßburg im 16. Jahrhundert die Schulklassen in Gruppen von je 10 Schülern (Dekurien) eingeteilt wurden, an deren Spitze jeweils ein Dekurio stand, der die Aufsicht über seine Mitschüler führte, - in etwa mit unseren heutigen Tutorien vergleichbar.[3] JOHANN GOTTFRIED HERDER zeigte sich sensibel für Fragen des Lehrer-Schüler-Verhältnisses. So schrieb er 1786: "Fünfzig bis achtzig Schüler hat jetzt eine Klasse: soviel kann ein Hirt wohl weiden, schwerlich aber ein Lehrer tagsüber lehren" (zit. n. TEWS, 1914, S. 49).

Im 18. Jahrhundert beschäftigte sich auch der Philanthrop JOACHIM HEINRICH CAMPE mit der Klassengröße. Campe sieht die Schule als das erste Mittel zur Heilung der sozialen Schäden und zur wirtschaftlichen Hebung des Volkes (SCHMID, Band 4, 2. Abt., 1898, S. 407). Campe verfolgte die Verwandlung der Volksschulen in sogenannte Industrieschulen. Für CAMPE waren im großen und ganzen die Volksschulen "Schulen der Faulheit, der Stupidität und der Unbrauchbarkeit für das Leben" (S. 407). Und weiter:

3) Über ein weiteres Beispiel, daß der Konzeption von Comenius nahekommt, wird in der Veröffentlichung von Alt (1960, S. 351) berichtet. Demnach hat es um ca. 1600 eine Stadtschule gegeben, in der der Unterricht in einer Klasse in mehreren Gruppen in ein und demselben Raum stattfand.

"Und nun schildert er (CAMPE, der Verf.), in drastischer Weise das Treiben in einer solche, da ein einziger Lehrer inmitten einer Schar von 60, 80, 100 Kindern verschiedenen Alters und verschiedenen Geschlechts steht, um einige die Buchstaben, andere das Buchstabieren, einige das Zusammenlesen, andere das Fertiglesen, einige den kleinen, andere den größeren Katechismus, einige das Schreiben, andere das Rechnen, andere wohl gar die lateinischen Deklinationen und Konjugationen zu lehren." (S. 407). CAMPE schlägt alternativ dazu vor, daß ein Lehrer stets nur eine kleinere Zahl gleichaltriger Schüler unterrichten soll, wobei die übrigen von einer anderen befähigten Person z.B. Handarbeiten erhalten sollen.

ERNST CHRISTIAN TRAPP äußerte sich ähnlich kritisch zur Volksschule und den großen Schülerzahlen, die SCHMID (1898, S. 423) zusammenfaßt: "Eine Bedingung ist freilich für die Wirksamkeit auch des besten Lehrers unerläßlich: Wenn er auch nach der vernünftigsten Methode verfährt, so wird er doch nie einen großen Haufen von Schülern mit wirklichem Nutzen unterrichten können. Wenn sich finden sollte, daß 10 bis 20 die Höchstzahl der von einem Lehrer zu unterrichtenden Schüler wäre, würde dies der schwierigste Punkt bei der anno 2044 zu erwartenden reellen Schulverbesserung sein."

2.2.2 Gesetze und Verordnungen

Die folgende Darstellung relevanter Gesetze und Verordnungen mag etwas zersplittert erscheinen. Dies liegt an der Vielzahl der möglichen Gesetzgeber und dem unterschiedlichem Interesse, Schule zur Angelegenheit des Staates zu machen und einer formellen Regulation zu unterziehen.

Zwar gibt es Sammlungen von Volksschulordnungen für den Zeitraum vom 16. bis zum 18. Jahrhundert, daraus ergeben sich aber nur sehr spärliche Hinweise zur Frage der Klassengröße (DIETRICH & KLINK, 1964; SCHEIBE, 1965; HETTWER, 1965). Die folgende zeitliche geordnete Auflistung von Verordnungen, die auf Vollständigkeit keinen Anspruch erhebt, soll einen kleinen Einblick in die rechtliche Schulentwicklung geben.

Häufig ist für diesen Zeitraum überliefert, daß eine Schule nur über einen Schulraum verfügte, in dem alle Kinder gleichzeitig unterrichtet wurden. Lange Zeit galt die Regel: "Eine Schule - ein Schulmeister - ein Schulraum" (LANGE, 1967). Einige der Quellen zeigen jedoch, daß schon damals in

Klassen oder in Lehrer-Schüler-Relationen gedacht wurde, und daß sich dieses Denken in Gesetzen bzw. Verordnungen niederschlug:[4]

- In der Weimarischen Schulordnung aus dem Jahre 1619 (abgedruckt in DIETRICH & KLINK, 1964, S. 26f) heißt es: "Dazu, so ist ja leicht zu erachten, daß wenn ein Receptor in den öffentlichen Schulen bei 20, 30 oder mehr Knaben hat (wie ihrer denn viel mehr an den meisten Orten sein werden, wenn sie alle in die Schule gehen sollen), daß er nicht einem jeglichen die Lektion ein- oder zweimal vorsagen kann, denn er hat nicht genug Zeit dazu ... Ebenso geht es auch mit dem Reposcieren (= Antworten) und Aufsagen der Kinder. Sind ihre an der Anzahl in etwas viel, als bei 20, 30 und mehr, so ist es nicht wohl möglich, daß sie der Präzeptor in einer Stunde alle und jeden verhöre und aufsagen lassen. Geht also dann manche Stunde, ja wohl der ganze Vormittag (will nicht sagen ganzer Tag und Woche) dahin, und lernt ein und der andere Knabe nichts."
- In der Schulordnung des Pädagogicums zu Glaucha aus dem Jahre 1702 ist zu lesen: "Wenn eine Classe zu starck wird, und zu befürchten ist, daß die Menge der Lernenden die profectus hindern möchte, so wird dieselbe getheilet, und also noch einem die Information aufgetragen" (zit. n. HETTWER, 1965, S. 151).
- Es gab offensichtlich auch auf den Schullehrer bezogene Begründungen dafür, warum die Größe einer Klasse (Schule) nach oben hin begrenzt werden sollte: "Damit kein Schullehrer sich durch Habsucht verleiten laße, mehr Schulkinder anzunehmen, als er in den ordnungsgemäßen Schulstunden unterrichten könne, so sollte keinem derselben für mehr als 60 Schulkinder Schulgeld gezahlt werden" - so im Jahre 1783 im Fürstentum Lippe-Detmold erlassen (HEPPE, 1971, Band 3, S. 309).
- Im Herzogtum Sachsen-Gotha wurde 1784 das Privatschulwesen zum ersten Mal geregelt. Darin heißt es, daß keine der Schulen mehr als 30 Kinder aufnehmen dürfe (HEPPE, 1971, Band 2, S. 253), woraus man auf relativ kleine Schulgruppeneinheiten schließen kann.
- Johann Gottfried Groß, Professor an der Ritter-Akademie in Erlangen, veröffentlichte 1740 einen Entwurf zur Schulorganisation, dessen Titel so lang

---

4) In der Braunschweiger Schulordnung aus dem Jahre 1528 (abgedruckt in Dietrich & Klink, 1964, S. 5f) heißt es für die lateinischen Jungenschulen: "In diese Schule sollen die Bürgerkinder aus dem Hagane und der Neustadt gesandt werden. Mit weniger als den vorher beschriebenen sieben Personen kann man die beiden Schulen nicht einrichten, um der Schularbeit und des Regierens (= Disziplin) Willen.

ist, daß er hier nicht referiert werden soll.[5] Darin heißt es: "Ist es nicht möglich, daß an einer Schule, wo 40, 50 und mehr ganz unterschiedliche Kinder von ungleichem Alter, Geschlecht und Lektionen untereinander sitzen, ein jegliches nach Würdigkeit könnte recht gewartet werden ... auf den Dörfern will sich dies fast wohl nicht ändern lassen, weil da selbst nicht mehr als ein einziger Lehrmeister zu finden ist; aber in Städten, da deren eine so große Menge vorhanden, könnte man einer solchen Plackerei gar nicht los werden und ordentliche Klassen machen, da jedes Kind nach seiner Art die rechte Versorgung fände." Zur Größe der Klassen schreibt er: "Anbei ist noch zu erinnern, daß die Anzahl der Scholaren, so in eine Klasse genommen werden möchten, nicht viel werden über noch unter Zwölfe sein dürfen ..." (MAASSEN, 1959, S. 36).

- In der allgemeinen Schulordnung über die Einrichtung der hochfürstlichen Anhalt-Dessauischen Schulen (1785) findet sich folgende Regelung: "Damit der Lehrer seine Schulkinder gehörig übersehen und ihnen durch seinen Unterricht recht nützlich werden könne, so dürfen in den einzelnen Klassen der Hauptschule ohne Not nicht über 30, in den niederen Stadt- und Landschulen aber etwa 40 Schüler zusammensitzen" (abgedruckt in MAASSEN, 1959, S. 60, Band 1).
- Zwei Jahre später, 1787, folgte eine zweite Ordnung, die Allgemeine Schulordnung für die sämtlichen Stadt- und Landschulen des Fürstentums Anhalt-Dessau. Dort findet sich folgende Angabe zur Klassenmeßzahl: "Das aber ist ihr vor vielen andern, auch guten Schulen, eigen, daß es verordnungsgemäßig ist, in eine Klasse nicht ohne die dringendste Noth über 30 Schüler aufzunehmen ..." (abgedruckt in MAASSEN, 1959, S. 60f, Band 1).
- Der Kurfürst Emmerich-Josef (Kurfürstentum Mainz, 1763-1774) reformierte das Schulwesen in dem Kurfürstentum Mainz und legte fest: "Eine jede Knabenschule wird mit so vielen in der kurfürstlichen Schullehrer-Akademie gefähigten Lehrern bestellt, daß auf 100 Kinder ein Lehrer angeordnet wird. Ein jeder Lehrer wird einen Tag wie den anderen (die Sonntage und die nicht-verlegten Feiertage) sechs Stunden hindurch Schule halten und ein jedes Kind wird einen täglichen Unterricht von zwei Stunden empfangen, ausschließlich der Zeit, welche täglich zur andächtigen Anhörung der heiligen Messe in der Pfarrkirche und zu den in der Schule zu verfertigenden Aufgaben und stillen Übungen noch außer der gedachten zwei Stunden erforderlich ist. Der Lehrer teilt also die ihm anvertrauten 100 Kinder in drei Gesellschaften, jede von etlichen und 30 Köpfen und hat

5) Dieser Entwurf ist abgedruckt in Maassen (1959, S. 31, Band 1)

niemals mehr als diesen dritten Teil zugleich unter seiner Aufsicht und mündlichen Belehrung." (HEPPE, 1971, Band 2, S. 84).

- In der ehemaligen freien Reichsstadt Nürnberg wurde 1792 durch die Industrie-Gesellschaft eine Industrieschule für Mädchen eingerichtet, die "wegen der Beschränktheit des Raumes, des Lehr- und Arbeitszimmers" nicht über 25 Schüler haben sollte (HEPPE, 1971, Band 4, S. 169). Diese Schule - bezüglich der Klassengröße fast modern - wurde 1808 jedoch schon aufgelöst.
- HERDER rechnete im Durchschnitt mit 50 Schülern auf jede niedere Klasse, wobei - seiner Meinung nach - im Gymnasium in der Sexta die Zahl bis gegen 100 steigen konnte (aus der Eingabe von 1785 zur Reform des Gymnasiums, abgedruckt in REBLE, 1971, S. 292).

Die Quellenauswahl zeigt, daß im Prinzip bereits damals das Problem der Klassengröße erkannt und thematisiert wurde. Die Richtlinien schwankten zwischen 20 und 60 Schülern pro Lehrer bzw. Klasse, wobei auffallend ist, daß in relativ vielen Äußerungen die Einrichtung eher kleinerer Klassen gefordert wird.

2.2.3 Angaben zur Schulwirklichkeit

Kurz einen Blick auf die Zeit der Anfänge: Schulen im Altertum waren Privatunternehmen, so daß die Schülerzahl jeder Anstalt vom Ruf des Lehrers und seiner Beliebtheit abhingen. Es besteht aber kein Zweifel darüber, daß auch schon zu dieser Zeit die Größe einer Gruppe (nicht Klasse) eine Rolle spielte. QUINTILIAN (I2; S. 15f) ist z.B. der Ansicht, daß ein guter Lehrer sich nicht mit einer größeren Zahl von Schülern belasten sollte, als es seine Kraft zuließe. Er leugnete nicht, daß gerade auch tüchtige Lehrer vor großen Gruppen Freude haben (QUINTILIAN I2, S. 9; zit. n. ROLOFF, 1913, S. 1287). Im Mittelalter ist die Vielgestaltigkeit des deutschen Schulwesens bedingt durch seine verschiedenen Ursprünge und durch die territorialen Sonderentwicklungen. Die ersten Schulen dienten der Ausbildung von Geistlichen in Dom-, Kloster-, Bischofs- und Stiftsschulen. Im Hochmittelalter entstanden in den Städten private, weltliche Lese-, Schreib- und Rechenschulen. Auf Drängen der Reformatoren (Melanchthon, Luther, Bugenhagen) wurde auch im 16. Jahrhundert in den evangelischen Ländern das gelehrte Schulwesen aufgebaut (PLICKAT, 1961, S 802f). Im Mittelalter nahmen die Klosterschulen nur eine begrenzte Schülerzahl auf, wie es die Konvente für angemessen hielten. Einige Zahlen liegen zum

Schulbesuch vor, so z.B. aus dem 15. Jahrhundert. Zu dieser Zeit gab es in Xanten im Jahre 1497 84 Schüler, im Jahre 1510 230 Schüler in Deventer 2200 bei 8 Klassen (1500), in Emmerich 450 (1510) Schüler, in Schlettstadt 900 (1517) Schüler, in etwa zur selben Zeit in Franckenberg (Hessen) 180 Schüler (Angaben aus Roloff, 1913, S. 1288). Bei REICKE (1979, Original aus dem Jahre 1901) finden sich Hinweise wie, daß in Breslau bei Sankt Elisabeth einmal neun Baccalarii alle zusammen in einer Stube unterrichtet wurden. Nach getrennten Klassenräumen scheint es im Mittelalter noch kein Verlangen gehabt zu haben. Seine Gehilfen mußte der Schulmeister selbst anstellen und besolden. Die Anzahl der Schüler bildete das wirtschaftliche Fundament des Schullehrers, der im allgemeinen freie Wohnung und Kost (von der Kirche) hatte. Die Lerngruppen selbst konnten z.T. auch sehr klein sein. So heißt es in den Statuten des Ave-Maria-Collegs in Paris: "Wieviele Knaben es sein sollen. Ich begrüße sechs arme Pariser Schulknaben, einen Kaplan und einen Lehrer für diese Jungen" (aus SCHOELEN, 1965, S. 60). Auch aus dem Jahre 1420 ist bekannt, daß die Lateinschulen in Braunschweig nicht mehr als 10 Schüler pro Klassen haben sollten (KOLDEWEY, 1886, S. XLV).

Die Angaben zur Klassengröße für die Zeit vor 1800 sind nicht statistisch erfaßt, so wie wir es für die heutige Zeit gewohnt sind. Fast anektodenhaft können aber Ausschnitte aus der Schulwirklichkeit gegeben werden.[6]

- Seit dem 17. Jahrhundert hatten die katholischen Gymnasien (insbes. die Jesuitenschulen) eine große Schülerzahl. Angaben zur Klassengröße liegen nur selten vor, im Jahre 1637 schwankten die Zahlen zwischen 62 und 101 Schülern pro Klasse (ROLOFF, 1913, S. 1288).
- In württembergischen Dörfern lagen in dieser Zeit die Zahlen zwischen ca. 12-150 Schülern (ROLOFF, 1913, S. 1288).
- H. HEPPE schrieb 1858 seine *Geschichte des Deutschen Volksschulwesens.* Dieses immerhin fünfbändige Werk wurde im Olms-Verlag 1971 als Reprint-Ausgabe wiederaufgelegt (HEPPE, 1971). Das Werk enthält weniger offizielle Statistiken und Verordnungen, sondern gibt an vielen Stellen Aspekte wieder, die in den näheren Bereich der Klassengröße fallen. So heißt es z.B. über eine Schule im Jahr 1694: "Bald kamen auch Bürgerskinder, von denen jedes wöchentlich einen Groschen Schulgeld brachte, so daß nun der Lehrer besser bezahlt werden und täglich fünf Unterrichts-

6) Weitere vereinzelte Hinweise finden sich in Band 13 der Mitteilungen der Gesellschaft für deutsche Erziehungs- und Schulgeschichte (1903)

stunden geben konnte. Schon im ersten Sommer stieg die Zahl der Kinder auf 60." (HEPPE, 1971, Band 1, S. 48f).

- HEPPE (1971, Band 5, S. 1f) informiert aus dem Herzogtum Sachsen-Meiningen über Berichte, die sämtliche Schullehrer im Jahre 1614 und 1621 schreiben mußten. In dem Bericht des Schulmeisters Johannes Marschall von Dermbach heißt es: "Es ist an diesem Orte beides, Docentibus und auch Discentibus, ein sehr beschwerlich und verdrießlich Schulleben, weil die Schulstube zu klein und niedrig ist, daß man leider die Schuljugend nicht alle, zumalen heberno tempore, da sich bei 70 oder 80 Knaben hier befinden, in einer Stube beieinander haben kann, und dann auch noch ein Schulmeister oder ein anderer ehrlicher Mann, der ein wenig procerioris staturae (hervorragender Leibesgröße) ist, denn die Knaben, mit niedergebeugtem Körper und Kopf müssen irepieren und hineinkriechen" (S. 2). In einem anderen Bericht heißt es: "Es schicken aber die Eltern ihre Kinder erstlich wenig in die Schule, bis um Martini. Wenn dann der Winter dahergehet, kommen sie, das meiste klein Gesindlein, der Knaben manchmal 20, der Mädchen sechs bis acht; und wenn das dritte Quartal angehet, um Ostern, nehmen die Eltern, was sie gebrauchen können, und ein wenig warm wird, wieder heraus; aber die Kleinen laßen sie hineingehen bis um Johanni" (HEPPE, 1971, Band 5, S. 6).
- Ein Schulgebäude aus dem Jahre 1649 wurde von LANGE (1967) beschrieben: "Der eigentliche Schulraum ist quadratisch (48x48 Fuß, d.h. etwas 207 qm groß) und soll 128 Schülern dienen ... (LANGE, 1967, S. 93).
- Über das Jahr 1652 berichtet HEPPE (1971, Band 4, S. 307) aus dem Herzogtum Mecklenburg-Schwerin über ein Visitationsprotokoll, die Schule zu Wittenburg betreffend: "Die Schule sei an Frequenz sehr schwach und halten die Leute ihre Kinder nicht fleißig dazu; bei winterlicher Zeit wären etwa 50 Kinder, welche zur Schulen gehalten werden; an Sommertagen würden die Kinder von den Eltern zum Hüten mitgebraucht und kämen gar selten derselben über 30 in die Schule."
- Ein Bauplan aus der Mitte des 17. Jahrhunderts gibt Aufschluß darüber, wieviele Schüler in einer Klasse (=Schule) unterrichtet werden sollten: 128 (ALT, 1960, S. 343).

Die Klassengröße wurde auch schon im 18. Jahrhundert diskutiert. So schreibt STUVE: "Wie viel Kinder mit Nutzen zusammen unterrichtet werden können, läßt sich wol nicht so gerade zu und im Allgemeinen festsetzen. Dreißig scheint mir die allerhöchste Zahl, die bei einer zweckmäßigen Methode einigermaßen und nur in gewissen Theilen des Unterrichts stattfinden kann. Je kleiner die Kinder sind, desto geringer muß ihre Anzahl seyn. Freilich ist es bei uns umgekehrt, aber was wäre auch wol bei dem Schulwesen nicht umgekehrt" (1794, S. 212f). Diese Forderung liegt noch unter den derzeitigen Klassenmeßzahlen, und das in einer Zeit, in der die Klassen - mit wenigen Ausnahmen - sehr groß waren:

- 1707 gründete Christoph Semler seine mathematische Handwerksschule in der Stadt Halle. Diese Schule existierte drei Jahre und wurde insgesamt nur von ca. 30 Schülern besucht (PETRAT, 1979, S. 231).
- Nach PETRAT (1979, S. 107) entspricht die Garnisonsschule in etwa den heutigen Organisationsformen der Gesamtschulen, abgesehen von der Tatsache, daß fast an die 200 Kinder beiderlei Geschlechts in einer Schulstube beisammen saßen.
- Für das Königreich Preußen informiert HEPPE aus dem Jahr 1739: "Nach einem zuverlässigen Bericht hatte es der König dahin gebracht, 'daß täglich 1.300 arme Kinder durch 65 Studios theologiae im Christentum unterrichtet, 800 arme gespeist und in den Kirchen unterrichtet' worden waren." (HEPPE, 1971, Band 3, S. 19). Er beschrieb die Lage zu der damaligen Zeit wie folgt: "In sehr vielen Schulhäusern war nur eine einzige Stube vorhanden; in derselben wohnte der Schulmeister mit seiner Familie und mit seinen Hühnern; in derselben trieb er seine Schneiderei und Weberei u. dgl. und in derselben mußte er unter dem Lärm und Schmutz seiner Haushaltung 50 oder 60 Kinder unterrichten, die teilweise unter den Tischen und Bänken Platz zu nehmen genötigt waren. An manchen Orten waren Hirten und Nachtwächter im Besitze des Schulamtes" (HEPPE, 1971, Band 3, S. 77). Über eine öffentliche "Erbauungsstunde der Realschüler" berichtet ein Augenzeuge, der von HEPPE zitiert wird: "Aus einem kleinen Buche ... verlas der Lehrer eine Frage, und oft 30 bis 40 mußten auf einmal eine auswendig gelernte Antwort hersagen. Es ist zum weinen, wie die erwürdigsten Dinge in dem Munde dieser Kinder gemißhandelt wurden. Ich will alles verwetten, was ich habe, waren unter diesen 40 Kindern 3, die die Frage und die Antwort, die sie hörten und herbeten mußten, verstanden haben" (1971, Band 3, S. 92).
- HEPPE berichtet über eine Schule in Nachterstädt, an der man unmittelbar die Einwirkung der Basedowschen Pädagogik auf die Volksschule beobachten könne. In diese Schule gingen (1767) etwa 10 bis 12 Kinder (HEPPE, 1971, Band 1, S. 69).
- Derselbe Autor informiert auch über österreichische Schulen gegen Ende des 18. Jahrhunderts. So gab es beispielsweise in Wien 14 Schulen, in denen jeweils "50 arme Kinder unentgeldlich unterrichtet und mit den nötigen Schulbüchern versehen" wurden (HEPPE, 1971, Band 1, S. 111).

- Er beschreibt auch die Schattenseiten im Österreichischen Schulsystem (um 1780): "In Hartschendorf, eine Stunde von Reutidschein ist eine Schule, die eher einer Brechhütte ähnlich sieht, als einem Bildungshause der Jugend. Der Regen überschwemmt durch die Oeffnungen des Dachs das innere Wohngebäude; Stützen halten es noch aufrecht. Das Schulzimmer hat kaum einen Raum von 12 Klastern und doch soll es täglich mehr als 70 Kinder auf einmal fassen" (HEPPE, 1971, Band 1, S. 122).
- PETRAT (1979, S. 38) gibt folgende Schilderung aus einer städtischen Elementarschule: "In einem Winkel der Schulstube saß die Frau Schulmeisterin, und lehrte die Kleinen das ABC, oder ließ sie, wie man sich damals ausdrückte, aufsagen. D.h.: Sie ließ von den 20 bis 30 ABC-Schützen, einen nach dem anderen zu sich kommen, ...". Aus der gleichen Zeit fällt aus ein Bericht aus einer Landschule (ebenfalls abgedruckt in PETRAT, 1979, S. 44): "Den übrigen Raum nahmen die Schulkinder an einem Tisch und auf mehrern Bänken ein. Es waren ihrer über 50, von verschidnem Alter und Geschlecht, aber alle untereinander und dicht zusammengepfropft. Wir mußten stehen, weil zum Sizen kein Plaz war." Eine geradezu unglaubliche Situationsschilderung über Schulen der Württembergischen Region erschien 1772, worin es heißt, daß die Zahl der in einem Raum anwesenden Kinder mit 300 beziffert wurde (PETRAT, 1979, S. 82).
- HEPPE schrieb über die Finanzlage von Lehrern in der großherzoglich-hessischen Provinz Rheinhessen wie folgt: "Betrug die Zal der schulfähigen Kinder einer Religionsgenossenschaft über 150, so hatte der Lehrer derselben ein erträgliches Auskommen, während der Lehrer der anderen Confessionen mit einer Schule von 10 bis 20 Kindern und bei einer Einnahme von 40 fl. als Taglöhner sein Leben notdürftig fristen mußte" (HEPPE, 1971, S. 109).
- Weiter heißt es "für den Unterricht der Soldatenkinder bestand schon seit längerer Zeit in Gotha eine besondere Garnisons-Schule ... im Jahre 1721 wurde die Schule, als sich die Zahl der Knaben auf 61, die der Mädchen auf 62 erhöht hatte, in zwei Schulen abgeteilt. Gegen das Ende des 18. Jahrhunderts umfaßten diese beiden Schulen vier Klassen." (HEPPE, 1971, Band 2, S. 257).
- 1797 war ein anonymes Schreiben an den Geheimen Rath v. Hardenberg gerichtet. Darin heißt es: "Die Schulstuben, besonders in den großen Gemeinden, wo beinahe 100 Kinder zusammen kömmen, sind ohnehin zu klein und zu niedrig, da denn sich die Kinder aneinander pressen müssen und kaum mit ihrem Lehrer Athem schöpfen können" (SCHMITT, 1979, S. A-187).

- Es wird auch berichtet von einer Inspektion der Grafschaft Tecklenburg, von der der damalige Inspektor Suethlage im Jahre 1799 wie folgt berichtet: "Sie sehen es ein, daß die Schulhalter, die 70 bis 80 Kinder zu unterrichten haben, bei solchen kleinen Kindern, die sich selbst noch gar nicht zu helfen wißen, wenig oder gar nichts wirken können" (HEPPE, 1971, Band 3, S. 115).
- HEPPE weiß auch von dem Fürstentum Paderborn zu berichten, daß Pfarrer Fechteler eine eigene Schule eingerichtet hat, die "schon im ersten Jahre von 100 armen Kindern besucht wurde und kurz darauf 150 Schüler zälte" (1971, Band 3, S. 206).
- Die Unterschiede hinsichtlich der Schülerbesuchszahlen im Sommer und Winter wurde von HEPPE auch für das Königreich Hannover bestätigt: "In Alten-Celle wurde das Verhältnis der Sommer- und Winterschulen von dem Schullehrer so angegeben, daß er im Sommer fünf, im Winter 88 Schulkinder habe. In Wienhausen hat der studirte Schullehrer im Winter 80 bis 90 im Sommer kaum 10 Kinder. Indessen pflegten doch die lernbegierigen Kinder im Sommer ihren Katechismus mit ins Feld zu nehmen ..." (HEPPE, 1971, Band 3, S. 222).
- In einer Beschreibung einer Volksschule im Pegnitz-Kreise steht (PETRAT, 1979, S. 143f): "Das Rechnen auf der Tafel mußte besonders bezahlt werden; unter 50 Schülern aber lernte es kaum Einer ... Bey einer Anzahl von 65 bis 70 Kindern, die alle zu einer Zeit in einem Zimmer sich befanden, konnte keine andere Methode Statt Finden, als, daß während die größern schrieben, die kleinsten und kleinern vorgenommen wurden ... Sobald aber die Erde offen wurde, verschwanden die größern, und man sah alsdann kein Kind von 10 Jahren mehr den ganzen Sommer und Herbst über in den Schulen. Höchstens kamen 15 bis 20 der allerkleinsten."
- Über die Einrichtung einer Armenschule im Jahr 1805 in den Herzogtümern Anhalt-Dessau-Köten bzw. Anhalt-Bernburg berichtet HEPPE (1971, Band 5, S. 71): "Die Schule wurde am 1. Juni 1818 mit 18 Kindern eröffnet; bald wurde sie von 150 besucht, welche Zal noch nicht überschritten werden soll. Schon 1819 wurde ein Hülfslehrer angestellt."
- Für eine Armenschule im Herzogtum Anhalt-Köten galt, daß 600 Knaben und Mädchen in zehn Klassen unterrichtet worden sind (HEPPE, 1971, Band 5, S. 118).

Die Zahlenangaben über die zur gleichen Zeit unterrichteten Schüler bzw. Schülerinnen schwankten enorm von ca. 30 bis 300 Schülern. Dies ist sicherlich darauf zurückzuführen, daß die Quellen vor allen Dingen Schultypen beschreiben, die für die unteren "Volksklassen" bestimmt waren. Ein weiteres Charakteristikum stellten die saisonalen Schwankungen dar: Im Sommer leere Klassen/Schulen, im Winter überfüllte.

2.3 19. Jahrhundert

2.3.1 Bildungspolitik

Die Bildungspolitik war stets zentraler Bestandteil der Gesellschaftspolitik. In bestimmten Phasen tritt dieses Ineinandergreifen besonders deutlich hervor:

- Man denke vor allem an die preußische Reformzeit nach der Niederlage Preußens gegen Napoleon, in der die Humboldtsche Bildungsreformpolitik wesentliche Neuerungen im Bildungssystem anvisierte (s.u.). Die bildungspolitischen Neuerungen sollten neben Reformen auf anderen Gebieten (Stein-Hardenbergsche Reformen) einer Revolution vorbeugen und den am Boden liegenden preußischen Staat von Grund auf erneuern.
- Die 1850er Jahre, die sich durch die Stiehlschen Regulative (so benannt nach dem Geheimen Ober-Regierungs- und vortragenden Rath im königlichen Ministerium der geistlichen Unterrichts- und Medizinalangelegenheiten Ferdinand Stiehl) auszeichneten, waren von gesellschaftspolitisch konservierenden Grundauffassungen getragen, welche diesem Jahrzehnt sogar die Bezeichnung "Reaktionszeit" einbrachte.[7] Für die Herrschenden wurde die Revolution von 1848 ein Alptraum, und nicht zuletzt wurden den Lehrern Vorwürfe gemacht, daß es soweit kommen konnte. In einer vielzitierten Rede vor Seminardirektoren und -lehrern vom 15.1.1849 sagte Friedrich Wilhelm IV.: "All' das Elend, das im verflossenen Jahre über Preußen hereingebrochen, ist Ihre, einzig Ihre Schuld, die Schuld der Afterbildung, der irreligiösen Menschenweisheit, die Sie als echte Weisheit verbreiten, mit der Sie den Glauben und die Treue in dem Gemüte meiner Untertanen ausgerottet und deren Herzen von mir abgewandt haben ... Zunächst müssen die Seminarien sämtlich aus den großen Städten nach kleinen Orten verlegt werden, um den unheilvollen Einflüssen eines verpesteten Zeitgeistes entzogen zu werden. Sodann muß das ganze Treiben in diesen Anstalten unter die strengste Aufsicht kommen ..." (zitiert nach DIETRICH, 1975,

7) Zur gesellschaftspolitischen Funktion der Regulative siehe Nyssen, 1974

S. 113). HUBER faßt diese Tendenzen wie folgt zusammen: "Die stärkste Sicherung gegen die Revolution, gegen die Erschütterung der Autorität, gegen die Auflösung der traditionellen religiösen und politischen Bindungen erhoffte die Regierung von einer Rückführung des Volksschulwesens zum alten, schlichten, strengen, kirchen- und staatstreuen Elementarunterricht" (HUBER, III, S. 176).

- Während des Kulturkampfes anfangs der 1870er Jahre waren die preußischen Schulgesetze unter dem preußischen Kultusminister Falk vom Geist eines militanten Antikatholizismus getragen, wobei auch generell die bis dahin dominierende Macht der Kirche über die (Volks-) Schule zugunsten des staatlichen Einflusses gebrochen wurde. So stellte das preußische Schulaufsichtsgesetz die Schulaufsicht des Staates im Grundsatz fest und ließ ein Handeln nur in seinem Auftrag zu.
- Schließlich sei noch auf die wilhelminische Zeit hingewiesen. Die damalige Schulpolitik (siehe besonders das Schulprogramm Wilhelm II. von 1889) verfolgte das Ziel, jegliche emanzipatorischen Tendenzen schon durch den Schulunterricht zu unterdrücken. Adressat war die Volksschule, deren primäre Aufgabe darin gesehen wurde, die ihr anvertrauten Kinder zu treuen und gefolgsamen, aber auch gottesfürchtigen Untertanen zu erziehen. Liberale und demokratische Ideen hatten hier genauso wenig Platz wie eine über die notwendigen Grundkenntnisse in den Elementarfächern wesentlich hinausgehende Ausbildung. (Allerdings konnte im Verlaufe des 19. Jahrhunderts der Analphabetismus erfolgreich bekämpft werden, was nicht zuletzt mittels der sich allmählich durchsetzenden staatlichen Aufsicht über die Durchführung der Schulpflicht gelang.)

Weiteres Kennzeichen der Bildungspolitik im 19. Jahrhundert war ferner die zunehmende Verstaatlichung des Schulwesens. Dies war nicht nur ein organisatorisch-administrativer Vorgang. Vielmehr wurde das Bildungswesen "in seinem Bildungsziel, seinen Bildungseinrichtungen, seinem Lehrkörper und Lehrmethoden zum institutionellen und funktionellen Element der staatlichen Gesamtverfassung...Und zwar in einem doppelten Sinn: Das Bildungswesen leistete in einem weit intensiveren Maß als bisher Dienst am Staat...Zugleich aber entfaltete das Bildungswesen sich zur staats- und verfassungsbestimmenden Institution; der Staat...wurde zum Erziehungsstaat" (HUBER, I, S. 265f).

Kein Wunder, daß eine Vielzahl von Bildungskonzeptionen die staatlich werdende Schulpolitik zu bestimmen versuchten. Erinnert sei an die Aufklärungsideen, für das frühe 19. Jahrhundert an die Konzeption einer Nationalerziehung (Fichte) und die Versuche, diese - vor allem auf Pestalozzi zurückgreifend - mit allgemeiner Menschenbildung zu verschmelzen. Wilhelm von Humboldt war es, der dann die "Wendung von der Kulturnation zum Kulturstaat" (HUBER, I, S. 275) vollzogen sehen wollte, mit der unabdingbaren Konsequenz, das Unterrichtswesen zu verstaatlichen. Die Errichtung des preußischen Kultusministeriums im Jahre 1817 brachte diese Wandlung zu einem ersten Abschluß.

Ein anderer Grundzug der Reformära war die konzeptionelle Ausrichtung auf eine emanzipatorisch gedachte Allgemeinbildung, die gegen eine auf reines Nützlichkeitsdenken abgestellte Ausbildung gerichtet war. Obwohl im Prinzip offenstehend für alle Menschen - gemäß der damaligen Utopie einer bürgerlichen Gesellschaft von Gleichen und Freien -, erwies sich das Konzept der im sog. Neuhumanismus verankerten Allgemeinbildung in der Praxis während des ganzen 19. Jahrhunderts als manifestes soziales Selektionsinstrumentarium. Der bildungsmäßige Abstand zu den unteren Volksschichten wuchs. Darüber hinaus entstand das gerade für Deutschland so typische Bildungsbürgertum, das sich von Gewerbetreibenden und Kaufleuten absetzte und dessen Werte und Normen noch bis auf den heutigen Tag die Schulreglements teilweise bestimmen. Außerdem wurde die Hälfte der Bevölkerung über die Geschlechtszugehörigkeit ausgegrenzt. Frauen war die höhere Schulausbildung vorenthalten, und nur mühsam und schrittweise gelang es, Frauen Ausbildungsmöglichkeiten zu eröffnen, die schließlich seit 1908 auch berechtigten, die Universität zu besuchen (dazu KRAUL, 1988, S. 49ff).[8]

Im 19. Jahrhundert war das pädagogische Denken und Handeln stark durch die Veränderungen in Kultur und Gesellschaft bestimmt, die durch die Technisierung, Industrialisierung und Verstädterung ausgelöst wurden. Der Industrialisierungsprozeß verschärfte die soziale Frage und führte zu Mißständen, z.B. zur Ausbreitung der Kinderarbeit. Der existentiellen Not der Arbeiterkinder versuchte der Staat durch Kinderschutzgesetze und Fürsorgemaßnahmen Einhalt zu gebieten. Diese griffen jedoch erst dann, als die Industriearbeit intensiviert werden konnte. Städte, Gemeinden und die priva-

---

8) Baumgart & Zymek beurteilten die Lage wie folgt: "Die bescheidenen bildungspolitischen Ziele der preußischen Regierung, über das Schulwesen die Untertanen regierbar zu machen - ihnen nicht nur Frömmigkeit, Fleiß und Gehorsam, sondern zumindest auch das Lesen und Schreiben notdürftig beizubringen -, blieben bis in die erste Hälfte des 19. Jahrhunderts hinein vielfach unerfülltes Programm....Das Bild der aufopferungsvoll um die erfolgreiche Hebung des Volksschulwesens bemühten preußischen Monarchen ... gehört ... endgültig ins Reich der Hohenzollernlegenden" (Baumgart & Zymek, 1977, S. 619).

te Wohlfahrtspflege halfen durch die Anstellung von Schulärzten, die Einrichtung von Kindergärten, Kinderspitälern, Kinderhorten, Schulspeisungen und Ferienkolonien (vgl. WEIMER & WEIMER, 1967, S. 155). Doch waren all diese Maßnahmen meist nichts weiter als ein Tropfen auf den heißen Stein.

Den großen industriellen und gesellschaftlichen Veränderungen versuchte der Staat zu folgen, indem er neue Schultypen zuließ, die eine realitätsbezogenere Bildung vermitteln sollten: Fortbildungsschulen, Realgymnasien und Oberrealschulen (vgl. MOOG, 1967, S. 414ff).

In Anbetracht der kulturellen Vormachtstellung der Gymnasien konnte sich das Realschulwesen als respektables Ausbildungssystem nur schwer durchsetzen. Ja, noch in den 1890er Jahren gab es nicht realisierte Pläne, das Realgymnasium wieder abzuschaffen, - hatte man doch mittlerweile die Oberrealschule. Das in Realschulen absolvierte Abitur berechtigte jedoch nicht zum Studium an den alten Fakultäten (KRAUL, 1988, S. 54f). Die Angst der Gebildeten vor einem "Geistesproletariat" (MÜLLER, 1977, S. 288) blieb nicht ohne Wirkung.

Wer sich auf das Gebiet der Schulgeschichte begibt, sollte die Lehrer nicht vergessen. Angefangen vom professoralen Gehabe des Herrn Schuldirektors über die um ihre gesellschaftliche Reputation kämpfenden Realschulmänner bis hin zu den letzten im Range, den Volksschullehrern, wurden sie alle im Laufe der Jahrzehnte als Staatsdiener in das Bildungssystem integriert, die ersteren freilich mehr als die letzteren. War es noch in der Revolution von 1848/49 zu programmatischen Bestrebungen unter der Lehrerschaft gekommen, das Schulsystem zu reformieren, das Schulgeld abzuschaffen und den Lehrerstand wirtschaftlich abzusichern (vgl. HERRLITZ et al., 1981, S. 57f), so traf die Politik der Reaktionszeit gerade die Schwächsten im besonderen, nämlich die Volksschullehrer.

Als Instrument zu ihrer Disziplinierung galten die Stiehlschen Regulative vom Oktober 1854 (NYSSEN, 1974). Nach diesen Richtlinien sollten "die angehenden Lehrer zum einfachen und fruchtbringenden Unterricht in der Religion, im Lesen und in der Muttersprache, im Schreiben, Rechnen, Singen, in der Vaterlands- und Naturkunde - sämtliche Gegenstände in ihrer Beschränkung auf die Grenzen der Elementarschule - theoretisch und praktisch befähigt werden." Ausbildung und Können hatten sich lediglich an den Anforderungen zu orientieren, "welche das Schulehalten in der gewöhnlichen, aus einer Klasse bestehenden Elementarschule von dem Lehrer erfordert...". "Was bisher an einzelnen Seminaren noch unter den Rubriken Pädagogik, Methodik, Didaktik, Katechetik, Anthropologie und Psychologie usw. etwa gelehrt sein sollte, ist von dem Lektionsplan zu entfernen und ist statt dessen für jeden Kursus in wöchentlich zwei Stunden 'Schulkunde' anzusetzen. In dem Seminar ist kein System der Pädagogik zu lehren, auch nicht in populärer Form." "Ausgeschlossen von dieser Privatlektüre muß die sogenannte klassische Literatur bleiben; dagegen findet Aufnahme, was nach Inhalt und Tendenz kirchliches Leben, christliche Sitte, Patriotismus und sinnige Betrachtung der Natur zu fördern und nach seiner volkstümlich anschaulichen Darstellung in Kopf und Herz des Volkes überzugehen geeignet ist" (zit. n. REBLE, 1971, Dokumentationsband II, S. 473f).[9]

Mögen diese Richtlinien auch nicht immer so strikt realisiert worden sein, sie dienten doch dazu, für fast zwei Jahrzehnte den angehenden Volksschullehrer auf der Stufe elementarster Ausbildung festzuhalten und jede Berührung mit wissenschaftlichem Denken und Arbeiten zu verhindern.

Die Siege von 1866 und 1870/71 mit ihren nationalen Aufwallungen brachten dem Lehrerstand eine aus heutiger Sicht allerdings sehr fragwürdigen gewisse "Entlastung". Der preußische Volksschullehrer, so hieß es nun, habe Königgrätz gewonnen. Als Bismarck 1872 an der Unterstützung der Liberalen gelegen war, ersetzten die *Allgemeinen Bestimmungen* betr. das Volksschul-Präparanden- und Seminarwesen in Preußen (Falksche Bestimmungen) vom 15. Oktober 1872 (später kurz als Allgemeine Bestimmungen bezeichnet) die Stiehlsche Regulative. Die neuen Allgemeinen Bestimmungen gaben der Volks- und auch der neuen Mittelschule einen Rahmen für die Veränderung bis 1914. Sie öffneten nicht nur den Schulunterricht den Sachfächern, sondern erlaubten auch in der Unterrichtsgestaltung in bescheidenem Ausmaß die Anknüpfung an Erkenntnisse der Wissenschaft, wodurch auch der Lehrerstand aufgewertet wurde. Allerdings herrschte an den Schulen der Geist der "Lernschule alten Stils" - mit ihrem Drill - vor. Das Kind wurde gesehen als "kleiner Erwachsener", der zu "intellektualisieren" sei, und diese "intellektuelle Abrichtung" besorgte die Schule (vgl. OELKERS, 1989, S. 202).

Gegen Ende des 19. Jahrhunderts verstärkten sich die Kräfte in der Lehrerschaft, die sich gegen die restriktive Schulpolitik und deren Auswirkungen auf Pädagogik und Schulalltag wandten und damit gegen die "alte Lernschule" Stellung bezogen. Es gab Tendenzen und Versuche, über eine Säku-

9) Die Stiehlsche Regulative aus dem Jahre 1854 legitimierte erneut die 1848 in der Lehrerschaft scharf abgelehnte Halbtagsschule, in denen ein Lehrer jeweils der Hälfte der Kinder entweder vormittags oder nachmittags die Hälfte der üblichen Stundenzahl erteilte.

larisierung, Liberalisierung und Akademisierung der Lehrerbildung eine Öffnung der Schule zu erreichen (vgl. dazu die Originaltexte bei MICHAEL & SCHEPP, 1974, S. 394).

Die Grundlage für eine eigenständige Wissenschaft der Erziehung hatten schon früher HERBART und SCHLEIERMACHER gelegt. Vor allem der Herbartianismus mit seiner "Formalstufentheorie" gewann großen Einfluß auf Lehrerbildung und Unterrichtspraxis (DIETRICH, 1975, S. 153ff; SCHEUERL, 1985, S. 99f). Mit der wachsenden Ablehnung der starren Formalstufentheorie kam es nach 1890 auch zu einem Rückgang des Einflusses der Herbartianer und im Gegenzug zu einer Stärkung der naturwissenschaftlich orientierten Empiristen unter den Pädagogen.

Die enorme Innovationskraft, die die Technisierung und Industrialisierung ausgelöst hatten, sowie ein darauf folgender "Prozeß des beschleunigten und alle Bereiche der Gesellschaft umfassenden sozialen Wandels" (TENORTH, 1988, S. 178), hatten in Deutschland einen Veränderungsschub bewirkt, über den H.E. Tenorth festhält: "In seinem Anspruch und nach seinem Selbstverständnis in den Lösungsformen und Effekten dauert der 1890 einsetzende Versuch der Bewältigung dieses Modernisierungsschubes in Deutschland bis nach 1945. Für die Geschichte der Erziehung in Deutschland kommt diesem Zeitraum also eine entscheidende Grundfunktion zu". Dabei sieht er "eine der signifikantesten Reaktionen" auf diesen Wandel im entstehenden "Prozeß einer expansiven Pädagogisierung des gesellschaftlichen Lebens" (S. 197).

Die damit verbundene zunehmende Sensibilisierung der Öffentlichkeit gegenüber sozialer Not, der Not der Arbeiterkinder sowie der körperlichen und geistigen Verkümmerung vieler Schulkinder führte in der Pädagogik zur Verbreitung rousseauistischer Reformvorstellungen und zu schulischen Reformversuchen (z.B. OTTO, 1898), um die "alte Lernschule" zu überwinden. Die Einsicht in die Notwendigkeit einer wissenschaftlichen Erforschung der Kindheit war gewachsen.[10]

Die Stimmung des Aufbruchs und der Unruhe im ausgehenden 19. Jahrhundert hat man mit dem Terminus "Pädagogische Bewegung" belegt (NOHL). Reformvorstellungen paarten sich, teilweise auch begünstigt durch

---

10) Bekannt geworden durch ihre dem damaligen Zeitgeist entsprechenden Gedanken waren die sogenannten "Kulturkritiker" Nietzsche, Lagarde und Langbehn, die die Mißstände des Industriezeitalters anprangerten, was in einer Kritik der deutschen Kultur und Bildung gipfelte (Dietrich, 1975).

den herrschenden Kolonialismus und Nationalismus, häufig mit biologistisch-rassistischen und deutsch-nationalen Vorstellungen. PAUL DE LAGARDE und JULIUS LANGBEHN sind als die Verfechter einer schon lange, zeitweise latent vorhanden gewesenen, nationalen Stimmung anzusehen, deren Kritik sich am Gedanken der "verspäteten Nation" (PLESSNER, 1959) entzündete und in der Auseinandersetzung mit der kulturellen Wirklichkeit entlud. Sowohl LAGARDE als auch LANGBEHN empfanden die Diskrepanz zwischen der soziokulturellen Realität ihrer Zeit und den erstrebenswerten ethischen Normen als Krise (vgl. KUNERT, 1973, S. 20). LANGBEHN (zitiert nach SCHEIBE, 1969, S. 9ff) kritisierte die Wissenschaft, die Verstandesherrschaft und die Abstraktheit der Bildung. Die Bildung sei "zu hoch", sie solle sich herunterbegeben auf den Boden der Tatsachen und wieder schlicht und einfach werden wie die Volksbildung. LAGARDE (1924, S. 333) betonte, daß auch die Nation eine Seele habe, und sowohl er als auch LANGBEHN postulierten den hohen ethischen Wert des Gefühls.

Auch Ansätze anderer Art gingen von der pädagogischen Bewegung aus. Ellen Key, Ludwig Gurlitt, Berthold Otto, Ernst Linde u.a. vertraten eine Pädagogik, die man treffend als "Pädagogik vom Kinde aus" bezeichnet hat. Das Kind in seiner Originalität sollte im Mittelpunkt der Erziehung stehen.

Solche Gedanken fanden in der Öffentlichkeit Beachtung und halfen mit ein Klima zu schaffen, das innerschulische Reformen ansatzweise zuließ, obwohl der Gedanke des Sich-Entfaltens aus heutiger Sicht - nach der Diskussion um die Anlage - Umwelt- Problematik - kritisch gesehen werden muß. (Näheres vgl. auch das Kapitel Weimarer Republik).

2.3.2 Schularten, Schulpflicht und Jahrgangsklasse

Bevor im weiteren auf den Problemkreis Klassengröße eingegangen wird, muß ein kurzer Überblick über die Schularten erfolgen. Dies aus zwei Gründen: Zum einen hängt die Klassengröße wesentlich von der Schulart ab, um anderen änderten sich besonders die Schultypen im mittleren und höheren Schulwesen, während die Schultypen für die unteren Volksschichten relativ konstant blieben. Es folgt eine Diskussion über die Einführung der Schulpflicht, da deren Durchsetzung zwangsläufig zu einer massiven Steigerung der Schülerzahlen führen mußte. Abschließend wird die für das Thema Klassengröße wichtigste organisatorische Veränderung dargestellt: die Einführung der Jahrgangsklasse.

2.3.2.1 Die Schularten

Will man die juristische und historische Veränderung der Klassengrößen nachvollziehen, dann stellt sich das Problem der sich ständig in Inhalt und Konzept ändernden Schularten. Es kann deren Geschichte hier nicht vollständig nachvollzogen werden, dennoch müssen ein paar Anmerkungen gestattet sein, um die Veränderung bzgl. der Klassengröße richtig einordnen zu können. Das verblüffende vor allem für das 19. Jahrhundert war, daß es ein Schulsystem gab, das - wenn auch sehr komplex, und mit Schwächen ausgestattet, wie z.B. die geringerwertige Mädchenausbildung - funktionierte, ohne daß ein Unterrichtsgesetz vorhanden war.[11]

a) Das Höhere Schulwesen

Das höhere Schulwesen ist gut dokumentiert in einer vierbändigen Reihe mit dem Titel "Das Höhere Schulwesen in Preußen", welche von L. WIESE, später von B. IRMER (dennoch zitiert als WIESE) im Auftrage des Ministers der Geistlichen, Unterrichts- und Medizinalangelegenheiten herausgegeben wurde.[12] Obwohl der Anteil höherer Bildungseinrichtungen außerordentlich gering war (s.o.), erforderten diese nicht nur überproportionale Finanzmittel, sie beschäftigten auch die damalige Bildungspolitik und Administration in deutlich stärkerem Maße als die Volksschulen.

---

11) Eine klare Gliederung des Schulwesens gab es leider lange Zeit nicht. Es blieb bei - zumindest in Preußen - Entwürfen: Im Unterrichtsgesetzentwurf von 1877 sind die Hauptgebiete des Unterrichtswesens wie folgt gegliedert (Heinemann, 1980, S. 176f):

I Öffentliche niedere Schulen
- Volksschule
- Mittelschule
- Fortbildungsschule

II Öffentliche höhere Schulen
- höhere Schulen für die männliche Jugend
- Gymnasium und Progymnasium
- Realschulen und Prorealschulen
- höhere Bürgerschulen
- höhere Schulen für die weibliche Jugend

III Privatunterrichts- und Erziehungswesen
- Privatunterricht und Privatunterrichtsanstalt
- Privaterziehungsanstalten

IV Universitäten

12) Zu den gesellschaftlichen Hintergründen der Entwicklung des Gymnasiums siehe u.a. Jeismann, 1970; Kraul, 1988).

Abb. 2.1

Die Schularten nach Müller (1977)

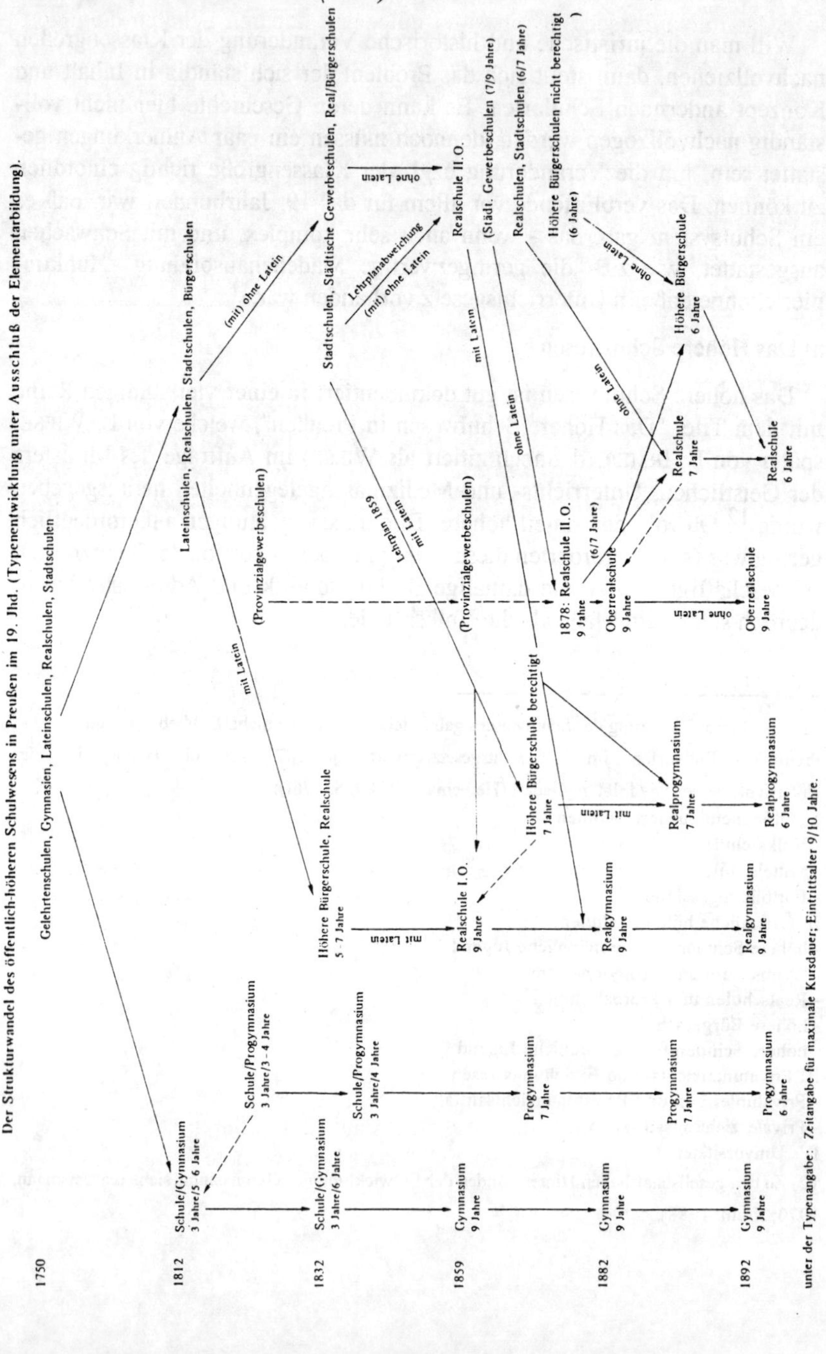

Die zahlenmäßige Veränderung von 1875 bis 1895 (nach REBLE, 1971, Dokumentationsband II, 465) zeigt, wie sehr zu beiden Zeitpunkten immer noch das humanistische Gymnasium unter den höheren Schulen dominiert (s. Tab. 2.1).

Tabelle 2.1
Zahl der höheren Schulen gegen Ende des 19. Jahrhunderts

Jahr	Gym	PG	RG	RPG	ORS	RS
1875	228	33	80	91		17
1885	259	38	89	86	14	36
1895	273	45	86	74	24	73

Legende: Gym: Gymnasium, PG: Progymnasium, RG: Realgymnasium, RPG: Realprogymnasium, ORS: Oberrealschule, RS: Realschule

Die Entwicklung der verschiedenen Schulformen innerhalb der Kategorie "Höheren Schule" veranschaulicht eine Grafik aus der Studie von D. MÜLLER (1977, S. 405) (s. Abb. 2.1; s.a. MÜLLER, 1904). Die einzelnen Schularten sind beschrieben in diversen Artikeln der Pädagogischen Real-Encyclopädie (HERGANG, 1852, Band 2).

Die Realschule wurde 1832 geteilt, und zwar in die Realschule 1. und 2. Ordnung. Die Realschule 1. Ordnung wurde zum Realgymnasium, die 2. Ordnung zur Oberrealschule entwickelt. Die Höhere Bürgerschule verwandelte sich zur selben Zeit in das Realprogymnasium (LUNDGREEN, 1973). Eine besondere Schwierigkeit der Vergleiche der Angaben aus unterschiedlichen Quellen besteht also darin, daß die Institutionen zwar z.T. mit denselben Worten belegt wurden, aber dann jeweils anderes bedeuteten konnten. Dies gilt selbst für den Begriff des Gymnasiums. Seit Beginn des 18. Jahrhunderts gab es immer wieder eine Änderung dieser Schulform. Erst seit Beginn der siebziger Jahre dieses Jahrhunderts wurde durch eine Vereinbarung der KMK über die Reform der gymnasialen Oberstufe die Typenvielfalt aufgehoben und der Begriff des Gymnasiums vereinheitlicht.

Außerdem verkompliziert sich die Analyse des Gymnasiums für das letzte Jahrhundert dadurch, daß auch zahlreiche sog. Doppelanstalten (MÜLLER & ZYMEK, 1978, S. 59f) bestanden: So gab es bspw.

- ein Gymnasium mit angegliederter Realschule 1. Ordnung,
- ein Gymnasium mit angegliederter Realschule 2. Ordnung,
- ein Gymnasium mit angegliederter Höherer Bürgerschule,

- ein Progymnasium mit angegliederten Realklassen[13]

Das Gymnasium war übrigens nicht von Anfang an (also seit dem 16. Jahrhundert) eine grundständige Eliteanstalt (wie heute oft verklärt berichtet), "sondern im 19. Jahrhundert lange in seiner Unter- und Mittelstufe auch von Kindern der Handwerkerschicht des gewerblichen Mittelstandes mit der durchaus gängigen Perspektive eines mittleren Abschlusses besucht" worden (BAUMGART & ZYMEK, 1977, S. 623).

Darüber hinaus stellt sich die Frage, ob das deutsche Gymnasium dem Humboldtschen Bildungsideal entsprach. HUMBOLDT selbst war ja nur knapp ein Jahr für das Schulwesen verantwortlich. Schon der Unterrichtsgesetzentwurf von 1819 wurde von seinem Mitarbeiter Süvern vorgelegt. Humboldts Ansichten scheinen sich nicht mit dem Unterrichtsgesetzentwurf gedeckt zu haben. KOCH (1977) nennt folgende Divergenzen: die andere Zwecksetzung des Gymnasiums, die Konzeption der allgemeinen Stadtschule, die Hervorhebung der alten Sprachen, die Gewichtung des Religionsunterrichts und die verstärkte Rolle der Disziplin. Die Grundstruktur des Schulwesens, wie sie HUMBOLDT anvisierte, sollte eine dreifache Gliederung der Unterrichtsorganisation sein: Die Elementarbildung, die Schulbildung des Gymnasiums und die Universitätsbildung. HUMBOLDT trat für die Einheit des Unterrichts ein, wonach Schüler, die ins praktische Leben eintreten wollen, und jene, die zum Universitätsstudium streben, "zunächst nicht auseinandergerissen werden sollen" (PADBERG, 1977, S. 140f). Das aufklärerische Moment, das in der Konzeption Humboldts lag (so Padberg), konnte konnte offenbar nicht durchgesetzt werden. Das preußische Gymnasium entsprach also im strengen Sinne nicht der Humboldtschen Ausbildungskonzeption.[14]

b) Das mittlere Schulwesen

Die folgenden Ausführungen über das mittlere Schulwesen dürfen nicht automatisch zu der Annahme verleiten, es hätte ein dreigleisiges Schulsystem gegeben. Es gibt nämlich eine lange Diskussion darüber, ob das Schulsystem zwei- oder dreigleisig war (siehe besonders die Kontroverse um das Buch von LESCHINSKY & ROEDER in der Zeitschrift für Pädagogik, 1977/78). Dabei ging es um die Einordnung der Realschulen und ähnlicher Schultypen. Nimmt man als Kriterium die Berechtigung, dann muß man von einem

---

13) Weitere Mischformen u.a.: Realschule 1. Ordnung mit angegliederten Progymnasium und Realschule 1. Ordnung mit angegliederter Provinzialgewerbeschule.

14) Zu Humboldt siehe insbes. Kraul, 1988, S. 46f; HUBER, I, S. 274ff

zweigleisigen Schulsystem sprechen, denn die Volksschulen durften keine Berechtigungen vergeben. Verfassungsgeschichtlich betrachtet liegt ein dreigleisiges Bildungssystem vor, dazu gehören Volksschule, höheren Schulwesen und die Universität (HUBER, IV, S. 876)

Aber auch wenn man die etwa 9/10 Volksschüler dem übrigen Zehntel in den übrigen Schulen gegenüberstellt, dann ist dies unzutreffend, weil sich die Berufsmöglichkeiten immer mehr auch für Volksschulabsolventen zwischen 1850 und 1914 verbesserten (CONZE, 1976b, S. 670).

In Preußen haben die "Allgemeinen Bestimmungen" von 1872 "Mittelschulen" definiert als solche Schulen, die "neben den Volksschulen des Ortes bestehen und mindestens fünf aufsteigende Klassen mit einer Maximalzahl von je 50 Schülern" hatten (BRANDAU, 1959, S. 254; REBLE, 1971, Dokumentationsband II, 485). Der Unterricht war mit 24-32 Wochenstunden nach einem Lehrplan zu erteilen, der für eine sechsklassige Schule berechnet war, aber auf fünf Jahre zusammengedrängt wurde. Neben Realien wurde in den letzten drei Klassen Französisch unterrichtet.

Diese Schulart hat sich außerhalb Preußens kaum eingebürgert. Da diese Mittelschule keine wichtigen Berechtigungen verleihen konnte, hat sie auch nur zögernd Verbreitung gefunden. HERRLITZ et al. (1981, S. 96) verweisen darauf, daß 1901 erst 456 Mittelschulen mit 74000 Schülern und 46000 Schülerinnen existierten.[15]

Für die Gleichberechtigung der "realistischen und humanistischen Bildung" stritt besonders der Allgemeine Deutsche Realschulmännerverein, in dem sich seit 1875 die Lehrer der realistischen Schulen (heute würde man Realschulen sagen) sammelten. 1886 wurde der deutsche Einheitsschulverein gegründet, der eine Annäherung der humanistischen und der realistischen Bildung im Wege einer gemeinsamen Unterstufe anvisierte. Im April 1889 entstand ein Verein für Schulreformen, der sich für die sogenannte Einheitsschule einsetzte. Die Anhänger des Gymnasiums in seiner existierenden Form entgegneten diesen Plänen mit der sog. *Heidelberger Erklärung*, die u.a. von ca. 1/3 der 1500 deutschen Universitätsprofessoren unterzeichnet wurde.

Man muß berücksichtigen, daß das sog. Höhere Mädchenschulwesen, trotz dieser Bezeichnung, diesem mittleren Bereich zugeordnet worden ist. Ob die Einrichtung geschlechtsspezifischer Schulen überhaupt ein Fort-

---

15) Die Geschichte der Realschulen in Preußen wurde von Waldeyer (1974) beschrieben.

schritt oder - aus heutiger Sicht - nachweisbare Bildungsnachteile zementiert hat, kann hier nicht geklärt werden.[16]

c) Das Volkschulwesen

Die Entwicklung der Volksschule[17] verlief in den einzelnen Ländern in ähnlichen Bahnen wie in Preußen, dennoch: "Die Regelung des Schulwesens gehört in Deutschland zur Zuständigkeit der Landesgesetzgebung und Landesverwaltung. Deshalb ergeben sich in den einzelnen Bundesstaaten mannigfache Unterschiede (BACHEM & SACHER, 1912, S. 929). Ihr organisatorischer und inhaltlicher Ausbau sowie ihre bildungspolitische Aufwertung vollzogen sich gleichsam im Wettlauf mit einem zunehmenden Bedeutungsverlust dieser Schulform gegenüber der Konkurrenz der sogenannten weiterführenden Schulen (KLEWITZ & LESCHINSKY, 1984, S. 73; zu einer kritischen Geschichte der Volksschule siehe ZANDER et al., 1974).

Die meisten Kinder (90% der Schüler und Schülerinnen) gingen in die Volksschule. Die zahlenmäßige Relation der Schularten soll durch eine Angabe aus LESCHINSKY & ROEDER (1977, S. 84) illustriert werden: 1864 kamen auf 100 Elementarschüler, 3,67 Mittelschüler, 3,38 Gymnasiasten, 1,91 Schüler höherer Bürger- und Realschulen und 0,28 Progymnasiasten.

Einige Zahlen mögen die Situation der preußischen Volksschulen 1886 kurz kennzeichnen (nach HERRLITZ et al., 1981, S. 90f; Die Anteile addieren sich nicht zu 100, da ein Mittelbereich nicht enthalten ist).

Tabelle 2.2
Die Situation der preußischen Volksschulen 1886

	insgesamt	Stadt	Land
Schüler	4838247	1503906	3334341
Schulen	34016	3718	30298
1-klassig		15%	57%
6- und mehrklassig		35%	0,6%

16) Kraul urteilt wie folgt: "Der weibliche Geschlechtscharakter, auf der Polarität der Geschlechter beruhend, bedarf keiner Institutionalisierung weiblicher höherer Bildung" (1988, S. 50)

17) Man bedenke, daß die Volksschulen Bekenntnisschulen (evang., kath.) oder Gemeinschaftsschulen waren. Religion war Pflichtfach. Diese Definition sollte 1918 abgeschafft werden, es kam aber durch den Weimarer Schulkompromiß (GIESECKE, 1965; HUBER, 1978, Band V) nur zu einer Einschränkung.

2.3.2.2 Die Schulpflicht

> "Unbestritten voran mit ihrem Antheil steht die Familie, so weit sie den Willen und die Fähigkeit hat, ihren Erziehungsberuf zu erfüllen. Muß aber in Ermangelung dessen die Mitwirkung einer höheren Gemeinschaft eintreten, so entsteht alsbald die Frage, ob die kirchliche oder die politische Gemeinde, und damit die weitere Frage, ob Kirche oder Statt die Schule beherrschen und leiten soll". (v. HOLTZENDORFF, 1881, S. 599)

Die Einführung der Unterrichts- bzw. Schulpflicht ist für den Problemkreis Klassengröße deshalb von besonderer Bedeutung, weil damit "eigentlich" eine abrupte Zunahme der Schülerzahlen zu erwarten war. Wäre dies geschehen, hätte der Staat vermutlich gar nicht so schnell auf den Zustrom der Kinder reagieren können (Einstellung neuer Lehrer etc.), so daß die Klassengröße ebenfalls in kurzer Zeit hätte zunehmen müssen. Die tatsächliche Lage war aber etwas anders, denn auch nachdem die Schulpflicht juristisch eingeführt war, konnte der Schulbesuch de facto nicht bzw. nur partiell durchgesetzt werden (LESCHINSKY & ROEDER, 1977). Die später eingeführte Unterrichtspflicht gestattete auch privat-häusliche Unterrichtung und den Besuch der Privatschulen.[18]

> Schulbesuchspflicht statt Bildungspflicht, Grundschulzwang statt Vorschulerleichterung (Wende, 1928, S. 449).

In Preußen wurde die Schulpflicht durch eine königliche Verordnung im Jahre 1717 bzw. durch die Principia Regulativa 1736 festgelegt.[19] Beide Erlasse bezogen sich zunächst nur auf das Königreich Preußen, d.h. auf die außerhalb der kaiserlichen Reichshoheit liegenden ehemaligen polnischen Gebiete Ostpreußen und Litauen (MÜLLER, 1977, S. 197; PETERSILIE, 1897, Band II, S. 6). Nach der preußischen Staatsreform wurde die Schulpflicht 1806 voll verwirklicht. Die Einführung der Schulpflicht war in diesen Regionen ein Teil der "Kolonisationspolitik". Sie diente der Verbreitung des

18) Die genaue Entwicklung der Einführung der Schulpflicht ist von Mors (1986) beschrieben worden(s.a. HUBER, I, S. 281ff).

19) Als historisch erste Schulpflichtverordnung ist schon der Mainzer Beschluß aus dem Jahre 813 bekannt; Kell, 1973, S. 13). In Bayern bestand die Schulpflicht seit 1802, in Österreich seit 1869 und in Frankreich seit 1882.

Protestantismus und der brandenburgischen Herrschaftsdoktrinen. In diesen Gebieten sollten die aus Österreich vertriebenen Protestanten angesiedelt werden. "Da aber der Staat keine Mittel bereitstellte und die Volksschulen nur mit lokalen Mitteln finanziert wurden, blieb es zunächst bei einer bloßen Absichtserklärung" (STEIN & ROELL, 1988, S. 5). Für den Gesamtstaat Brandenburg-Preußen erfolgte die formalrechtliche Einführung der Unterrichtspflicht im Generallandschulreglement von 1763.

Im Allgemeinen Landrecht von 1794 wurden diese Vorschriften schließlich Bestandteil eines allgemeinverbindlichen Gesetzes. Dort heißt es im Zwölften Titel in §7 "Aeltern steht zwar frey, nach den im Zweyten Titel enthaltenen Bestimmungen, den Unterricht und die Erziehung ihrer Kinder auch in ihren Häusern zu besorgen". In §43 ist zu lesen: "Jeder Einwohner, welcher den nöthigen Unterricht für seine Kinder in seinem Hause nicht besorgen kann, oder will, ist schuldig, dieselben nach zurückgelegten Fünften Jahre zur Schule zu schicken". Der Abrundung halber soll noch der §46 erwähnt werden: "Der Schulunterricht muß so lange fortgesetzt werden, bis ein Kind, nach dem Befunde seines Seelsorgers, die einem jeden vernünftigen Menschen seines Standes nothwendigen Kenntnisse gefaßt hat" (Allgemeines Landrecht, Nachdruck 1970, S. 686ff). Es galt also Unterrichts-, aber keine Schulpflicht mit folgender Begründung: "Unbestritten voran mit ihrem Antheil steht die Familie, so weit sie den Willen und die Fähigkeit hat, ihren Erziehungsberuf zu erfüllen" (v. HOLTZENDORFF, Rechtslexikon, 1881, S. 599).[20]

Das ALR galt in den auf dem Wiener Kongreß neu gewonnenen Gebieten Preußens nicht vollständig, einiges wurde mit Einzelerlassen geregelt. Die Einführung der Schulpflicht erfolgte generell erst 1825 durch eine Cabinettsorder. 25 Jahre später wurde die Unterrichtspflicht Bestandteil der preußischen Verfassung (MÜLLER, 1977, S. 179).

Diese ermöglichte den Eltern sog. höherer oder gebildeter Stände, ihre Kinder nicht in Volksschulen, sondern in Privatschulen zu schicken bzw. sie durch Privatlehrer unterrichten zu lassen. Dadurch entzogen sie die Kinder bis zu einem gewissen Grade dem Einfluß des Staates, denn der Staat hatte relativ geringe Möglichkeiten, auf die Privatschulen einzuwirken, so auch

---

20) Das ALR war überhaupt die wichtigste bildungspolitische Innovation: Dort heißt es im Zwölften Titel in §1: "Schulen und Universitäten sind Veranstaltungen des Staats, welche den Unterricht der Jugend in nützlichen Kenntnissen und Wissenschaften zur Absicht haben" (Allgemeines Landrecht, 1970, S. 584).

auf die Schülerzahl. In der Instruktion zur Ausführung der Allerhöchsten Kabinetts-Ordre v. 10.6.1834 zum Privatschulwesen heißt es in §7:

> "Schülerzahl. Auch hier kann schulaufsichtlich nur eingegriffen werden, sofern offensichtliche Mißbräuche abzustellen sind. Einhaltung der für öffentliche Schulen entsprechender Art vorgeschriebenen Durchschnitts- oder Höchstbesuchszahlen kann nicht schon gefordert werden" (v. BRAUCHITSCH, 1933, S. 1016).

Endgültig durchgesetzt hat sich die Schulpflicht allerdings erst 1919 mit der Weimarer Verfassung durch Art. 145 (HUBER, VI, S. 943; STEIN & ROELL, 1988, S. 49). Ab jetzt galt nicht der Unterrichtszwang, sondern Schulpflicht im Sinne einer Pflicht zum Besuch der bereitgestellten öffentlichen Unterrichtsanstalten.[21]

2.3.2.3 Die Jahrgangsklasse

Die Einführung der Jahrgangsklasse kann als eine zentrale bildungspolitische Weichenstellung angesehen werden, die zunächst das höhere Schulwesen und sehr viel später erst die Volksschule betraf (s. dazu genauer INGENKAMP, 1969, S. 24). Die Schüler wurden nicht nach Fach, sondern nach Alter gruppiert. Damit wurde Lebens- und Lernalter als gleichläufig angesehen, eine theoretische Annahme, die auch heute noch diskutiert wird. Für den Problemkreis Klassengröße ist diese Neuerung deshalb von Bedeutung, weil Schülergruppen in allen Fächern gleich groß waren. Man verzichtete damit auf Flexibilität zugunsten einer bürokratischen Regelung. Hierdurch verließ man endgültig den Weg, den insbesondere CONDORCET einst (1792) gewiesen hatte: In einem Bericht und Entwurf einer Verordnung über die allgemeine Organisation des öffentlichen Unterrichtswesens der Nationalversammlung im Namen des Kommitees für öffentlichen Unterricht hatte er einst für ein Kurswahlsystem plädiert, bei dem ein Schüler, je nach Begabung, einen bis vier Kurse bei dem gleichen Lehrer besuchen kann (CONDORCET, 1966, S. 43).

---

21) Bachem & Sacher schrieben noch 1912: "In Preußen besteht eine gesetzliche Regelung des Unterrichtszwanges einstweilen nicht, wenn sich auch das Abgeordnetenhaus in den letzten Jahren wiederholt mit der Frage befaßte" (1912, S. 958).

Blicken wir kurz zurück: Vor dem Jahrgangsklassensystem gab es das sog. Fachklassensystem. Dies wurde 1696 im Pädagogium in Halle durch August Hermann FRANCKE eingeführt (INGENKAMP, 1969, S. 19f). Das Fachklassensystem berücksichtigte die verschiedenen Eingangsvoraussetzungen und unterschiedlichen Lerngeschwindigkeiten der Schüler in verschiedenen Fächern und "ermöglichte durch einen Parallelismus der Lektionen (mehrere abgestufte Niveaukurse eines Faches werden gleichzeitig angeboten) die Kompensation sozialer Benachteiligungen und die besondere Förderung spezifischer Begabungen" (MÜLLER & ZYMEK, 1978, S. 77f). So konnte ein Schüler einen Mathematikkurs in Untersekundaniveau und einen Lateinkurs in Quintaniveau belegen. "In die damaligen Schulen wurden zu jeder Zeit des Jahres Schüler aufgenommen und nach ihren Kenntnissen in verschiedene Abteilungen eingestuft, die sie nach ihrem individuellen Lerntempo unterschiedlich schnell absolvierten" (INGENKAMP, 1969, S. 15).

Das Jahrgangsklassensystem wurde von Johannes Schulze um 1820 in Preußen eingeführt, parallel zur Einführung der allgemeinen Wehrpflicht. INGENKAMP wies mit Recht darauf hin, daß die Details der Institutionalisierung noch nicht genügend erforscht seien (1969, S. 22). Hinzu kommt, daß die zeitgenössischen Gegner dieser neuen Organisationsform heute kaum mehr rezipiert werden.

Trotz der Kritik scheint bis zum Ende der dreißiger Jahre jedoch überall das Fachklassensystem durch das Jahrgangsklassensystem abgelöst worden zu sein.

Allerdings kam es nicht zu einem abrupten Wechsel zwischen dem alten Fachklassen- und dem neuen Jahrgangsklassensystem, sondern anfangs war im Jahrgangsklassensystem auch eine individuelle, leistungsspezifische Orientierung möglich. Die Versetzungen wurden nämlich bei halbjährlichen Kursen auch halbjährlich durchgeführt. Bei einer Vergrößerung der Schülerzahl wurde unter Umständen eine weitere Klasse eingerichtet. Solche Klassen, sog. Wechselkoeten, begannen ihren Kurs mit einer halbjährlichen Differenz. So wurden Schüler an Michaelis in die Michaelisklasse und an Ostern in die Osterklasse aufgenommen. Wenn ein Schüler nach einjährigem Kurs das Klassenziel nicht erreichte, wurden er nicht in die um ein Jahr zurückliegende Klasse zurückversetzt, sondern in den um ein halbes Jahr zurückliegenden Wechselkoetus. Dieses System, das an den höheren Schulen praktiziert wurde, wurde durch einen Erlaß des Unterrichtsministers in Preußen 1885 in seiner Durchführung eingeschränkt (WIESE, 1902, S. 61):

Viele Schulen richteten daraufhin sog. Parallelabteilungen (also Parallelklassen in heutiger Form) ein.

PETRAT (1979, S. 87) berichtet über erste Formen einer Jahrgangsklasse, die in Anhalt-Köthen unter Fürst Ludwig zu Beginn des 17. Jahrhunderts eingeführt worden sei: Alle Kinder einer Region seien erfaßt und zu einem festgesetzten und veröffentlichten Termin in die Schule befohlen und nach dem Lebensalter sortiert worden (ca. 1619).

Allerdings war auch im Fachklassensystem das Alter der Schüler korreliert mit der Klassenstufe. Dies wird deutlich an einem Beispiel (Gymnasium zu Münster) aus dem Jahre 1817. Die Verteilung der Schüler war wie folgt:

Tabelle 2.3
Altersstruktur der Schüler des Gymnasium in Münster 1817 (Apel, 1984, S. 77)

Kl.	11	12	13	14	15	16	17	18	19	20	21	N	M	s^2
5.				1	5	5	5	5	4	-		25	16,8	2,2
4.			1	6	8	4	6	4	1	1		31	15,9	2,8
3.			2	8	12	4	4	3		3		36	15,7	3,4
2.		1	9	12	15	3	3					43	14,4	1,3
1.	5	13	14	10	7	5	3	2			1	60	13,8	4,1

Jahrgangsklasse hatte nicht nur schulorganisatorische, sondern auch und vor allem soziale Konsequenzen: Damit wurde nämlich der Wechsel zwischen Schulen unterschiedlichen Fächerangebots erheblich erschwert.

Eine weitere Folge des Jahrgangsklassensystems war, daß für die Patronatsträger die Kostenhöhe gesenkt wurde und die vorgesetzten Behörden die für die Beamtenqualifikation notwendige Einheitlichkeit schulischer Abschlüsse gewährleisten konnten (MÜLLER, 1977, S. 61).

1901 kamen neue Lehrpläne und andere Anordnungen heraus, von denen eine Bestimmung aus heutiger Sicht besonders interessant erscheint: Für die Oberstufen wurde eine gewisse Bewegungsfreiheit, eine Verbindung von Klassensystemen und Fachsystem zugelassen (Dies erinnert an die Saarbrücker Rahmenvereinigung der Kultusministerkonferenz im Jahre 1960).

KERSCHENSTEINER machte übrigens auf der Reichsschulkonferenz von 1920 den Vorschlag, anstelle von Jahrgangsklassen Halbjahrgangsklassen oder sogar Trimesterklassen einzuführen, um den begabten Schülern ein leichteres Überspringen zu gestatten, und um den Unbegabten nicht ein volles Lebensjahr zu rauben (INGENKAMP, 1969, S. 27).

Lange Zeit gab es also Bestrebungen gegen die Einführung der Jahrgangsklasse, wie es z.B. auch der *Bund entschiedener Schulreformer* zeigt, der sich 1919 konstituierte. Dieser forderte eine Einheitsschule, die durch die Einführung von wahlfreien Kursen über den gemeinsamen Mindestunterricht hinaus ihre Elastizität unter Beweis stellen sollte, um so der Individualität des Schülers gerecht zu werden (SIENKNECHT, 1968; WILHELM, 1987, S. 186).

Die Gegner des Jahrgangsklassensystems konnten sich dabei sogar auf den Gründer der wissenschaftlichen Pädagogik (so ELZER, 1971, S. 1224, BLANKERTZ, 1982, S. 143; HENK, 1974), Johann Friedrich Herbart (1776-1841) berufen, der sich zwar weder zur Jahrgangsklasse noch zur Klasssengröße direkt äußerte, aber - nach Ingenkamp - generell als ein Gegner zu großer Klassen zu gelten hat: "Herbart ist zeitlebens durch seine Erfahrung als Hauslehrer geprägt worden. Er ist ein scharfer Kritiker des schulischen Massenunterrichts gewesen" (INGENKAMP, 1990, Bd 1., S. 23).

2.3.3 Verordnungen und Gesetze

Der Anfang des Schulrechts ist in den reformatorischen und nachreformatorischen Ordnungen des Schulwesens durch Stadt, Magistrate und Territorialherren, denen im 17. Jahrhundert die ersten Ansätze von Schulpflichtregelung folgten, zu suchen. Die volle Schulrechtsentwicklung setzte aber erst mit den größeren Kodifikationen um die Wende vom 18. zum 19. Jahrhundert ein, die wie z.B. im preußischen Allgemeinen Landrecht (ALR) die Schule zu einer Veranstaltung des Staates erklärten und die Schulaufsicht des Staates begründeten (HECKEL, 1976, S. 11f). Eine Übersicht über die Schulgesetzgebung von 1580 bis 1844 würde die sprunghafte Zunahme der Gesetze um die Jahrhundertwende zeigen (HERGANG, 1852, Band 2, S. 640). Doch nur langsam konnte sich die Schulverwaltung vom Geist und der Praxis des absoluten Polizei- und Wohlfahrtsstaates trennen sowie aus der Obhut der Kirchen lösen (HECKEL, 1976, S. 12).

Im allgemeinen regelten vor 1848 meist Einzelgesetze bestimmte schulische Bereiche. Als Beispiel kann das Gesetz zur Prüfung der Schulamtskandidaten von 1810 in Preußen genannt werden. Gesetzliche Regelungen für das gesamte Unterrichtswesen wurden erst nach der Revolution von 1848, und zwar zunächst in den kleineren deutschen Staaten erlassen (so in Braunschweig 1851, Oldenburg 1855, Hannover 1857, Württemberg 1858, Coburg 1858 und Schwarzburg 1861). Die größeren folgten in den 60er Jahren: In Bayern trat 1861 das Schulbedarfsgesetz in Kraft. (Der Volksschulgesetzentwurf von 1867 scheiterte allerdings zwei Jahre später). In Baden wurde 1868 und in Hessen 1864 das Volksschulwesen gesetzlich geregelt (JEISMAN, 1987, S. 115). Als eine Ausnahme kann Sachsen angesehen werden. Dort konnte bereits 1835 ein Gesetz für die Volksschulen wirksam werden, das 1873 nur novelliert zu werden brauchte.

Im folgenden werden für Preußen und im Anschluß daran für einige andere deutsche Staaten die Schulgesetze bzw. -gesetzentwürfe daraufhin untersucht, inwieweit in ihnen zu Richtlinien bezüglich Klassengrößen enthalten sind.

Die preußische Geschichte zur Schulrechtsentwicklung wurde weitgehend durch die Versuche bestimmt, ein allgemeines Unterrichtsgesetz zu erlassen. Der erste bedeutsame Versuch wurde von Süvern unternommen. Ihm ging es darum, "dem gesamten Unterrichtswesen eine zusammenhängende, gesetzlich gesicherte Organisation zu geben. Den pädagogischen und politischen Vorstellungen der Reform entsprechend sollte ein Unterrichtsgesetz die Forderungen der "Nationalerziehung" in einem zusammenhängenden, gestuften Unterrichtswesen verwirklichen" (JEISMAN, 1987, S. 115).

Andere folgten unter den Minsterien v. Altenstein (1817-1840), Eichhorn (1840-1848), v. Ladenberg (1848-1850) und v. Bethmann-Hollweg (1858-1862). Die erfolglose Geschichte der preußischen Unterrichtsgesetzentwürfe zeigt die Schwierigkeiten, die sich einer Gesetzgebung für das gesamte Unterrichtswesen entgegengestellt hatten (siehe dazu bereits BORNHAK, 1889).

Clausnitzer hat die Geschichte des Preußischen Unterrichtsgesetzes beschrieben. Er schrieb unter seinem Vorwort der Erstauflage im Jahre 1876: "Berlin, im Herbste des fünfundsiebzigsten Jahres der Hoffnung auf ein preußisches Unterrichtsgesetz". Das Vorwort der zweiten Auflage (1890) besteht nur aus zwei Sätzen: "Vierzehn Jahre sind seitdem vergangen; die damaligen Hoffnungen haben wir wieder begraben müssen. Sollte es jetzt endlich Frühling werden in Preußens Schulhäusern?" (CLAUSNITZER, 1891, S. 1891). Tatsächlich gelang des den preußischen Ministerium nicht, ein Gesetz durchzubringen, wie es auch später in der Weimarer Republik nicht gelingen sollte, ein Reichsschulgesetz auf den Weg zu bringen (s. HUBER, VI, S. 957ff).[22]

a) Das Höhere Schulwesen

Im höheren Schulwesen entwickelten sich erst allmählich genaue Vorstellungen darüber, wie groß die Klassen sein sollten. Die Diskussion darüber findet man allerdings schon in der Reformzeit voll im Gange.

Bei Süvern heißt es zum höheren Schulwesen in Bezug auf Klassen: "Jede Anstalt hat die Freiheit, nach ihrem individuellen Bedürfnis die drei Abteilungen in noch mehrere Klassen zu zerlegen". Schleiermacher antwortet darauf 1813 in §24 seines Votums zu Süverns Gesamtinstruction: "Einer weiteren Zerlegung in Klassen, die nur durch die Frequenz veranlaßt werden kann, wünschte ich Grenzen gesetzt". Parallele Kurse seien vorzuziehen, weil nur dies garantieren könne, daß der Lernfortschritt zwischen den Gruppen gleichmäßig bleibt (KADE, 1925, S. 82 und 193).

Um die Mitte des Jahrhunderts wurden genauere Angaben gemacht. In den Beschlüssen der *Verhandlungen über die Reorganisation der höheren Schulen* (1849) findet man, daß die Zahl der zu unterrichtenden Schüler in der Regel 50, für die beiden oberen Klassen des Ober- und Realgymnasiums 40 nicht übersteigen soll. Werden diese Zahlen überschritten, sind die Klassen in Parallelcoetus zu teilen (MINISTERIUM, 1869, S. 146).

---

22) Im Jahre 1808 wurde eine eigene Sektion für Unterricht und Kultus innerhalb des preußischen Innenministeriums eingerichtet und das Ober-Schulcollegium aufgelöst. Die Sektion leitete 1809 bis 1810 Wilhelm von Humboldt. Er schaffte mit seinen Mitarbeitern Nikolovius und Süvern zielstrebig die Instrumente zur Gestaltung des Bildungswesens (s. zfd. Menze, 1975). 1815 setzte Süvern die Arbeit fort und entwarf ein Gesetz für das gesamte preußische Bildungswesen. In diesen Jahren wurde die Bildung als Teil des preußischen Reformprogramms zu einem vom Staat stark beachteten Thema. Dies zeigte sich 1816, mit J.W. Süverns Unterrichtsverfassung der Gymnasien und Stadtschulen in Preußen sowie ein Jahr später, aus der bereits genannten Sektion des Innenministeriums das Ministerium der Geistlichen, Unterrichts- und Medicinal-Angelegenheiten (erster preußischer Kultusminister Freiherr von Altenstein) wurde. Süvern konnte auf wichtige Vorarbeiten zurückgreifen, die teils für höhere Schulen von Schleiermacher bzw. für das Volksschulwesen von Natorp geleistet worden waren. Außerdem lagen zu dem Zeitpunkt das Prüfungsedikt von 1810, das Abiturreglement von 1812, der Entwurf einer neuen Seminarausbildung für die Volksschullehrer von 1812, eine Gesamtinstruktion für das Schulwesen von 1813, ein Lehrplan für die Gymnasien und Stadtschulen von 1816 und die Instruktion für die Provinzkonsistorien von 1817 vor.

Ähnliche Grenzwerte findet man in §113 des Ladenbergschen Unterrichtsgesetzentwurfs von 1856. Dort steht für die Gymnasien und Realschulen: "Die Zahl der öffentlichen Lehrstunden darf, mit Ausschluß des Turn-Unterrichts, 32, die Zahl der in einer Klasse zu unterrichtenden Schüler 50, für die Oberklassen 40 nicht übersteigen" (abgedruckt in FROESE, o.J., S. 65).

Für die Real- und höheren Bürgerschulen wurden in der Unterrichts- und Prüfungsordnung von 1859 nur allgemeine Überlegungen angestellt. So heißt es dort: "Die Schülerzahl darf sich in den einzelnen Klassen nicht über das zulässige Maß zu einer Frequenz ausdehnen, bei welcher die Zwecke des Unterrichts und der Erziehung nicht mehr erreicht werden können" (abgedruckt in MAASSEN, 1959, S. 87f, Band 1).

Auffallend ist, daß das Ministerium darauf verzichtete, irgendwelche Zahlen zu nennen. Anders im Unterrichtsgesetzenwurf von 1862. In §138 steht dort über höheren Schulen: "Die höchstens zulässige Schülerzahl beträgt in den unteren Klassen 60, in den mittleren 50, in den oberen 40. Ist eine größere Schülerzahl dauernd vorhanden, so sind nach Anordnung der Provincial-Aufsichtsbehörde in den betreffenden Klassen Parallelcötus einzurichten, jedoch ist keine Klasse in mehr als zwei Cötus zu theilen".

Zu § 138 heißt es im Kommentar: "Die an vielen Orten eingetretene Ueberfüllung einzelner Klassen und der ganzen Anstalt; weil der Zweck der Schule nur unvollkommen erfüllt und ihre organische Einheit nicht gewahrt werden kann, macht die Bestimmung einer Grenze für die Klassenfrequenz und die Anzahl der Klassen nothwendig. Die Befugnisse, unter Berücksichtigung der obwaltenden äußeren und inneren Verhältnisse einer Schule, Ausnahmen zu gestatten, muß der Verwaltungsbehörde vorbehalten bleiben; ebenso die Beurtheilung, nach welcher Durchschnittsberechnung die zu großer Frequenz einzelner Klassen als dauernd anzusehen ist" (MINISTERIUM, 1869, S. 261).

Es blieb bei diesem Entwurf. L. WIESE vermerkte 1864 unter dem Stichwort "Classenfrequenz" für das Höhere Schulwesen: "Eine allgemeine gesetzliche Bestimmung über die in den einzelnen Classen und den ganzen Anstalten zulässigen Schülerzahl ist noch nicht vorhanden. Im Allgemeinen wird als Norm angenommen, daß in I und II nicht über je 40, in den übrigen Classen nicht über je 50 Schüler sitzen sollen. Bei dauernd vorhandener erheblich größerer Frequenz sollen in der betreffenden Classe Parallelcötus eingerichtet werden. Die weiterhin mitzutheilenden Frequenzübersichten ergeben, wie wenig es an vielen Orten möglich gewesen ist, dieses Maß einzuhalten" (1984, S. 34; die Zahlen von WIESE folgen noch). Zu einer ähnlichen Einschätzung kommt WIESE auch in dem zweiten Band seiner Darstellung, der sich auf die Zeit von 1864-1868 bezieht, die Rechtslage war aber nunmehr für das höhere Schulwesen eindeutig: "Hinsichtlich der einzelnen Classen sind für je 2. Cl. von VI bis I 50, 40, 30 als Maxima der Classenfrequenz bestimmt, mit Gestattung der Vermehrung um je 10 auf so lange die das Normale überschreitende Zahl noch nicht als dauernd angenommen werden kann. Ueber diese Grenze wird noch oft hinausgegangen" (WIESE, 1969, S. 10; s.a. BEIER, 1902, S. 133)

Die Schulkonferenz von 1890 war bezüglich der Klassengrößen noch einmal wegweisend. SCHMID (1901, 5. Band, 1. Abt., S. 403) beschreibt die Aussagen und Beschlüsse der Schulkonferenz von 1890 bezüglich der Klassen- und Schulgrößen im höheren Schulwesen: "Zur Förderung der Erziehungs- und Unterrichtsziele wurde außerdem zuerst die Herabsetzung der Maximalschülerzahl in den unteren Klassen auf 40 beschlossen, und die Bestimmung getroffen, daß für die mittleren 40, für die oberen 30 als maximal zu gelten haben, die bisher vielfach überschritten wurden. ... Gegen die Hoffnung, man werde bei geringerer Schülerzahl ein Hauptgesetz der Erziehung, die individuelle Behandlung der Schüler besser verfolgen können, wurde indessen geltend gemacht, wenn das Individualisieren darin bestehe, daß der einzelne sich an den Lehrer wie an den Vater anschließen könne, so werde dies nicht erreicht werden, wie denn auch die neue Maximalzahl eine gerechte Beurteilung der Leistungen ... unmöglich mache." Diese Maßnahmen schienen dringend nötig zu sein, ein Gymnasialdirektor äußerte nach SCHMIDT, daß sie keine Schulen, sondern Fabriken hätten.

Auf der Schulkonferenz war das Problem der Überfüllung der Gymnasien also vordringlich. GAUER (1906, S. 41) faßt wie folgt zusammen: "In dieser Beziehung hat die Berliner Konferenz einen dankenswerten Beschluß gefaßt, in dem sie eine Maximalfrequenz festsetzte: 40 Schüler für die unteren und mittleren Klassen, 30 für die oberen. Wenn nur zugleich der dringlichere Beschluß gefaßt worden wäre, daß es möglich sein solle, den ersten auszuführen! Denn Maximalzahlen (50, 40, 30) gab es auch bisher schon; das üble war nur, daß sie oft nicht innegehalten werden konnten, weil keine ausreichenden Mittel da waren, um neue Klassen oder neue Lehranstalten zu gründen."

In wilheminischer Zeit änderte sich an diesen Werten offensichtlich nichts mehr: Für die höheren Lehranstalten galten nach wie vor die Zahlen

50 für die unteren, 40 für die mittleren und 30 für die oberen Klassen (ROLOFF, 1913, S. 1288).

b) Das Mittlere Schulwesen

Ähnliche Werte wie für die höheren Schulen sah man auch für die Mittelschulen vor: In dem Mittelschulerlaß aus dem Jahre 1910 ist die Höchstzahl der Schüler für die Klassen der Unter- und Mittelstufe auf 50 festgelegt, für die Oberstufe auf 45. Bei einer Vereinigung von zwei Jahrgängen dürfen sich höchsten 40 Schüler in einer Schulklasse befinden (abgedruckt in MASKUS, 1966, S. 87f).

Im Ministerialerlaß vom 25.11.1912 wurden die Bedingungen für die Anerkennung einer Mittelschule noch einmal zusammengefaßt:

> "Die vollausgebildetete Mittelschule hat neun aufsteigende Jahreskurse. Diese können in neun gesonderte Klassen zerlegt werden, deren Schülerzahl in der Unter- und Mittelstufe 50 und in der Oberstufe 45 nicht übersteigen soll" (v. BRAUCHITSCH, 1933, S. 669).

Für die mittleren und höheren Mädchenschulen wurde der Grenzwert in den Vorschriften 40 in den Vorschriften aufgenommen. In den "Allgemeinen Vorschriften für die über das Ziel der Volksschule hinausgehenden Mädchenschulen vom 31. Mai 1894" (Preußen) finden wir folgende Vorschrift: "Die Zahl der Schülerinnen darf in einer Klasse nicht mehr als 40 betragen" (abgedruckt in MAASSEN, 1959, S. 128, Band 1). In den Protokollen über die im August 1873 im kgl. preußischen Unterrichtsministerium gepflogenen, das mittlere und höhere Mädchenschulwesen betreffenden Verhandlungen heißt es: "In den normal eingerichteten höheren Mädchenschulen ist die Zahl der Schülerinnen für jede der Unter- und Mittelklassen nicht über vierzig zu bemessen. In den beiden obersten Klassen ist diese Zahl aus pädagogischen Gründen noch wesentlich zu vermindern" (SCHNEIDER & v. BREMEN, 1887, S. 567; SCHMID, 1901, Band 5, 2. Abt., S. 275). In den Protokollen über die Beratung heißt es weiter: "Bei Festlegung einer Maximalzahl von Schülerinnen gab es nur darüber eine Differenz, ob den Klassen der Oberstufe ein Vorzug vor den anderen Klassen zu geben, für sie also eine geringere Zahl von Schülerinnen anzunehmen und demgemäß die event. Einrichtung von Parallelklassen zu fordern sei. Die von einer Seite erhobenen Forderung der Individualisierung, beziehungsweise der Erziehung der Schülerinnen auf der Oberstufe weiteren Raum zu geben, wurde widersprochen; dagegen mußte anerkannt werden, daß sich der Unterricht auf derselben mit einer einzelnen Schülerin eingehender zu beschäftigen, ihr Gelegenheit zu längerem, zusammenhängenden Vortrage zu bieten habe, daß daher Selbstthätigkeit ihr Recht nicht werde, wenn die erste Klasse dieselbe Zahl von Schülerinnen beschäftigen müsse, wie die unteren" (SCHNEIDER & v. BREMEN, 1887, S. 573).

Diese Diskussion ist deshalb interessant, weil sich deutlich aufzeigen läßt, daß die Frage, ob in der Oberstufe kleinere Klassen als in der Unterstufe vorzusehen seien, Aspekte der Persönlichkeitsentfaltung als Argument für eine kleinere Klassengröße eingebracht wurden.

c) Das Volksschulwesen

Der Süvernschen *Entwurf eines Allgemeinen Gesetzes über die Verfassung des Schulwesens im preußischen Staate* wurde 1819 vorgelegt. Dieser besagte, daß ein Lehrer 100 Kinder unterrichten könne, diese Zahl könne auch steigen, wenn zwei Lehrer am Ort sind. Dieser Grenzwert 100 findet sich in verschiedenen Gesetzen des 19. Jahrhunderts immer wieder (siehe die Sammlung von v. BREMEN, 1905).

Doch war er offensichtlich schon zu Anfang des 19. Jahrhunderts umstritten, wie aus der Stellungnahme der Oberpräsidente und Bischöfe hervorgeht: "Ein Lehrer soll nicht mehr als 80, nach andern nicht über 60 Schüler unterrichten" (MINISTERIUM, 1869, S. 91). Hier wurden also die Grenzwerte der Klassen bedeutend niedriger angesetzt.

Die Zahl 100 für die maximale Klassengröße (genauer Schüler-Lehrer-Relation) blieb aber aktuell, besonders für Landschulen. So heißt es im *Allerhöchst vollzogenen Regulativ vom 29. August 1831, betreffend die Errichtung und Unterhaltung der Landschulen in Neuvorpommern* in Art. 2, daß "weder einem Lehrer mehr als hundert Kinder zugewiesen werden, noch die Schule von den Wohnorten der Kinder mehr als eine halbe Meile entfernt sei" (abgedruckt in v. BREMEN, 1905, S. 51, s.a. MINISTERIUM, 1869, S. 97).

In der Circularverfügung der Königlichen Regierung zu Potsdam aus dem Jahre 1834 ging man ebenfalls von 100 Kindern in der Schule aus. Das Interessante an dieser Verfügung ist aber weniger die Zahl, sondern eine Regelung des Schulbesuchs im Sommer, da zu dieser Jahreszeit viele Kinder die Schule nicht besuchten. Für diese Kinder sollte im Sommer eine gesonderte Abteilung eingerichtet werden. Die Kinder, die im Sommer auf den Feldern helfen mußten, hatten demnach die sog. "beschränkte" Schule zu besuchen, wodurch gewährleistet werden sollte, daß diese Gruppe überhaupt Unterricht erhält (Abdruck in NIEDERGESÄS, 1847, S. 245).

Während des Ministeriums Eichhorn wurden zwei Entwürfe vorgelegt: Die Schulordnung für die Elementarschulen der Provinz Preußen vom 11.12.1845 und der Entwurf einer Schulordnung für die Elementarschulen der Provinz Brandenburg. Beide Entwürfe enthalten keine Angaben zur Klassengröße.

In den "Grundzügen, betreffend Einrichtung und Unterricht der evangelischen einklassigen Elementarschulen vom 3. Oktober 1854 kam "schon" der Grenzwert 80 zum Zuge. So heißt es dort: "Wo die Anzahl der Schüler über 80 steigt, oder wo das vorhandene Lokal auch für eine geringere Anzahl von Schülern nicht ausreicht, kann von der Regierung bis zur Anstellung eines zweiten Lehrers oder einer Lehrerin und bis zu angemessenen Erweiterung des Schullokals die Trennung der Schule in zwei Abteilungen eines zweiten Lehrer oder einer Lehrerin und bis zur angemessenen Erweiterung des Schullokals die Trennung der Schule in zwei Abteilungen ausnahmsweise angeordnet werden" (STIEHL, 1872, 10. AUFL; FROESE, o.J., S. 79; SCHEIBE, 1965, S. 19f).

Allerdings scheint man noch zwischen 100 und 80 zu schwanken: Gemäß dem Ladenbergschen Unterrichtsgesetzentwurf aus dem Jahre 1856 sollte nämlich in der Volksschule ein Lehrer nicht mehr als 100 Kinder unterrichten (FROESE, o.J., S. 56).

Doch im Unterrichtsgesetzentwurf von BETHMANN-HOLLWEG aus dem Jahre 1862 heißt es wieder, daß die Normalzahl der Schüler 80 sein solle; bei 80-140 Schülern könne die Regierung eine Halbtagsschule mit einem Lehrer gestatten (CLAUSNITZER, 1891, S. 216f; MINISTERIUM, 1869, S. 204).

In dem Kommentar zu diesem Unterrichtsgesetzentwurf (MINISTERIUM, 1869, S. 236f) heißt es zur Schülerzahl: "Die Leistungen des Lehrers und die Fortschritte der Schüler sind wesentlich dadurch bedingt, daß die Einem Lehrer überwiesene Schülerzahl nicht zu groß ist, und daß die nothwendige Berücksichtigung des Einzelnen seine Zeit und Kraft nicht übersteigt. Dabei muß in Betracht gezogen werden, daß die bei Weitem überwiegende Mehrzahl der öffentlichen Volksschulen einklassige Schulen sind, in welchen Ein Lehrer Kinder sämmtlicher Alters- und Bildungsstufen von 6- 14 Jahren zugleicher Zeit zu unterrichten hat. Mit Rücksicht auf diese Verhältnisse ist im § 19 das höchste zulässige Maß der Schülerzahl für Eine Klasse auf 80 festgesetzt worden (MINISTERIUM, 1869, S. 236f).

1869 heißt es in der neuen Version (Unterrichtsgesetzentwurf von 1869), daß die Halbtagsschule ab 150 Schülern gestattet sein solle (S. 249). Die Zahl 80 für die Volksschule wird ebenfalls wieder genannt (SCHNEIDER & v. BREMEN, 1887, S. 375; S. 774). Diese Zahl wird auch übernommen in die Allgemeine Verfügung vom 15.10.1872 (S. 404) und in die dieser Verfügung folgenden Spezial-Verfügungen.[23]

Die Zahl 80 kam auch in den folgenden Reglements zur Geltung. In den *Allgemeinen Bestimmungen des königlich preußischen Ministers der geistlichen Unterrichts- und Medizinalangelegenheiten betreffend das Volksschul-Präparanden- und Seminarwesen* aus dem Jahre 1872 wurden Meßzahlen für die Volksschule angegeben. So galt für die einklassige Volksschule, daß die Zahl der Schüler nicht über 80 liegen sollte, bei einer Schule mit zwei Lehrern nicht über 120. Würde diese Zahl überschritten, muß eine dreiklassige Schule eingerichtet werden (vgl. auch REUKAUF, 1909, S. 325).

Im Jahre 1872 wurden Verhandlungen im preußischen Unterrichtsministerium über das Volksschulwesen durchgeführt. In den Protokollen findet man, daß die Normalzahl der Schüler in einer Klasse höchstens 80 sein soll (SCHNEIDER & v. BREMEN, 1887, S. 308f). Zu diesem Punkte heißt es weiter im Protokoll: Es "herrschte Einverständnis darüber, daß 80 die höchste Zahl von Kindern sei, deren Unterricht einem Lehrer zuzumuthen sei. Da die Erziehung auch durch Herantreten des Lehrers an die Individualität der Kinder bewirkt werde, und zudem der Gesundheitspflege Rechnung getragen werden müsse, dürfe die Zahl 80 nicht überschritten werden. Es wurde freilich anerkannt, daß es noch ein ideales Ziel sei, die Schülerzahl für jede Klasse bis auf 80 herabzumindern, da es Klassen mit 300 Schülern gebe und dem Staate durch diese Herabminderung so viel Kosten zu Last fallen würden, daß dieselben erst in einer Reihe von Jahren aufgebracht werden könnten. Von Kleist-Retzow interpretirt den zur Berathung stehenden Satz dahin, daß danach die Zahl der Schüler in einer Klasse in der Regel 80 nicht übersteigen dürfe und Kellner erklärte, daß man bei Bestimmung der größten zulässigen Anzahl der Schüler in einer Klasse nicht zu rigurös sein dürfe, auch den thatsächlichen Verhältnissen, z.B. dem Raum in den Schulzimmern, Rechnung tragen müsse. Nach der Ansicht Richters handelt es sich bei der in Rede stehenden Frage um eine Bestimmung, welche in ein Unterrichtsgesetz aufzunehmen sei, nicht aber bloß um einen pädagogischen Grundsatz,

23) Nur für den Turnunterricht gilt die Richtzahl 40 (S. 505). Für Schleswig wurde im gleichen Jahre die Richtzahl 30-40 für Handarbeiten festgelegt (S. 515), für Frankfurt die Zahl 40 im gleichen Fach (S. 517).

nämlich darum, ob das Gesetz aussprechen solle, daß die Regierung von den Gemeinden die Aufbringung der Kosten verlangen könne, welche Behufs-herabminderung der Schülerzahl der Klassen bis auf 80 erforderlich seien. Selbstverständlich werde vorausgesetzt, daß die Regierung von der Vollmacht einen vernünftigen Gebrauch mache. - Hiergegen wurde (von Stiehl) erklärt, daß es sich darum handele, ob jemand aus pädagogischen Gründen eine andere als die Zahl 80 wünsche" (SCHNEIDER & v. BREMEN, 1887, S. 312).

Die Diskrepanz zwischen Norm und Realität wurde sogar in einer Ministerialverfügung thematisiert. So heißt es im Centralblatt aus dem Jahre 1872: "Die normale Zahl ist 80 und schließt nicht aus, daß ein Lehrer auch mehr Schüler unterrichten kann und muß, weil es nicht wohl angeht, unter allen Umständen bei mehr als 80 Schülern einen zweiten Lehrer anzustellen. In einzelnen Landestheilen ist sogar die Zahl der Schulkinder, welche ein Lehrer zu unterrichten hat, gesetzlich auf 100 und selbst 120 festgesetzt, und tathsächlich werden in allen Landestheilen häufig 100 und mehr Schüler von einem Lehrer mit Erfolg unterrichtet" (1872, S. 368).

In wilhelminischer Zeit glaubte man mit der Zahl 70 den "richtigen" Grenzwert gefunden zu haben. Dies zeigt der Erlaß vom 15.11.1895, betreffend den Bau und die Einrichtung ländlicher Volksschulgebäude (abgedruckt in v. BREMEN, 1905, S. 480ff).

d) Fortbildungsschulen

In den Bestimmungen über Einrichtung und Lehrpläne gewerblicher Fortbildungsschulen vom 1.7.1911 heißt es in A.II.2:

> "Die Zahl der Schüler einer Klasse soll in der Regel nicht mehr als 30, nicht weniger als 20 betragen; eine Klasse ist zu teilen, wenn die Zahl dauernd 40 überschreitet. Für Zeichenklassen und einklassige Schulen beträgt die höchste zulässige Zahl 30." (v. BRAUCHITSCH, 1933, S. 486).

Hier sind also, verglichen mit der Volksschule, relativ niedrige Grenzwerte für die Klassengröße angegeben. Vermutlich lag der Grund darin, daß in diesen Sschulen viel werkspraktischer Unterricht erteilt wurde (z.B. Zeichnen), bei dem zu große Klassen - in damaliger Auffassung - als besonders nachteilig aufgefaßt wurden.

Zwischen 30 und 40 Schüler pro Klasse liegt auch der Richtwerte für die Handelsschulen. In den Bestimmungen über Einrichtung und Lehrpläne der öffentlichen Handelsschulen und höheren Handelsschulen v. 8.4.1916 heißt es in B.3. für die Handelsschulen:

> "Die durchschnittliche Schülerzahl soll etwa 35 betragen. Eine Klasse ist zu teilen, wenn die Schülerzahl über 40 hinausgeht" (v. BRAUCHITSCH, 1933, S. 938). Für die höheren Handelsschulen sind die entsprechenden Eckwerte 30 und 35.

Im Erlaß des Preußischen Ministers für Handel und Gewerbe v. 1.5.1917 heißt es für die Privatschulen in V.24.:

> "Die Zahl der gleichzeitig von einer Lehrkraft unterrichteten Schüler in den einzelnen Klassen oder Kursen soll bei Vortragsunterricht 45, bei Schreib-, Buchführungs-, Zeichen-, Handarbeits-, Kochunterricht und dergl. 30, bei Laboratoriumsunterricht 15 nicht übersteigen."

***

Der Vergleich der schulrechtlichen Entwicklung Preußens mit der in anderen Ländern konzentriert sich im folgenden auf die Volksschule, über die es bei weitem die meisten Regelungen gab.[24]

Im Jahre 1811 wurde im <u>Großherzogtum Berg</u> (Herzogtum Nassau) ein Dekret erlassen, in dem bestimmt wurde, daß für je 80 Kinder eine Primärschule eingerichtet werden sollte (HEPPE, 1971, Band 3, S. 281). 1817 wurde für die bayerische Pfalz eine Verordnung zur radikalen Reformierung des Volksschulwesens erlassen. In dieser Verordnung heißt es u.a.: "Da der Unterricht bei einer zu großen Schülerzahl nicht gehörig besorgt werden kann, so sollen nicht mehr als 80 Kinder in der Schule vereinigt werden. Beträgt die Zahl mehr, so sollen die Kinder nach den Geschlechtern und dann nach den Klassen abgeteilt werden." (HEPPE, 1971, Band 4, S. 81).

HEPPE (1971, Band 4, S. 331) berichtet von einer am 7. März 1823 publizierten Patentverordnung, die insbesondere folgende Bestimmung enthielt: "Die Zahl der von einem Lehrer zu unterrichtenden Kinder soll nicht höher als 50 sein. Sollte es aber zur Zeit noch unumgänglich erforderlich sein, daß

24) Für die höheren Schulen gab es auch keine größeren Differenzen zu Preußen, wie folgendes Beispiel zeigt: In der "Ordnung des Gesammtgymnasiums" aus dem Jahre 1828 für Braunschweig findet sich folgende Festlegung der "Normalzahlen": "für die höheren Klassen des Obergymnsasiums und des Realgymnasiums höchstens 30, für die unteren Klassen des Obergymnasiusm und des Realgymnasiums und die oberen des Progymnasiums höchstens 40, für die unteren Klassen des Progymnasiums höchstens 50" (Koldewey, 1886, S. 493).

an einem Orte ein Schulmeister eine größere Zahl von Kindern unterrichten müßte, so sollen die größeren von den kleineren gesondert und jede Classe für sich, die eine vormittags, die andere nachmittags unterrichtet werden." Zehn Jahre später im Jahre 1833 heißt es allerdings in der Circularverordnung an die Beamten: "Keiner Schule sollten mehr als 100 Kinder zugewiesen werden" (HEPPE, 1971, Band 4, S. 338).

Die Verordnung der königlichen Regierung zu Düsseldorf vom 30.10.1825 ging ebenfalls von 100 Kindern in der Schule aus (Abdruck in NIEDERGESÄS, 1847, S. 490ff).

Das Badische Unterrichtswesen wurde durch die landesherrliche Verordnung vom 15. Mai 1834 neu geordnet. Darin heißt es u.a., daß bei einem Überschreiten der Zahl von 130 Kindern zwei Lehrer eingestellt werden müßten. "Wenn sie 260 übersteigt, wenigstens drei und bei einer Schülerzahl von mehr als 390 wenigstens vier Lehrer, bzw. Hilfslehrer anzustellen. Bei keiner Volksschulanstalt sollen in einer und derselben Klasse mehr als 70 Schüler zusammenkommen" (HEPPE, 1971, Band 4, S. 262).

Im Volksschulgesetz von Württemberg aus dem Jahre 1836 ist im Artikel 28 und 29 festgelegt, daß ein Lehrer höchstens 90 Schüler unterrichten darf (FRIEDRICH, 1978, S. 163).

Am 20. April 1850 wurden für die Herzogtümer Anhalt-Dessau und Anhalt-Köten folgende Schulordnung publiziert, in der es u.a. heißt: "In der Regel soll keine Klasse, am wenigsten die erste und letzte, über 70 Schulkinder haben" (HEPPE, 1971, Band 5, S. 120).

Das Schulwesen wurde durch einen Rat- und Bürgerschluß am 17. Juni 1854 in Lübeck geregelt. In diesem Beschluß heißt es u.a., daß ein Lehrer mit einer Schülerzahl bis zu 60 Kindern wenigstens 400 Mark jährlich erhalten, für eine regelmäßig anzunehmende Schülerzahl über 60 wenigstens 450 Mark jährlich erhalten. Bei einer regelmäßigen Besuchszahl von 100 Schülern muß eine zweite Klasse eingerichtet werden (HEPPE, 1971, Band 5, S. 351f).

Nach dem Dotationsgesetz vom 1861 galt für Braunschweig folgendes: "Wenn die Zahl der Schüler unter einem Lehrer nach fünfjährigem Durchschnitt 100 übersteigt, so kann die Gemeinde zur Errichtung einer neuen Lehrerstelle angehalten werden" (PETERSILIE, 1897, Band II, S. 140). Im Königreich Sachsen galt nach dem Normallehrplan vom 5.11.1878 die Meßzahl 60 (PETERSILIE, 1897, Band II, S. 147).

Im Volksschulgesetz für das Herzogtum Gotha vom 1.7.1863 heißt es: "Die Maximalzahl der von einem Lehrer zu unterrichtenden Kinder ist in der Regel 80 (§ 7). (SCHMID 1902, 5. Band, 3. Abt., S. 204f).

Springen wir in die wilhelminische Zeit. Die Rechtslage über die Zahl der Schüler vor Ausbruch des Ersten Weltkrieges wurde von TEWS (1913) zusammengestellt. TEWS zitierte aus den verschiedenen Ländergesetzen. Zusammengefaßt ergibt sich folgendes Bild für die Einstellung einer neuen Lehrkraft:

- Bayern (1902) 80 Schüler im 5jährigen Durchschnitt
- Württemberg (1909) bei mehr als 60 Schülern 2, bei mehr als 140 Schülern 3 Lehrstellen; ab dann je 70 Schüler ein neuer Lehrer
- Baden (1892) nicht mehr als 100 Kinder pro Lehrer; in der Ausnahme nie mehr als 130 Kinder
- Großherzogtum Sachsen-Weimar (1874) 80 Kinder
- Oldenburg (1910) 70 Kinder
- Sachsen-Meiningen (1908) 60 Kinder
- Sachsen-Altenburg (1889) 100 bei Schulen mit nur einem Lehrer, ansonsten 60 Kinder
- Sachsen-Coburg (1905) 80 Kinder
- Sachsen-Gotha (1912) 80 Kinder; bei mehr als 2 Klassen 140; bei 3 oder mehr Klassen 60
- Schwarzburg-Sondershausen (1912) in mehrklassigen Schulen 60, in geteilten einklassigen Schulen 100
- Schaumburg-Lippe (1875) 60, in der Regel nicht mehr als 120. Bei mehr als 120 Kindern Beiordnung eines Schulgehilfen, bei mehr als 200 Kindern eine zweite Lehrerstelle. Bei Fremdsprachen in der Regel nicht mehr als 50 Kinder[25]
- Lippe (1913) 100 Schüler
- Hamburg (Gesetz vom 11.11.1870) 50 als durchschnittliche Normalzahl (Petersilie (1897, Band II, S. 152) spricht von Maximalfrequenz).

Tews (1892) hat sich intensiv mit dem preußischen Gesetzentwurf auseinandergesetzt. Er zitiert aus diesem:

---

25) Nach der Lauenburgischen Landschulordnung erhielt eine Klasse mit mehr als 100 Schülern einen "Schulgehülfen", der in einem getrennten Klassenzimmer zu unterrichten hat (Schneider & v. Bremen, 1887, S. 731). Im Volksschulgesetz von Hannover aus dem Jahre 1845 wird das gleiche verfügt, allerdings liegt der kritische Wert bei 120 Kindern (S. 737).

§4. "Einklassige Volksschulen sollen im allgemeinen nicht über achtzig Kinder zählen. Bei mehrklassigen Volksschulen ist in der Regel auf je siebzig Kinder eine vollbeschäftigte Lehrkraft anzustellen."

§12. "Wo die Anzahl der einem Lehrer überwiesenen Kinder über achtzig steigt, oder wo das Schulzimmer für die vorhandene geringere Zahl von Kindern nicht ausreicht, und die Verhältnisse die Anstellung eines zweiten Lehrers oder eine räumliche Änderung nicht gestatten, sowie da, wo andere Umstände dies notwendig erscheinen lassen, kann mit Genehmigung des Regierungspräsidenten eine zweiklassige Schule mit einem Lehrer und verkürzter Unterrichtszeit (Halbtagsschule) eingerichtet werden. Sind zwei Lehrer an einer Volksschule vorhanden, so ist der Unterricht in drei aufsteigenden Klassen mit verkürzter Unterrichtszeit zu erteilen."

TEWS (1892, S. 9) dazu: "Nach der "Begründung" des Entwurfs "kann nicht daran gedacht werden, sämtliche öffentliche Volksschulen des preußischen Staates sofort nach den hier angegebenen Normen umzugestalten und also unverzüglich so viel neue Lehrerstellen zu gründen, daß keine Klasse mehr als 80 Kinder zählt". Die Bestimmungen sollen der Unterrichtsverwaltung nur eine Norm für ihre neuen Einrichtungen geben und das Ziel stekken, welchem sie allmählich zustreben soll."

Die Gesetze einiger Kleinstaaten stellten nach TEWS (1892) seiner Sicht zufolge so günstige Zahlen auf, daß dagegen vom pädagogischen Standpunkt nichts einzuwenden sei. Z.B.:

Die Normalzahl der durch einen Lehrer gleichzeitig zu unterrichtenden Schüler ist 50. Bei einer größeren Anzahl ist jedenfalls eine Sonderung in Abteilungen mit ganz oder teilweise getrennter Schulzeit vorzunehmen. Steigt die Zahl über 70, so ist für Anstellung eines Hilfslehrer zu sorgen, und bei größerem Anwachs nach Verhältnis. (Normativbestimmung für die Abfassung der Schulordnungen im Hamburger Landgebiet. Ges. v. 12. Dez. 1879.)

Die Zahl von 50 Schülern gilt als die durchschnittliche Normalzahl. Diese Zahl darf in der untersten Klasse ohne Genehmigung der betreffenden Schulkommission nicht überschritten werden. (Hamburgisches Unterrichtsgesetz v. 11. Nov. 1870, § 36.)

Wo die Zahl der schulpflichtigen Kinder mehr als 80 beträgt, sind mehrklassige Schulen zu errichten. In der Mittel- und der Oberstufe dürfen nicht über 80, in der Unterstufe nicht über 60 Kinder in einer Klasse vereinigt sein. (Elsaß-Lothringen, Regulative v. 4. Januar 1874.)

Erreicht die Schülerzahl bei ganztägigem Unterricht in drei aufeinanderfolgenden Jahren im Durchschnitt 80, so muß unbedingt für eine zweite Lehrkraft, und steigt diese Zahl auf 160, für eine dritte gesorgt und nach diesem Verhältnisse die Zahl der Lehrer noch weiter vermehrt werden. Bei halbtägigem Unterricht sind auf eine Lehrkraft 100 Schüler zu rechnen. (Österreich. Ges. v. 2. Mai 1883.)

Die Schülerzahl einer Klasse darf sechzig nicht übersteigen und einem Lehrer sollen nicht mehr als 120 Kinder zugewiesen werden.[26] Die Zahl der Schüler in einer Klasse ist in der Regel auf 50 bis 60 beschränkt, darf aber keinesfalls 70 überschreiben. (Bremen.)

Die Schülerzahl einer Klasse in den Schulen der Stadt darf in der Regel nicht über 50 steigen. Für die Schulen im Städtchen Travemünde und auf dem Lande beträgt die Normalzahl der Kinder für ein Klassenzimmer 60; steigt zwei Schuljahre nacheinander die Zahl der schulpflichtigen Kinder auf 70, so ist für Einrichtung eines ferneren Klassenraumes Sorge zu tragen. In besonderen Fällen kann die Oberschulbehörde Ausnahmen von den vorstehenden Bestimmungen zulassen. (Lübeck. Ges. v. 20. Okt. 1885.)

Wenn in einer Volksschule die Zahl der von einem Lehrer zu unterrichtenden Kinder nach dem Durchschnitt der letzten fünf Jahre 80 überstiegen hat, so muß in der Regel ein Lehrer mehr angestellt werden. Nur ausnahmsweise darf gestattet werden, daß ein Lehrer mehr als 80 Schüler unterrichte. (Reuß i.L. Ges. v. 4. Nov. 1870.)

Nur da, wo in zweckmäßig gebildeten Abteilungen der Unterricht erteilt wird, dürfen mehr als 50, keinesfalls jedoch über 80 Kinder gleichzeitig unterrichtet werden. Wenn die Zahl von 120 Schülern überschritten wird und die bestehenden Verhältnisse die Dauer dieser Zahl mit Wahrscheinlichkeit erwarten lassen, so sind zwei Lehrer anzustellen. Nur unter ganz besonderen

---

26) TEWS (1892) in seiner Fußnote auf S. 10: "Daß hier wie auch in anderen Gesetzen die Zahl der in einer Klasse zu vereinigenden und die Zahl der von einem Lehrer unterrichtliche zu versorgenden Kinder so weit auseinander geht, erklärt sich daraus, daß in den betreffenden Ländern zuweilen zwei Klassen mit verkürztem Unterricht auf eine ist Lehrkraft kommen. (Vgl. §12 des Entwurfs.) In Preußen wurden 1886: 75.097 Schulklassen von 64.750 Lehrern unterrichtet, und es bestanden: 5.409 Halbtagsschulen mit 19.818 Klassen und 571.474 Kindern, und 2.682 dreiklassige Schulen mit je zwei Lehrern, welche 8.046 Klassen und 486.772 Kinder zählten. Auch in mehrklassigen Schulen ist die Zahl der Klassen vielfach größer als die der Lehrer."

Umständen kann die Oberschulbehörde hiervon eine Ausnahme gestatten. (Waldeck. Schulordnung vom. 9. Juli 1855.)

Die Zahl der von einem Lehrer zu unterrichtenden Kinder darf in der Regel 80 nicht übersteigen. Wird diese Zahl nach dem Durchschnitte der letzten fünf Jahre überstiegen, so ist für die Einrichtung einer zweiten Klasse unter einem zweiten Lehrer und für die Herstellung der nötigen Lokalitäten und Schuleinrichtungen zu sorgen. Ein zeitweiliger Nachlaß hierin kann von der obersten Schulbehörde nur unter besonderen Umständen zugestanden werden. Den Lehrern ist in diesem Falle eine Extra-Vergütung zu gewähren. (Weimar. Ges. v. 24. Juni 1874.)

Bei einer Zahl von mehr als 90 Schülern sind zwei Lehrer, bei mehr als 180 Schülern sind drei Lehrer und bei mehr als 270 Schülern einer Volksschule sind vier Lehrer anzustellen, und in gleichem Verhältnis ist bei einer noch höheren Zahl von Schülern die Zahl der Lehrer zu vermehren. Wenn der Unterricht dagegen in getrennten Abteilungen und Schulstunden erteilt wird, kann die auf einen Lehrer fallende Schülerzahl, wo nur eine Lehrstelle ist, auf 120, wo zwei und mehr Lehrstellen sind, auf 130 steigen. (Württemberg. Ges. v. 6. Nov. 1858.)

Die Zahl der in einer Klasse gleichzeitig und zusammen zu unterrichtenden Kinder darf in der Regel 60 nicht übersteigen, und einem Lehrer sollen nicht über 120 Kinder zum Unterrichte in getrennten Abteilungen zugewiesen werden. Ist eine größere Anzahl schulpflichtiger Kinder vorhanden, so ist ein Lehrer mehr anzustellen und eine neue Schulklasse einzurichten. Denjenigen Lehrern, welche durch erhöhte Lehrtätigkeit die außerdem gebotene Anstellung eines zweiten Lehrer entbehrlich machen, ist eine von der betreffenden Gemeinde, nötigenfalls von der Oberschulbehörde, zu bestimmende besondere jährliche Vergütung zu gewähren. (Meiningen. Ges. v. 22. März 1875.)

Zusammenfassend zeigt sich, daß insbesondere gegen Ende des Jahrhunderts die Normzahlen für das Volksschulwesen fast stärker als zu Beginn des Jahrhunderts schwanken, nämlich von 50 (Hamburg) bis 100 (Baden etc.). Preußen lag in einer solchen Skala mit Richtwert 70 ungefähr in der Mitte. Im internationalen Vergleich schnitt Deutschland nicht sehr gut ab: TEWS stellt fest, daß in den nordischen Staaten, aber auch in Frankreich, England, Belgien und Holland sowie in der Schweiz die Klassenbesetzung weitaus geringer sei als in Deutschland (dem widersprechen allerdings die noch folgenden Zahlen in Tabelle 2.17). Dies gelte im deutschen Reiche allerdings auch schon für die preußischen höheren Lehranstalten, wo bereits 50 Jahre vorher hauptamtliche Lehrer im Durchschnitt 19 Schüler gehabt hätten. Ähnliche Zahlen hätten für die preußischen höheren Mädchenschulen gegolten. Für die Mittelschulen hätten sie 30 kaum überstiegen (SCHNEIDER & v. BREMEN, 1887, S. 562) . Er fordert deshalb: "Bei gerechter Ordnung der Dinge aber müßte die Besetzung der Volksschulklassen eher schwächer als stärker sein" (TEWS, 1913, S. 70).

2.3.4 Die Statistik

Will man eine historische Analyse der Veränderung von Bildungsstatistiken vornehmen, so ist Voraussetzung, daß die betreffenden Zahlen überhaupt erfaßt worden sind.[27] Bis 1901 gab es jedoch keine reichseinheitliche Statistik, allenfalls findet man Daten aus den für den Schulbereich verantwortlichen Einzelstaaten.[28]

In Preußen stammen die ältesten schulstatistischen Aufnahmen aus dem Jahre 1822. In diesem Jahr wurde eine Kirchen- und Schultabelle eingerichtet (TEWS, 1909, S. 461; ZAHN, 1911, gibt das Jahr 1816 an). In dieser Statistik wurde allerdings nur die Zahl der Lehrer, Lehrerinnen, Hilfslehrer und der Knaben und Mädchen erfaßt. Erweitert wurde diese preußische Schulstatistik im Jahre 1837 und nochmals im Jahre 1858. Angaben zur Klassengrößenveränderung enthält allerdings erst die preußische Schulstatistik von 1886.[29] (In Bayern begann die offizielle Bildungsstatistik 1855, in Sachsen und Baden 1884, in Hessen 1887, in Mecklenburg-Schwerin 1910; ZAHN, 1911).

Weiter muß berücksichtigt werden, daß die Einstellung der Statistiken vermutlich interessengeleitet verlief: "Insbesondere die Auswertungsteile zeigen, wie sehr der Statistiker hier Handlangerdienst für die von der Ver-

---

27) Leider gibt es aus unterschiedlichen Gründen noch keine Datenbank zu historischen Statistiken, wie man es aus anderen Forschungsgebieten gewöhnt ist. Die Schwierigkeiten sind von Sieglerschmidt (1988) zusammengefaßt.

28) Es sollten ab 1901 alle 5 Jahre Erhebungen durchgeführt werden. Erst ab ca. 1950 liegen umfassende Daten vor. Die Bildungsstatistik ist deshalb heute auf einem recht hohen Stand, dennoch verwundert die Heterogenität der Darstellung der Zahlen der einzelnen Bundesländer.

29) Es gibt eine weitere Ausnahme: Für das Königreich Württemberg ergibt eine Schulstatistik aus dem Jahre 1842 folgende Schüler-Lehrer-Relationen: Volksschule 75,8, Gymnasien 18,3, Lyceen 22,9, Lateinschulen 18,4, Realschulen (einschl. Oberrealschulen) 26,1 und Elementarschulen 33,0 (Friedrich, 1978, S. 188).

waltung beabsichtigte 'Entwicklung' leistet... Die damalige politische Funktion der Bildungsstatistik verhindert für die heutige Forschung eine unkritische Anwendung der Daten" (MÜLLER, 1977, S. 158, Anm. 13). Zudem lassen Schulbesuchsstatistiken nur recht allgemeine und beschränkte Aussagen über die Expansion des öffentlichen Bildungswesens zu, zumal wenn Erhebungsmängel oder, wie seit der Jahrhundertmitte, zweifelhafte Schätzungen den Wert des Zahlenmaterials beeinträchtigen (LESCHINSKY & ROEDER 1983, S. 144). Die Statistik in Preußen muß teilweise auch als verfälscht angesehen werden, weil die Erhebungen der ersten Jahrhunderthälfte verspätete Einschulung, außerordentlich hohe Fehlzeiten, vorzeitiges Abbrechen des Schulbesuchs und sogar Schullosigkeit verschleiern (KLEWITZ & LESCHINSKY, 1984, S. 80).

In der offiziösen preußischen Schulstatistik wurde von der Annahme ausgegangen, daß "sowohl der Besuch einer vollkommen organisierten mehrklassigen Schule wie auch der Unterricht in nicht-überfüllten Klassen bessere Bildungs- und Erziehungserfolge zeitigt als die gegenteiligen Unterrichtsbedingungen" (Volksschulwesen, 1891, S. 124; zit. n. LESCHINSKY & ROEDER, 1983, S. 152). Dies müßte dazu geführt haben, daß die Meßzahlen eingehalten werden. Es gilt dabei zu berücksichtigen, daß die staatlichen Vorgaben keine sog. Klassenteiler waren, die Maximalwerte konnten also überschritten werden. Im folgenden werden die tatsächlichen Zahlen - nach Schulsystemen gegliedert - referiert.

a) Das Höhere Schulwesen

Die Schüler-Lehrer-Relationen von 1822 bis 1913 sind in der nächsten Tabelle enthalten.

Die Werte der Schüler-Lehrer-Relation fallen in dieser Tabelle fallen ab 1864 abrupt ab. Dies hat folgende Bewandtnis: Die Angaben von 1822 bis 1864a stammen aus den im Preußischen Statistischen Bureau gesammelten Kirchen- und Schultabellen, die ab 1864b bis 1913 aus dem Ministerium der Unterrichtsangelegenheiten. Letzteres rechnete bei den Lehrern die sog. 'Hilfslehrer' mit, so daß die Basis zur Berechnung der Schüler-Lehrer-Relationen sich änderte. Angaben zu der Zahl der Hilfslehrer liegen nicht vor, zur Klassengröße direkt auch nicht.

Aus dieser Tabelle geht dennoch eindrucksvoll hervor, wie stark das höhere Schulwesen expandierte. Die Schüler-Lehrer-Relationen konnten nahezu konstant bei um die 20 gehalten werden (einschl. Hilfslehrer). Nur in den 80er und 90er Jahren des 19. Jahrhunderts war keine große Steigerung vorhanden, da aber mehr Lehrer eingestellt wurden, war auch das Schüler-Lehrer-Verhältnis günstiger.

Tabelle 2.4
Schüler-Lehrer-Relationen für Preußen

Jahr	Anstalten	Lehrer	Schüler	S-L-Relation
1822	129	952	24344	26
1825	147	1063	27602	26
1828	134	1053	25819	25
1831	140	1124	26041	23
1834	148	1093	26616	24
1837	237	1546	37074	24
1840	245	1625	37432	23
1843	249	1683	41787	25
1846	246	1718	45548	27
1849	251	1804	49268	27
1852	282	1940	56203	29
1855	285	2098	61802	29
1858	268	2378	64086	29
1861	300	2545	71461	28
1864a	302	2812	79278	28
1864b	264	3810	78718	21
1871	414	5941	119641	20
1875	454	6669	135777	20
1880	493	7502	145575	19
1885	525	8724	151541	17
1890	549		156796	
1896	576	8365	156472	19
1900	627	8852	176268	20
1906	745	11119	227349	20
1910	824	12549	260019	21
1913	881	13731	275165	23

Quelle: HOHORST et al. 1978; FISCHER et al. 1982

Zur Klassengröße gab es wie betont keine oder nur sporadische Angaben. Diese sollen im folgenden referiert werden.

Vor 1820 muß es in einigen preußischen Provinzen Gymnasien mit vorwiegend kleinen Klassen gegeben haben, die jedoch schon in den 1820er Jahren eine ansteigende Tendenz aufwiesen. So lagen 1814 die Werte in

Gymnasien in Westfalen bei durchschnittlich 18,9 Schülern, 1826 schon bei 29,9 Schülern (APEL, 1984, S. 141). Im etwa gleichen Beobachtungszeitraum veränderte sich die Klassengröße in den Rheinprovinzen kaum (1816: 31,5 Schüler, 1827: 32,5 Schüler), wohl deswegen, weil die Klassengrößen hier schon anfangs vergleichsweise recht hoch lagen.

Ein unklares Bild ergab sich für die 1830er Jahre:

- Die Arbeitssituation der Philologen war im Vergleich zu den Lehrern der anderen Schularten recht günstig. 1837 betrug die Lehrer-Schüler-Relation in Preußen 1:18, in Österreich 1:20.
- Folgende Schüler-Lehrer-Relationen konnten aus den Angaben in BRAUNS & THEOBALD (1837) berechnet werden. Die Zahlen gelten für alle Gymnasien der Provinzen Preußen, Posen, Schlesien, Pommern, Brandenburg, Sachsen, Westfalen und die Rheinprovinz für das Jahr 1832/33 für die Klassenstufen I bis VII: I: 23; II: 30; III: 35; IV: 41; V: 43; VI 40; VII 35.
- Höhere Werte werden von der Höheren Bürgerschule in Breslau berichtet:

Tabelle 2.5
Klassengrößen der Höheren Bürgerschule zu Breslau am 1.1.1841 (Brandau, 1959, S. 242)

Klasse	I	II	IIIa	IIIb	IVa	IVb	V	VI	VIIa	VIIb
Größe	16	41	53	53	53	58	60	60	52	26

- Für höhere Stadtschulen werden allerdings auch günstigere Werte berichtet. So besuchten 1830 die höhere Stadtschule in Mayen in der unteren Klasse 10, in der oberen Klassen 23 Schüler (APEL & KLÖCKER, 1886, S. 353f). Ähnliche Werte findet man auch aus dem Bericht über die höhere und Gewerbeschule in Elberfeld aus dem Jahre 1830. Die 182 Schüler dieser Schule teilten sich auf in die Prima (9 Schüler), Sekunda (33), Tertia (48), Oberquarta (48) und Unterquarta (44) (1986, S. 360).
- Es gab allerdings auch Gymnasien, die bis zu 120 Schüler in einer Klasse hatten (so im Bericht eines Arztes über das Gymnasium in Köln aus dem Jahre 1828; APEL & KLÖCKER, 1886, S. 516). Der Arzt schrieb: "Was kann in Klassen von 120, von 90 und 80 Schülern, wie deren das hiesige Gymnasium aufzuweisen hat, geleistet werden? Der Lehrer muß darin seine Gesundheit, die Schüler ihre Zeit verlieren. Ein dritter Nachtheil ist die geringe Besoldung der Lehrer, welche durchgängig nicht einmal der Besoldung der Kanzellisten gleichsteht" (S. 516).

- In den vierziger Jahren des letzten Jahrhunderts gab es eine Diskussion um die Überfüllung der Gymnasien. Überfüllung bedeutete, daß die vorgegebene Meßzahl überschritten wurde. Dies war durchaus üblich, denn der Andrang an die Schulen war zeitweise sehr hoch: So galt z.B. für die Münsteraner Gymnasien im Jahre 1834 noch, daß nicht mehr als 50 Schüler aufgenommen werden durften. 10 Jahre später sollte diese Zahl "nicht mehr als Limit für eine Klassenfrequenz gelten, wenn der Raum eine größere Anzahl von Personen zuließe und eine zweckmäßige Aufstellung der Utensilien erlaube." "Diese Anweisung erfolgte ohne Rücksicht auf die Überforderung der Lehrpersonen und einen möglichen Leistungsverfall, der in derart großen Klassen eintreten mußte" (APEL, 1984, S. 223; s.a. KRAUL, 1984, S. 64). Das interessante an dieser Zahl von 50 Schülern ist, daß diese Meßzahl für Gymnasien gegolten hat, also einer Schulform, die bis dahin Klassengrößen zu verzeichnen hatte, die mit den heutigen vergleichbar sind.
- So liegen die Zahlen für ein Düsseldorfer Gymnasium im Jahre 1815 in ähnlichen Bereichen (APEL, 1984, S. 282, Anm. 86):

Tabelle 2.6
Klassengrößen für ein Düsseldorfer Gymnasium im Jahre 1815

Klassenstufe	Schülerzahl
- 1. und 2. Klasse:	11
- 3. Klasse:	26
- 4. Klasse:	26
- 5. Klasse:	26
- 6. Klasse:	33

- Für die Gymnasien in den Rheinprovinzen wurden folgende Zahlen aufgefunden (APEL, 1984, S. 207):

Tabelle 2.7
Schüler-Lehrer-Relationen für die Rheinprovinzen

Jahr	Gymnasien	Lehrer	Schüler	Schüler pro Lehrer
1827	17	224	3611	16,1
1832	18	212	3218	15,2
1835	18	232	3230	13,9

In der zweiten Hälfte des 19. Jahrhundert haben sich die Schüler-Lehrer-Relationen keineswegs durchgängig verringert, sondern sehr unterschiedlich verändert, wie aus der kleinen Tabelle hervorgeht (s.a. Tab. 2.4).

Für die Zeit ab 1860 konnten die Schüler-Lehrer-Relationen der unterschiedlichen preußischen höheren Schulen vor allem aus Tabellen in RETHWISCH, LEHMANN & BÄUMER (1904) rekonstruiert werden (s. Tab. 2.8). Aus der Höhe der Werte muß der Schluß gezogen werden, daß hier - wie auch schon in Tabelle 2.4 - die Hilfslehrer mit einbezogen waren.

Tabelle 2.8
Schüler-Lehrer-Relation der höheren Schulen Preußens

Jahr	ProGy	Gym	ORS	RG	RPG	RS
1860	19,8	22,8	11,0	19,4		
1865	12,7	20,1	20,8	14,9	18,0	
1870	13,3	18,9	19,9	17,0	17,9	
1875	13,8	18,7	20,7	17,7	18,3	
1880	14,3	18,2	21,1	18,9	16,7	17,0
1885	13,1	16,8	15,9	15,5	13,3	18,0
1890	12,4	15,8	18,3	16,2	14,1	19,6
1895	11,5	16,1	17,8	17,4	13,9	20,6
1900	13,2	17,2	19,0	18,8	13,7	20,5
1901	13,6	17,0	19,3	18,5	15,1	20,8
1902	13,3	16,7	19,1	18,7	16,6	21,6

Legende: Die Zahlen für die Schüler-Lehrer-Relationen wurden berechnet aus diversen Tabelle in RETHWISCH et al. (1904).

ProGy: Progymnasiums S.181
Gym: Gymnasium S.177/178
ORS: Oberrealschulen S. 180
RG: Realgymnasium S.179
RPG: Realprogymnasien S.182
RS: Realschulen S.183

Die günstigsten Werte über die Zeit gesehen wiesen das Progymnasium und das Realprogymnasium auf. Man kann nicht behaupten, daß sich im Zeitraum von 1860 bis 1902 entscheidende Veränderungen in der Schülerzahl pro Klasse ergeben haben.

Die Schüler-Lehrer-Relationen für die Vorschulen der höheren Schulen waren nicht so günstig, wie die folgende Übersicht zeigt:

Tabelle 2.9
Schüler-Lehrer-Relationen der Vorschulen der preußischen höheren Lehranstalten (Rethwisch et al., 1904, S. 193)

Jahr	G	RG	ORS	PG	RPG	RS
1870	37,2	42,2				
1880	36,8	36,4	37,7	38,1		
1885	53,0	32,8	29,4	43,5		
1890	34,5	34,7				
1895	35,1	35,6	40,1	16,6	29,4	39,5
1902	36,5	39,0	40,3	26,8	47,2	39,9

In der Darstellung von Durchschnittswerten liegt eine gewisse Gefahr: Die Unterschiede zwischen einzelnen Schulen verschwinden gänzlich. Aber gerade im höheren Schulwesen zeigen sich erhebliche Streuungen, die erneut die Überfüllungsdiskussion anregten. WIESE (1864, S. 468ff) stellte die Klassengrößen bzw. Wechselkoetengrößen für die höheren Schulen in Preußen für das Jahr 1863 zusammen. Es ergaben sich nach eigener Berechnung für die 105 Gymnasien und 34 Realschulen 1. Ordnung folgende Mittel-, Maximal- und Minimalwerte für die einzelnen Klassenstufen:

Tabelle 2.10
Mittelwerte, Maximalwerte und Minimalwerte für das Gymnasium und die Realschule 1. Ordnung in Preußen 1863

	Gymnasium			Realschule 1. Ordnung		
Klassenstufe	Mittel	Min	Max	Mittel	Min	Max
I	29	8	61	13	3	28
II	32	17	64	25	14	53
III	43	34	66	45	22	72
IV	46	18	87	46	37	78
V	49	22	79	55	33	79
VI	47	9	90	54	38	79

Legende: Für jede Klassenstufe gab es eine Klasse. Wenn Schulen auf einer Klassenstufe Wechselkoeten hatten, so wurde über die Koeten pro Stufe der Mittelwert berechnet.

1868 legte WIESE den zweiten Band seiner Darstellung des höheren Schulwesens in Preußen vor. Darin wird erneut deutlich, daß die Meßzahlen teilweise erheblich überschritten wurden (Wiese gibt Beispiele, aber keine systematische Tabelle wie in seinem ersten Band). Er interpretierte diese

Lage wie folgt: "Solche Ueberschreitungen finden bei mehreren Anstalten eine Erklärung in besonderen localen Verhältnissen, welche eine rücksichtslose Durchführung der gegebenen Vorschriften einstweilen nicht gestatten. Dies ist namentlich in dem Falle, wo, weil keine Bürger- oder Mittelschulen vorhanden sind, alles was eine höhere Bildung erstrebt, auf das Gymnasium oder die Realschule angewiesen ist und sich dahin zusammendrängt.... Eine Vergleichung mit früheren Jahren beweist, daß in Folge der Vermehrung der Lehrkräfte sowie der Beschaffung neuer Classenräume der Uebelstand im ganzen schon geringer geworden ist" (WIESE, 1869, S. 11)

OTTO KÜBLER führte Leopold Wieses Sammlung der Verordnungen und Gesetze für die höheren Schulen in Preußen weiter. Darin heißt es u.a. aus der Ciruclar-Verfügung vom 28.2.1867: "Durch die U. und PO (=die Unterrichts- und Prüfungsordnung der Real- und höheren Bürgerschulen; d. Verf) v. 6. Octb. 1859 ist hinsichtlich der in den einzelnen Klassen einer Realschule 1.O. zulässigen unteren Kl. die Zahl von 50, für die mittleren 40, für die oberen 30 bestimmt worden. Ich habe mit Befriedigung wahrgenommen, daß in einigen Provinzen diese Grenze mehr und mehr eingehalten und daß obige Bestimmung in entsprechender Weise auch bei den Gymnasien zur Anwendung gebracht wird, sowie auch, daß , wenn sich eine von dem betreffenden K.Prov.Sch.C. (Königliches Provincial-Schulcollegium; d. Verf) eine Zeit lang geduldete höhere Frequenz als dauernd erwiesen hatte, für die Einrichtung von Parallelklassen gesorgt worden ist. In anderen Provinzen ist, wie die eingereichten Frequenzlisten immer aufs neue ergeben, diesem für das Gedeihen der Schulen so wichtigen Gegenstande nicht dieselbe Aufmerksamkeit gewidmet und nicht genug auf Mittel und Wege Bedacht genommen worden, durch welche einer schädlichen Klassenüberfüllung vorgebeugt werden kann. " Im weiteren wird darauf hingewiesen, daß die strikte Einhaltung natürlich nicht überall durchführbar sei, deshalb könnte man in den mittleren und oberen Klassen 10 Schüler mehr aufnehmen (KÜBLER, 1886, S. 154).[30]

Im Jahre 1883 wurde das *Gutachten der wissenschaftlichen Deputation für das Medicinalwesen* vom 19.12.1883 vorgelegt (abgedruckt in KÜBLER, 1886). Neben zahlreichen Aspekten wie Selbstmord bei Schülern und diversen Krankheiten wurde auch die Klassengröße angesprochen. Dabei monier-

30) Diese Überfüllung der höheren Schulen (schon in den vierziger Jahren diskutiert, s.o.) wurde mehrfach offiziell angesprochen. Kübler nennt noch die Circular Verfügungen des Provincial-Schul-Collegiums zu Breslau vom 14.2.1872 und zu Stettin vom 3.12.1866, sowie die Ministerial Verfügung vom 24.2.1875 (Kübler, 1886, S. 154f).

te man, daß viele Gymnasien sich nicht an die Maximalwerte halten würden. Es ergaben sich für 1881 folgende Werte für überfüllte Klassen (KÜBLER, 1886, S. 304):

140 von 251 Gymnasien (55,73%)
6 von 38 Progymnasien (15,78%)
53 von 105 Realschulen I. und II. O. (50,57%)
16 von 104 höheren Bürgerschulen (15,38%)

Das Gutachtergremium empfahl eine Senkung der Klassenmeßzahlen besonders für die unteren Klassen. Preußen solle so verfahren wie Württemberg oder Sachsen, wo die Maximalgröße bereits auf 40 Schüler pro Klasse festgelegt sei (Zu den Klassengrößen in nicht-preußischen höheren Schulen siehe Anlage 1).

Für das höhere Schulwesen lagen trotz dieser Unterschiede im Vergleich zu den anderen Schularten günstige Werte vor.

b) Das Mittlere Schulwesen

Im mittleren Schulwesen wurden begrifflich ab 1872 die Bürger-, Mittel-, Rektorats-, die höheren Knaben- und Stadtschulen und das höhere Mädchenschulwesen zusammengefaßt. Es war erklärtes Ziel, die Klassen nicht zu groß werden zu lassen. Die Richtzahlen für die Mittelschule begründete man damit, daß anders die Vorteile dieser Schulart nicht gewährleistet werden konnten. So heißt es bei SCHNEIDER & V. BREMEN: "Diese Vortheile können aber nur so gehörig ausgenutzt werden, wenn die Schüler in den einzelnen Klassen weniger zahlreich und die Lehrkräfte und die Lehrmittel besser sind als in der Gemeindeschule" (1887, S. 547).

Bis auf einen kleinen Einbruch im Jahre 1878 kann man auch beim mittleren Schulwesen von einer Expansion sprechen, die aber lange nicht so stark war wie im höheren Schulwesen. Die Schüler-Lehrer-Relationen und die Klassengrößen verringerten sich von ca. 55 bis 30 Schüler pro Lehrer bzw. pro Klasse. Natürlich gab es auch hier regionale Unterschiede, wie die folgenden Tabelle zeigt:

Tabelle 2.11
Statistiken über die öffentlichen Mittelschulen

Jahr	Schulen	Klassen	Lehrer	Schüler	Klassen-größe	S-L-Relation
1822	710		1341/166	81792		54
1825	736		1374/203	86219		55
1828	906		1629/256	106754		57
1831	823		1710/289	103487		52
1834	780		1740/301	106156		52
1837	666		1287/332	83312		51
1840	685		1388/357	85545		49
1843	661		1335/371	70101		46
1846	702		1524/412	91818		47
1849	756		1703/453	103317		48
1852	733		1763/485	103863		46
1855	704		1638/475	96909		46
1858	608		1763/438	96139		44
1861	560		1857/431	101469		44
1864	508		2233	90899		41
1878	336		2328	72039		31
1886	576		4015	134937		34
1891	550		4310	131270		31
1896	604	4482	4904	143097	31,9	29
1901	669	5701	6306	188221	33,0	30
1906	729	6760	7699	216786	32,1	28
1911	632	5951	6134	180729	30,4	30

Quellen: HOHORST et al. (1987); FISCHER et al. (1982)

Legende: Die Schrägstriche bei den Lehrern teilen die Zahl der Lehrer von denen der Lehrerinnen.

An der nächsten Tabelle (nächste Seite) zeigen sich wieder beträchtliche regionale Unterschiede, die bestehen bleiben, obwohl die höchsten Werte (von 37 in Hessen-Nassau) in dem hier untersuchten Zeitraum (1891-1911) sich immerhin um fünf Schüler bzw. Schülerinnen verringert hat.

Tabelle 2.12
Klassengrößen 1891 bis 1911 für die öffentlichen Mittelschulen in Hessen-Nassau und der Rheinprovinz (freundlicherweise zusammengestellt vom Stat. Landesamt Rheinland-Pfalz)

Jahr	Hessen-Nassau	Rheinprovinz
1891	37,3	22,8
1896	36,5	23,9
1901	36,0	25,8
1911	32,3	24,2

Diese dargestellten Werte galten für das öffentliche mittlere Schulwesen. Nun bietet sich ein Vergleich zum privaten Schulsystem an: Für Preußen liegen folgende Zahlen für die Mittelschulen einschl. der privaten höheren Mädchenschulen vor 1891: 18,6; 1896: 17,7; 1901: 19,1. (Quelle: Preußische Statistik, Heft 176: Das gesamte niedere Unterrichtswesen 1901). Daran zeigt sich, daß die privaten Schulen sehr viel kleinere Klassen gehabt haben mußten. Dies bestätigte sich auch für die beiden Provinzen Hessen-Nassau (9,9 Schüler) und die Rheinprovinz (11,8 Schüler). Ähnlich wie bei den Volksschulen (s.u.) liegen die Werte für die privaten Institutionen sehr viel günstiger. Dies kann man erneut beobachten, wenn man die Zahlen für das höhere Mädchenschulwesen näher betrachtet:

Für die Privatschulen liegen nur vereinzelt Angaben vor, dennoch zeigt sich deutlich, daß sie günstigere Werte - auch bei Berücksichtigung der z.T. großen Unterschiede - aufzuweisen hatten. Unter Vernachlässigung der regionalen Unterschiede kann man beobachten, daß die höheren Mädchenschulen günstigere Werte hatten als das mittlere Schulwesen generell. Vereinzelt lagen die Werte sogar unter den besonders vorteilhaften des höheren Schulsystems. Preußen liegt mit 20,5 bei den öffentlichen und 19,4 bei den privaten gut im Mittelfeld.

Tabelle 2.13

Schüler-Lehrer-Relation des höheren Mädchenschulwesens im Deutschen Reich (berechnet vom Autor nach Rethwisch, Lehmann & Bäumer, 1904, S. 423-426)[31]

	ÖMS		PMS		Gesamt	
	1892	1902	1892	1902	1892	1902
Mecklenburg-Schwerin	10,3	11,0				
Mecklenburg-Strelitz	21,3	20,3				
Sachsen-Weimar	12,6	16,4				
Oldenburg	16,8	19,8	10,2		14,8	
Braunschweig	15,3	14,5	8,6		14,4	
Sachsen-Meiningen	32,9	37,5	17,2	15,6	26,3	
Sachsen-Altenburg	20,0	15,4		8,6	11,5	
Sachsen-Coburg+Gotha	20,0	22,3	7,3	11,9		15,2
Anhalt	17,3	22,6				
Schwarzburg-Sondersh.	11,6	13,5				
Schwarzburg-Rudolstadt	8,4	12,6				
Reuß ä.L.	11,0	15,0				
Reuß j.L.	23,5	27,3		2,7		18,7
Schaumburg-Lippe	10,0	10,9				
Lippe	13,6	17,1		7,1		12,1
Lübeck	17,1	17,2				
Bremen		21,1	13,3			
Elsaß-Lothringen		14,9				
Preußen	20,5	19,4		10,7		13,2
Bayern		8,0				
Sachsen						
Württemberg	17,8	21,7	17,4	14,0	16,1	18,1
Baden	16,6	16,3	19,3	6,8	17,7	9,8
Hessen	33,9	28,3				

Legende:

ÖMS Öffentliche höhere Mädchenschule

PMS Private höhere Mädchenschule

Sachsen-Weimar; Elsaß-Lothringen (1899); Bayern: ÖMS und PMS zusammen; Schaumburg-Lippe: Höhere MS

31) Die Zahlen von Hamburg und Sachen liegen ebenfalls vor, ließen sich aber nicht in die Tabelle aufnehmen, da nur einzelne Schulen spezifiziert waren. Die Werte liegen aber im Rahmen der tabellierten.

c) Das Volksschulwesen

Einschneidender Faktor in der Schulgeschichte des 19. Jahrhunderts war - wie schon ausgeführt - die Schulpflicht. Ihre Durchsetzung machte im 19. Jahrhundert erhebliche Fortschritte. HERRLITZ et al. (1981, S. 51f) geben nach der preußischen Schulstatistik für 1846 eine durchschnittliche Schulbesuchsquote von 82% an, wobei sicher die Winter-Sommer-Unterschiede, auf die noch eingegangen wird, nicht berücksichtigt wurden.

Die Tabelle zeigt nach einer deutlichen Zunahme der Schüler-Lehrer-Relation bis 1858 eine Abnahme der Relationen bis 1911 (vgl. TENORTH, 1988, S. 150f). Der Sprung in der Anzahl der Schulen, Klassen und Lehrer zwischen 1864 und 1871 hing wohl primär mit der Angliederung weiterer Gebiete (wie Hannover) an Preußen zusammen. Aus der Tabelle wird ersichtlich, daß die Zahl der Volksschulen später seit der zweiten des 19. Jahrhunderts wuchs, damit war auch ein Ansteigen der Zahl von Klassen und Lehrern verbunden (CLAUSNITZER, 1891, S. 301f). Zu Bedenken ist allerdings auch hier, daß ab 1864 die Hilfslehrer in der Statistik mit berücksichtigt wurden. Bis zu Beginn des Ersten Weltkrieges lag die Klassengröße bei durchschnittlich 50 Schülern pro Klasse. Etwas höher schätzt REUKAUF (1909) die Durchschnittszahl bzgl. der Schüler-Lehrer-Relation ein, allerdings nur auf das ganze Deutsche Reich bezogen. Auf einen Lehrer seien 58 Schüler entfallen (1909, S. 332f).

Tabelle 2.14
Die öffentlichen Volksschulen in Preußen im 19. Jahrhundert [32]

Jahr	Schulen	Klassen	Lehrer	Schüler	Klgr	S-L-Relation
1822	20440		20545	1427045		69
1825	20877		20944	1577999		75
1828	21328		21503	1791703		83
1831	21786		22211	1917934		91
1834	22420		23203	2102271		91
1837	22878		23781	2169247		91
1840	23323		24328	2224239		91
1843	23646		25150	2328146		93
1846	24044		25914	2433333		94
1849	24201		26249	2453062		93
1852	24637		26834	2583565		96
1855	24770		27659	2615382		95
1858	24923		28369	2719072		96
1861	25156		29533	2778208		94
1864	25056		30805	2825322		92
1871	33120		48211	3900655		81
1878	32299		59493	4272199		72
1882	33040	65968	59917	4339729	66	72
1886	34016	75097	64750	4838247	64	75
1891	34742	82746	71731	4916476	59	69
1896	36138	92001	79431	5236826	57	66
1901	36756	104082	90208	5670870	54	63
1906	37761	115902	102764	6164398	53	60
1911	38684	128725	117162	6572140	51	56

Quellen: Hohorst et al. (1987); Fischer et al. (1982); Tews (1914)

Legende: Die Schrägstriche bei den Lehrern teilen die Zahl der Lehrer von denen der Lehrerinnen (ab 1864 einschl Hilfslehrer).

32) Es wurde bereits im ersten Kapitel erwähnt, daß Klassengröße mit Lehrer-Schüler-Relation nicht unbedingt identisch sein muß. Die Angaben, die für das Deutsche Reich vorliegen, sind ausschließlich Lehrer-Schüler-Relationen, so daß sich die Frage stellt, ob diese wirklich mit den Klassengrößen identisch sein kann. Diese Frage kann für die Volksschulen positiv beantwortet werden aufgrund einer Tabelle bei Tews (1909, S. 472), in der das Verhältnis zwischen Schulklassen und Lehrer enthalten ist. Von 1896 bis 1906 ist das Verhältnis so gut wie 1:1.

Nach TENORTH (1988, S. 150) stiegen die Schülerzahlen in Preußen 1824 von 1,4 Millionen auf 4,2 Millionen (1878). Die Zahl der Schüler pro Lehrer zählt zunächst 68, sie verschlechtert sich mit der Durchsetzung der Schulpflicht auf 90 im Jahre 1852 und liegt noch 1878 bei 74, bevor sie nach 1906 auf 56 Schüler pro Lehrer sinkt.

Da die Volksschulen nur zu 5% vom Staat, zu etwa 75% von den Gemeinden und zu mehr als 20% durch Schulgelder der Eltern finanziert wurden und die Gemeinden die dadurch und durch Bevölkerungswachstum ansteigenden Kosten nicht in gleichem Maße verstärken konnten, verschlechterte sich die Schüler-Lehrer-Relation von 1:54 um 1816 auf 1:80 um 1846. Die Schüler-Lehrer-Relation ist zwar kein Hinweis über die Veränderung der Klassengrößen, aber es kann angenommen werden, daß auch die durchschnittliche Klassengröße angewachsen sein muß. Dafür gibt es noch andere Indizien: Im *Bayrischen Schulfreund* des Jahres 1829 (Auszüge in PETRAT, 1979, S. 100f) erschien ein Artikel mit dem Titel "Neue, höchst vortheilhafte Weise, die Schulzimmer zu beheitzen" von STEPHANI. Dieser schreibt auf Seite 5: "Nach der vorliegenden Zeichnung können in einem Lehrzimmer von dieser Größe, welches nur gegen 40 bis 50 Kinder faßt, nun 20 Kinder mehr untergebracht werden."

Aus den frühen 19. Jahrhundert sind nur sporadisch Zahlen zum Schüler-Lehrer-Verhältnis bzw. zur Klassengröße überliefert. Zwei Tendenzen ließen sich ausmachen: (1) in der ersten Hälfte des Jahrhunderts verschlechterte sich die Schüler-Lehrer-Relation: "Mit der Steigung der Schülerzahl, die von 1816 bis 1846 allein in den Elementarschulen sich gut verdoppelte, konnte die Vermehrung der Lehrer, die in dieser Zeitspanne um 40% zunahm, nicht schritthalten. Die Folge war, daß um die Jahrhunderte in den preußischen Elementarschulen durchschnittlich nicht mehr 54, wie noch 1816, sondern 80 Kinder auf eine Lehrkraft kamen ..." (LESCHINSKY & ROEDER 1983, S. 145). (2) Bereits damals machte sich die Land-Stadt-Differenz bemerkbar. Dazu TENORTH: "Die Lehrer-Schüler-Relationen sinken in den niederen Schulen auch in den Städten kaum unter 1:50; sie erreichen aber in den ländlichen Regionen Bayerns, Preußens oder Österreichs auch durchaus höhere Werte, etwa 1:116 im Regierungsbezirk Oppeln (1843) oder 1:330 in der Bukowina nach 1830" (TENORTH, 1987, S. 257).

Einige Einzelüberlieferungen aus ersten Hälfte des 19. Jahrhunderts sollen das Bild abrunden:

> HEPPE (1971, Band 5, S. 271) berichtet von unterschiedlichen Freischulen in der freien Stadt Hamburg im Jahre 1820. Als

Normalzahl wurden ca. 60 Kinder pro Klasse angenommen, einige Schulen lagen aber bei knapp 100 Kindern pro Klasse.

Über eine Schule in Michelstadt (damals Großherzogtum Hessen-Darmstadt; 1817) berichtet Heppe: Aus den Schullisten waren 60 arme Mädchen von 6 bis 14 Jahren zu Pflegetöchtern der Anstalt ausgewählt und zugleich war bestimmt worden, daß die Austretenden immer wieder durch Neue ersetzt werden sollten. Die Mädchen wurden geprüft und in zwei Klassen geteilt. Die meisten verstanden von weiblicher Handarbeit eigentlich noch gar nichts" (HEPPE, 1971, Band 2, S. 75).

Aus der Anmerkung 2 in v. RÖNNE (1855, S. 236) geht hervor, daß im Jahre 1837 auf jeden Elementarschullehrer 79 Schulkinder kamen. In der Anmerkung 3 auf derselben Seite findet sich der Hinweis, daß auf jeden Lehrer in Preußen 31 Schulkinder gekommen waren.

Um und nach der Jahrhundertmitte, als die Industrialisierung und Urbanisierung begann, "auf vollen Touren" zu laufen (take off-phase), blieb das Volksschulwesen - bezogen auf die Klassengröße - ein Stiefkind der Entwicklung.[33] Die Verhältnisse verbesserten sich selten, im Gegenteil verschlechterten sich oftmals. Comenianische Größenvorstellungen seien Wirklichkeit geworden, meint NICKLIS (1975, S. 315), besonders auf dem Lande, wo 120-200 auf einen Lehrer entfallen würden. Auf dem Lande saßen noch immer häufig um die 100 Kinder in einem Raum, eine Zahl, die im Sommer freilich wegen der Mithilfe der Kinder auf dem Feld oftmals um die Hälfte geschrumpft war. Zwei Beispiele sollen die Verhältnisse illustrieren:

FRIEDRICH PAULSEN (1846-1908) schrieb eine Kritik an einer Landschule um 1850 (abgedruckt in SCHEIBE, 1965, S. 13f). In dieser Kritik heißt es: "In der Oberklasse saßen wohl etwa 40 bis 50 Knaben und Mädchen, nach Bänken getrennt, in der Unterklasse mochten 60 bis 80 sein, Knaben und Mädchen in den Bänken durcheinander. So im Winter, im Sommer schmolz die Zahl auf die Hälfte und weniger zusammen. Der Unterricht geschah in der Weise, daß der Lehrer sich bald der einen, bald der anderen Klasse widmete, meist natürlich der Oberklasse; während dessen beschäftigte sich die andere Klasse still für sich ....".

---

33) Die Klassengröße von Volksschulen in der Schweiz um 1850 herum muß bei 60-80 Schülern herum gelegen haben. (Diese Angaben sind in dem Jahrbuch für Lehrer aus dem Jahre 1853 enthalten; Diesterweg, 1853).

Die Besuchszahlen im Winter 1851/52 für einzelne Lübecker Schulen hat HEPPE (1971, Band 5, S. 377f) zusammengestellt. Dabei schwankte die Schülerzahl von 18 bis 162, wobei einige Vergleichszahlen zum Sommer zeigen, daß im Sommer die Schülerzahlen radikal sinken. Allerdings war der bereits mehrfach erwähnte Schülerrückgang im Sommer den Lehrern gar nicht so unrecht. So findet man in der Pädagogischen Realencyclopädie folgenden Gedanken: "In mehren Schulen darf der Lehrer gar nicht wünschen, daß die Kinder ordentlich kommen möchten, weil dann die Zahl zu groß, die Arbeit zu lästig, der Raum zu eng werden würde, als daß mit Leichtigkeit und Freude gelehrt und gelernt werden könnte" (HERGANG, 1851, S. 403).

HEPPE (1971, Band 5, S. 450) berichtet von der Knabenvolksschule St. Georg in Wismar: "Die Schülerzahl war bereits gegen Ende des Jahres 1850 auf 200 angewachsen. Die Räumlichkeiten des Schulhauses reichten nur eben für soviele Schüler aus, und doch war mit Sicherheit vorauszusagen, daß mit Beginn des neuen Schuljahres, um Ostern ein bedeutender Zuwachs kommen werde. Es wurde ein Anbau am Schulhause geschafft, und zwar in solchem Umfange, daß zwei Zimmer - zu je 100 Kindern berechnet - hinzukamen, wodurch gleich für spätere Bedürfnisse gesorgt war."

Freilich waren die Klassen nicht überall derart überbesetzt. Unterschiede gab es bspw. in Baden im Hinblick auf das Lehrer-Schüler-Verhältnis zwischen katholischen und protestantischen Schulen: "Es kommt also bei den Protestanten auf 90 Schulkinder ein Lehrer, bei den Katholiken auf 77 ein Lehrer" (HEPPE, 1971, Band 4, S. 289, für 1857).

Das war aber nicht durchgängig so, wie folgende Beispiele aus Trier zeigen. Hier rangierten die katholischen Schulen am Ende der Skala. Nahezu ideale Verhältnisse für die damalige Zeit herrschten offenbar in den jüdischen Schulen:

Die durchschnittliche Klassengröße der Elementarschulen um 1840 lagen für den Bereich der Stadt Trier wie folgt (APEL & KLÖCKNER, 1886, S. 68):

- jüdische Schulen (Trier-Stadt):	33
- evangelische Schulen (Trier-Stadt):	69
- katholische Schulen (Kreis Bitburg):	82
- katholische Schulen (Kreis Prüm):	96

Eine leichte Verbesserung der Verhältnisse setzte erst um die Jahrhundertwende ein. Allerdings galten auch dann noch nach damaligem Maßstab (in Preußen) 10% der Klassen als überfüllt (REUKAUF, 1909, S. 335). Diese Zahl von 10% scheint im ersten Moment nicht sehr hoch, doch muß man

sich vergegenwärtigen, daß der Maßstab selbst hoch angesetzt war: Als überfüllt gilt eine Klasse dann, wenn sie die vorgeschriebene Zahl überschreitet (etwas, was heute gar nicht möglich ist).

Wie bereits betont, liegen für die Jahrhundertwende präzisere Angaben vor, die im folgenden analysiert werden sollen. Allerdings weise die Statistiken auch bemerkenswerte Lücken auf. Ein Beispiel sei genannt: "Über den Prozentsatz an Schülern, die unter damals wirklich einwandfreien äußeren Bedingungen hinsichtlich Klassenfrequenz und Schulaufbau die Volksschule besuchten, findet sich in den statistischen Übersichten auffälligerweise keine präzise Angabe" (LESCHINSKY & ROEDER, 1983, S. 153).

Gleichwohl zeigen die statistischen Überlieferungen, daß sich zumindest das Schüler-Lehrer-Verhältnis in den rund 50 Jahren zwischen 1864 und 1911 verbessert hat. Allerdings sind alle Zahlen mit großer Vorsicht zu betrachten. Dies sei an einem Beispiel illustriert: "Weil die Zahl der Lehrer, z.B. in den Industriebezirken nicht ausreichte, half man sich vielfach dadurch, daß man die Zahl der Klassen in mehrgliedrigen Schulen erhöhte und dafür die Wochenstundenzahl der einzelnen Klassen herabsetzte; auch die Halbtagsschule, bei der zwei Klassen von einem Lehrer unterrichtet werden, die eine vormittags, die andere nachmittags, ist eine solche Noteinrichtung" (REUKAUF, 1909, S. 335).

TEWS folgerte 1911 aus seinen Recherchen: "Wir haben in Preußen etwa 6 1/4 Mill. Volksschüler. Für diese 6 1/4 Volksschüler haben wir 98.000 Lehrer. Das heißt, es kommt auf 63 Volksschüler etwa ein Lehrer" (in SCHEIBE, 1965, S. 43f)[34]

Welche Unterschiede die Veränderung in einzelnen Landesteilen aufwies, läßt sich aus folgender Statistik entnehmen.

---

34) Johannes Tews (1860 bis 1937) war ein Lehrer aus Pommern, später Geschäftsführer der Gesellschaft zur Verbreitung von Volksbildung (von 1891-1933) und führendes Mitglied des Deutschens Lehrervereins. Er gehörte zu den maßgeblichen Vertretern der Einheitsschule (Fabry, 1989). Auf einer Tagung des Goethebundes in Berlin (Dezember 1911) hielt er einen Vortrag über die neue deutsche Volksschule (abgedruckt in Scheibe, 1965, S. 43f).

Tabelle 2.15

Klassengrößen 1886 bis 1911 für die öffentlichen Volksschulen für Hessen-Nassau, Rheinprovinz und Pfalz (freundlicherweise zusammengestellt vom Stat. Landesamt Rheinland-Pfalz)

	Hessen-Nassau	Rheinprovinz	Pfalz
1886	59,6	69,9	
1891	53,4	65,9	
1895		54,7	
1896	51,0	62,8	54,6
1898			55,0
1901	50,1	60,8	
1903			55,6
1906	49,3	59,3	
1907			55,9
1909			56,3
1911	47,8 (26,0)	56,7 (22,2)	56,1

Legende: Zahlen in Klammern für 1911 für private Volksschulen

Erneut wird am Beispiel dieser Tabelle deutlich, daß es beträchtliche regionale Unterschiede gegeben hat. Es zeigt sich, daß die Zahlen für Hessen-Nassau und die Rheinprovinz gesunken sind, während sie in der Pfalz ziemlich konstant blieben. Die privaten Volksschulen hatten 1911 erheblich kleinere Klassen.

In Preußen gab es allerdings auch Schulen, in der mehr als 120 Schulkinder auf eine Lehrkraft fielen. Allein in Posen gab es 262 Schulen, die eine derartige Lehrer-Schüler-Relation zeigten. Am besten schnitten die Stadtstaaten ab: Dies ist bemerkenswert, weil insbesondere Hamburg mehr Schulkinder hatte als jedes der deutschen Herzogtümer. Sehr ungünstig waren die Verhältnisse durchgängig in den kleinen Fürstentümern (REUKAUF, 1909, S. 332f).

Statistiken über die anderen Länder des Deutschen Reiches liegen nur sehr sporadisch vor. Eigentlich gibt es nur noch ernstzunehmende Angaben des Herzogtums Sachsen-Meiningen um die Jahrhundertwende. In Sachsen-Meiningen waren die durchschnittlichen Klassengrößen geringer als in Preußen.

Für die Württembergschen Volksschulen ergaben sich folgende Schüler-Lehrer-Relationen (FRIEDRICH, 1978, S. 399):

Abbildung 2.2

Lehrer-Schüler-Relationen an Württembergischen Volksschulen

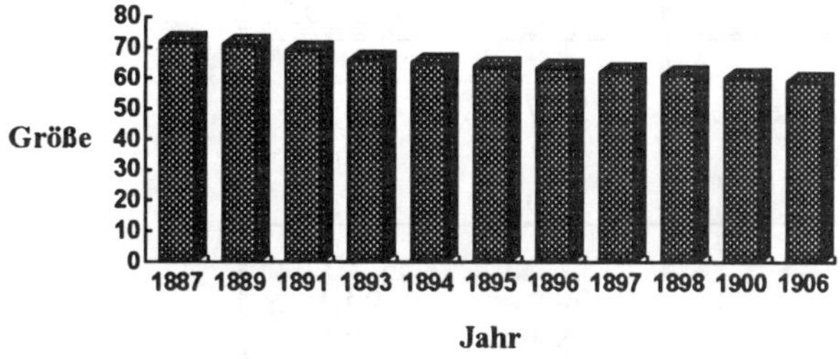

FRIEDRICH berichtete über das Volksschulwesen in Württemberg im 19. Jahrhundert und konnte die Klassengrößen der 32 Volksschulen des Oberamtsbezirks Wangen referieren (1978, S. 51). Die Zahlen schwanken zwischen 30 und 160 Schülern, beim einem Mittelwert von 75 Schüler pro Klasse.

Interessant ist auch die Frage, ob es Korrelationen gibt zwischen der Anzahl der Schulstufen und den Klassengrößen. REUKAUF (1909, S. 135) bejahte diese Frage. Es würden sich Unterschiede zwischen Schulen zeigen, je nachdem, wieviele Klassen sie hatten (in Preußen um die Jahrhundertwende zweiklassig, dreiklassig und mehrklassig) und wieviele Lehrer an dieser Schule vorhanden waren.

SCHWARTZ hat 1907 eine Untersuchung zur Organisation des Volksschulwesens vorgelegt. Ihm ging es vor allem um den Vergleich der verschiedenen Organisationsformen der Volksschulen. Darunter war auch eine Analyse der durchschnittlichen Klassengrößen städtischer Schulen in Abhängigkeit von dem System der Volksschule (6-, 7- oder 8-stufig). Er kam für 1900/01 und 1902/3 zu folgender Aufstellung (SCHWARTZ, 1907, S. 55 und 120):

Tabelle 2.16

Klassengröße in Volksschulen mit unterschiedlicher Zahl von Stufen in verschiedenen Städten kurz nach der Jahrhundertwende

	1900/01	1902/03
6-stufig		
Frankfurt/Oder	54,7	52,9
Magdeburg	50,1	48,6
Spandau	58,0	55,8
7-stufig		
Bochum	50,6	63,1
Kassel	45,1	48,0
Charlottenburg	42,0	45,7
Dortmund	60,2	60,9
Erfurt	53,3	51,3
Essen	58,7	58,6
Hannover	55,2	52,6
Posen	53,2	50,6
Potsdam	50,2	57,3
8-stufig		
Dresden	41,1	42,4
Freiburg	49,5	49,8
Karlsruhe	41,4	41,1
Mainz	52,8	52,8
Mannheim	45,2	43,8
Wiesbaden	57,6	55,6

Legende: Von Schwartz sind nur die Zahlen der Städte übernommen, die für beide Jahre vorliegen.

Es ergab sich für die 6-stufigen generell ein Abnahme der Werte, für die 7-stufigen eine gemischte Veränderung, überwiegend allerdings eine Zunahme, die 8-stufigen blieben nahezu konstant, oder die Werte nahmen ab. Einige Städte (wie Berlin, Frankfurt/Main, Görlitz) hatten ihr System vom 6- bzw. 7-stufigen auf das 8-stufige umgestellt. Dies war mit einer Senkung der Werte über die 3 Jahre verbunden.

Obwohl die Zahlen keine klare Aussage zulassen, ist die Häufigkeit von 40-50 Schülern in den 8-stufigen Volksschulen auffallend. Greift man noch einmal Reukaufs Aussage über die besondere Überfüllung wenig-stufiger Volksschulen auf (s.o.), so erhärtet sich die Vermutung, daß jene Kommunen bzw. Schulen, die sich für ein 8-stufiges Schulsystem aussprachen, auch damit einer Überfüllung der Klassen entgegenzusteuern verstanden.

War vorhin von 10% Überfüllung der Volksschulklassen nach der Jahrhundertwende die Rede, so verteilten diese sich alles andere als gleichmäßig auf Stadt und Land. 14% entfielen auf das Land und "nur" knapp 3% auf die Städte (REUKAUF, 1909, S. 335).

TEWS, der von den "verhältnismäßig guten Verhältnissen der Volksschulen" 1911 sprach, prangerte um so mehr die Verhältnisse auf dem Land an: "Aber wenn man hinauswandert auf das Land und sieht dort Schulen, in denen einem Lehrer 120 Schüler - nicht etwa für kurze Zeit, sondern für die ganze Amtszeit - 150 Kinder zeitweise, Monate hindurch auch mehr als 150 Kinder anvertraute, da kann von irgendwelchem Unterricht gar nicht mehr die Rede sein. Das ist nicht mehr geistige Volksküche, sondern bitterste Hungersnot, unter der die Volksschule leidet. In einem Gymnasium sitzen oft nur 140 bis 170 Kinder und für diese Kinderzahl sind gewöhnlich 12 Lehrer da; auf der Volksschulseite braucht man für diese Zahl viel öfter nur einen einzigen!" (TEWS, in SCHEIBE, 1965, S. 43f).

Die Lage war allerdings noch schlimmer, als es durch die amtliche Statistik deutlich werden konnte: In der amtlichen Statistik wurden nämlich auch die nichtbesetzten Lehrerstellen mitgezählt. Man muß also davon ausgehen, daß die tatsächlichen Klassengrößen noch viel größer waren. Besonders ungünstig gestaltete sich die Lage in den Landschulen, nicht nur wegen der schlechten Finanzierung, sondern auch deshalb, weil 2/3 der unbesetzten Lehrerstellen auf Landschulen entfallen waren. In manchen Kreisen fehlten bis zu 15% der Lehrer. So kam es zu krassen Fällen, daß beispielsweise in der Provinz Posen ein Lehrer 15 Jahre lang 180 Kinder zu unterrichten hatte (REUKAUF, 1909, S. 336). Schon damals wollten Lehrer nicht auf das Land.

Wie überfüllt gerade ländliche Schulen waren, geht auch indirekt aus der Tatsache hervor, daß die sog. Zwergschulen als Ausreißer den Mittelwert beträchtlich verschoben haben müssen. Es gab auf dem flachen Land und im Gebirge viele Zwergschulen, die teilweise weniger als 20 Kinder hatten.Unter Berücksichtigung dieser sehr geringen Zahl der Schüler und der Größe der durchschnittlichen Klassen muß es zahlreiche Schulen gegeben haben, die als überfüllt gelten konnten. Es sei noch angefügt, daß Schulen nach dem Ministerialerlaß vom 10.4.1869 dann erhaltungswürdig waren, wenn sie mindestens 20 Schüler hatten, zumal wenn die Entfernung zur nächsten Schule mehr als eine halbe Stunde war (PETERSILIE, 1897, Band II, S. 112).

Im Vergleich zu den öffentlichen Volksschulen schnitten die privaten ungleich besser ab: Für Preußen sind folgende Zahlen für die private Volksschule überliefert: 1891: 27,6; 1896: 28,1; 1901: 26,1. Die Werte liegen also erheblich niedriger als die der öffentlichen Volksschulen (Quelle: Preußische Statistik, Heft 176: Das gesamte niedere Unterrichtswesen 1901).

Abschließend sei auf den internationalen Vergleich verwiesen: In Tab. 2.17 sind die Klassengrößen um die Jahrhundertwende aufgelistet.

Es zeigen sich deutliche Unterschiede. Die deutschen Staaten lagen keineswegs an der Spitze, im Gegenteil, eher im Mittelfeld. Allerdings müssen die Verhältnisse in England noch schlimmer gewesen sein. Vorbildlich sind die Länder Frankreich, USA, aber auch die Niederlande, Argentinien und Irland.

Tabelle 2.17
Klassengrößen der Volksschulen um die Jahrhundertwende im internationalen Vergleich (Reukauf, 1909, S. 331)

Staat	Jahr	Klassengröße
England	1894	103
Finnland	1893	89
Schottland	1894	79
Baden	1890	75
Dänemark	1880	67
Preußen	1896	66
Hessen	1894	62
Spanien	1885	61
Sachsen	1894	55
Viktoria	1891	52
Belgien	1894	51
Serbien	1891	51
Norwegen	1892	50
Schweden	1893	49
Rumänien	1892	48
Italien	1894	46
Japan	1890	46
Frankreich	1894	41
Niederlande	1884	39
Argentinien	1893	37
USA	1894	36
Irland	1894	30

Soweit zu den Berichten über die Lage der Volksschulen in Preußen und anderen Ländern des Deutschen Reiches. Der Schultyp Volksschule selbst wurde nicht so engagiert diskutiert wie das höhere Schulwesen. Allerdings gab es auch Ausnahmen. Reukauf z.B. hat die Zahl 40 nach wie vor als Zielvorgabe im Kopf, wenn er beklagt, wieweit Deutschland noch von dem früher geforderten Ideal entfernt ist, "wonach keine Klasse über 40 Schulkinder zählen sollte" (1909, S. 342).

Bleibt als Fazit: Auf dem Lande hat es vielfach im gesamten 19. Jahrhundert keine wesentlichen Verbesserungen des Volksschulwesens gegeben, in den Städten wohl schon, vor allem seit dem letzten Drittel des 19. Jahrhunderts, verstärkt in den Jahren nach der Jahrhundertwende.

e) Das Sonderschulwesen

Zum Sonderschulwesen liegen nur wenige Daten vor:

- In einer Tabelle über die Klassengröße in den Blindenschulen der Jahre 1875 und 1882 in einigen Staaten des Deutschen Reiches pendeln die Werte zwischen 6 und 27 Schülern (SCHNEIDER & v. BREMEN, 1887, S. 657).
- HEPPE (1971, Band 4, S. 124) weiß von einer Art Sonderschule in Bayern zu berichten: "Für ganz krüppelhafte Kinder besteht zu München ein zur Staatsanstalt erhobenes Institut; 1852 zählte es 15 Schüler in zwei Cursen mit drei Lehrern."
- Auch für die Schwerhörigenschule wurde im Jahre 1906 ein Bereich von Schülerzahlen festgelegt, so z.B. 16 bis 20 Kinder für schwerhörige Kinder, deren Hörweite ein bis vier Meter beträgt und acht bis 12 Kinder für diejenigen Schwerhörigen, welche eine Hörweite unter einem Meter besitzen (KLINK, 1966, S. 33f).
- 1864 schrieb bereits STÖTZNER (in KLINK, 1966, S. 54f): "Von Massenunterricht kann hier natürlich nicht die Rede sein. Mehr als 12 höchstens 15 Schüler würde ein Lehrer zur gleichen Zeit kaum unterrichten und beschäftigen können, da hier mehr, wie in der Volksschule, der Einzelne berücksichtigt werden muß ... Da die Schülerzahl in der Nachhilfeschule nicht zu groß ist, so werden sich diese Hausbesuche auch leichter ausführen lassen, als dies von Seiten des Volksschullehrers geschehen kann, der ja in seiner Klasse oft 60 bis 80 Kinder sitzen hat."
- Auch für die Leipziger Schwachsinnigen-Schule liegen einige Zahlen vor: Ihr Bestand betrug im Januar 1882 17 Kinder, die in zwei Abteilungen geteilt worden sind (RICHTER in KLINK, 1966, S. 70).
- WINTERMANN (in KLINK, 1966, S. 78f) hat für das Jahr 1901 eine Statistik

der Hilfsschule vorgelegt. Er referierte für mehrere Städte in Preußen die Zahlen der Schulen und Klassen und kam auf einen Durchschnitt von 21 Schülern. Auch er wies darauf hin, daß besonders die ein- und zweiklassigen Schulen unter der Hemmnis der zu großen Schülerzahl litten.

- PETERSILIE (1897, Band II, S. 11): "Die Zahl der Kinder darf in keiner Klasse 25 übersteigen"
- Preußische Bestimmungen, die das Hilfsschulwesen betreffen, gehen nur selten auf die Klassengröße ein, eine Ausnahme stellt der Bericht über Schuleinrichtungen für schwachbegabte Kinder dar, in dem ausgesagt wird, so daß genügend Mittel zur Verfügung gestellt werden, daß die Klassengröße nicht über 25 Schulkinder steigen muß (Quelle abgedruckt in KLINK, 1966, S. 108f).
- Im Sommer 1886 wurde in Potsdam ein erster Versuchskurs für stotternde und stammelnde Schulkinder mit 12 Kindern eröffnet, und das Resultat sei so günstig gewesen, daß seitdem kontinuierlich Kurse für solche Schulkinder eingerichtet wurden (KLINK, 1966, S. 28).

Für das Jahr 1911 liegen für Preußen folgende Zahlen verschiedener Hilfs- und Sonderschulen vor:

Tabelle 2.18

Klassengrößen für Preußen !911), Hessen-Nassau und die Rheinprovinz (beide 1901)

	Hessen-Nassau	Rhein-provinz	Preußen
Schulen in Waisen- und Erziehungshäusern:	35,7	35,3	32,0
Schulen in Blindenanstalten:	7,0	17,5	11,7
Schulen in Taubstummen-anstalten:	9,0	9,4	9,8
Schulen in Rettungshäusern/ Fürsorgeerziehung:	34,9	40,6	29,1
Schulen in Anstalten für Idioten und Epileptische:	16,1	18,1	14,8

Quelle: Preußische Statistik, Band 176: Das gesamte niedere Schulwesen im Jahre 1901 und Preußische Statistik, Band 231, Teil 1

Das Datenmaterial ist insgesamt zu diffus, um Veränderungslinien oder -unterschiede erkennen zu können. Allenfalls wird deutlich, daß es im allgemeinen zu keinen Massenunterrichtsformen gekommen ist. Vermutlich ist jedoch nur ein Bruchteil der Kinder, die mit der Volksschule nicht zu Rande kamen, vom Hilfs- und Sonderschulwesen erfaßt worden. Der Hinweis (s.o.), 20 Kinder seien zuviel in einer Klasse, zeigt, daß schon ein Bewußtsein über die besonderen pädagogischen Probleme im Hilfs- und Sonderschulwesen vorhanden war.

f) Fazit

Das Schulwesens institutionalisierte sich im 19. Jahrhundert. Dies galt allerdings besonders stark für das höhere Schulwesen, welches auch absolut mehr Schüler aufzuweisen hatte als das mittlere Schulwesen, obwohl in diesem im 19. Jahrhundert die gesamte höhere Mädchenbildung erfaßt war. Es zeigt sich schon an diesem Indikator, wie benachteiligt die Ausbildung der Mädchen war.

Im folgenden sei als Fazit erlaubt, an einem Beispiel einen Vergleich zwischen den Schulsystemen zu ziehen, wobei das höhere Mädchenschulwesen gesondert dargestellt wird. Für das Jahr 1903 liegen die Klassengrößen für die Provinzen Preußens exakt vor. Auf der Basis dieser Daten wurden die Durchschnitts- sowie Minimum- und Maximumwerte berechnet. Die daraus resultierenden Zahlen in Tab. 2.20 machen eindrucksvoll die Unterschiede zwischen den Schularten deutlich: Die Volksschule wies die bei weitem größten Klassen auf. Aber auch der Vergleich von Minimum und Maximum der vorliegenden Zahlen zeigt, daß die Provinzen sehr unterschiedliche Klassengrößen auswiesen. Offenbar gab es erhebliche Unterschiede gerade in den Klassengrößen der Vor- und der Volksschulen.

Vergleicht man die höheren Lehranstalten der Mädchen mit denen der Jungen, so zeigt sich, daß bei den erstgenannten die Spannweite höher ist, und die Minimumwerte auffallend tief liegen. Dies läßt den Rückschluß zu, daß ein Teil der höheren Lehranstalten für Mädchen - aus welchen Gründen auch immer - z.T. sehr günstige Klassengrößen aufzuweisen konnten. Die größten Spannweiten allerdings sind (neben der Vorschule) bei der Mittelschule zu verzeichnen. Es kann vermutetet werden, daß bei beiden Schultypen (Mittelschule und höheren Anstalten für Mädchen) wie auch bei den Vorschulen der größere Anteil von Privatschulen zu Buche schlägt.

Tabelle 2.19
Zusammenfassende Statistik der Klassengrößen der Provinzen in Preußen 1903 (berechnet nach Reukauf, 1909)

Schultyp	Mittel	Minimum	Maximum	Spanne
Höhere Lehranstalt (m.)	31,1	22,4	38,4	16,0
Höhere Lehranstalt (w)	26,6	11,5	39,6	28,1
Mittelschule	34,2	9,4	45,5	36,1
Vorschule	33,1	8,3	47,2	38,9
Volksschule	50,2	40,1	63,1	23,0

Vergleicht man die Schüler-Lehrer-Relationen zwischen den drei Schulsystemen, so kann man leicht erkennen, daß je höher das Bildungsniveau war, die Klassen kleiner und die Schüler-Lehrer-Relation günstiger war. Es fällt auf, daß das höhere Mädchenschulwesen ähnlich günstige Werte aufzuweisen hatte wie generell das höhere Schulwesen. Zumindest kann man in diesem Punkte (abgesehen von Lehrinhalten etc.) nicht von einer Benachteiligung sprechen. Will man die Klassengrößen für die drei Schulsysteme zum Ende des 19. Jahrhunderts in einer Art Faustregel fassen, so gilt: 50-30-20. Dies aber nur im Bewußtsein einer Vernachlässigung der z.T. immensen Streuungen. Man muß dabei zusätzlich berücksichtigen, daß sich in qualitativer Hinsicht in dieser Zeit einiges geändert hat, was die negativen Auswirkungen der immer günstigeren Lehrer-Schüler-Relation zum Teil aufgefangen haben: Insbesondere während der preußischen Reformära zu Beginn des 19. Jahrhunderts wurden zahlreiche Lehrerseminare neu gegründet bzw. umorganisiert. War der Elementarschullehrer bis zu diesem Zeitpunkt eher ein Nebenberuf, so wurde er jetzt weitergehend professionalisiert.

2.3.5 Die Finanzierung

a) Allgemeines

SACHSE stellt lapidar fest: "Die Höchstzahl der Schüler, welche in einer Klasse vereinigt werden dürfen, ist im Grunde eine pädagogische Frage. Sobald es sich aber um Vermehrung des Lehrpersonals handelt, wird sie eine wirtschaftliche Frage" (SACHSE, 1933, S. 423). Dieses Argument hört man auch heute nicht selten, weshalb es notwendig erscheint, die Frage der Schulfinanzierung in die folgenden Überlegungen mit einzubeziehen, obwohl sich dadurch Probleme der Vergleichbarkeit des Geldwertes über die Zeit gesehen ergeben: "Die Geldwertverschiebungen im Zuge der langsamen

Geldwertverminderung bis zum Ersten Weltkrieg und der radikalen Geldentwertung nach den beiden Weltkriegen machen Finanzvergleiche über längere Zeiträume hinaus schwierig und jedenfalls unsicher" (HECKEL, 1959, S. 192). Der Kaufkraftschwund stieg z.B. im 1. Weltkrieg auf 60% an (ZORN, 1976, S. 186). Derartige Veränderungen gilt es zu berücksichtigen.

Die Festlegung einer Höchstzahl von Schülern pro Klasse ist auch im 19. Jahrhundert auch von Finanzpolitikern als Qualitätsstandard einer Schule akzeptiert worden. Zwischen 1886 und 1911 ist es in Preußen bei guter Wirtschaftsentwicklung lediglich gelungen, die Zahl der Schüler je Lehrer in der Volksschule von 66 auf 57 (13,6%) zu senken. Der Geburtenrückgang zwischen 1911 und 1926/27 bewirkte dagegen im Reichsgebiet eine Abnahme von 55 auf 36 (35,5%) Schüler je Lehrer (KAHLERT, 1978, S. 88).

Die Senkung der Klassengröße hätte die Kosten der Schulen erheblich gesteigert. TEWS (der im Handbuch von REIN im Jahre 1909 auch einen Artikel über Unterrichtsstatistik geschrieben hat) würde von REUKAUF herangezogen, um zu zeigen, daß, "wenn die Durchschnittszahl auch nur auf 45 herabgesetzt werden sollte, wenn man also Klassen mit 55 bis 60 Kindern noch dulden wollte, in Preußen 36.000 Lehrer mehr angestellt werden müßten, in Bayern 4.900, in Württemberg 1.500, in Sachsen 4.500, in Baden 1.900, in Hessen 900, im Deutschen Reich überhaupt 50.000, d.h. etwa ein Drittel der vorhandenen Lehrer. Bei einer Herabsetzung der Klassenziffer auf 40 Kinder würde man in Preußen 53.000, in Bayern 7.500, in Württemberg 2.400, in Sachsen 6.700, in Baden 2.900, in Hessen 1.400, im Deutschen Reich überhaupt 77.000, d.h. etwa die Hälfte der vorhandenen Lehrer mehr einstellen müssen. Und das wäre, ... durchaus noch kein Bildungsluxus" (REUKAUF, 1909, S. 342).

Im folgenden werden einige Teilprobleme erläutert.

b) Hauptproblem: das Stadt-Land-Gefälle

"Die schulischen Entwicklungen vollzogen sich in der zweiten Hälfte des 18. Jahrhunderts vor dem Hintergrund einer tiefgreifenden sozialen und ökonomischen Krise. Seit je war die Agrargesellschft von epidemischen Teuerungs- und Hungerkrisen heimgesucht worden; nun schien sie aufgrund anhaltenden Bevölkerungswachstums zunehmend der Verarmung und Beschäftigungsnot ... an die Grenze ihres wirtschaftlichen und sozialen Leistungsspielsraums zu stoßen" (KLEWITZ & LESCHINSKY, 1984, S. 77). In einzelnen Gegenden waren die Gemeinden zu klein und zu arm, um sich eine reguläre Schule leisten zu können. Hier war es Brauch, "daß der Lehrer in etwa wöchentlichem Turnus von Haus zu Haus zu ziehen hatte, in den Wohnstuben der einzelnen Gemeindemitglieder jeweils das Unterrichtslokal aufschlug und entsprechend Verköstigung und Quartier fand. Auf eine förmliche Anstellung konnten die meisten geprüften 'Lehrkräfte' nicht hoffen" (LESCHINSKY & ROEDER, 1983, S. 147).

Die Lage entspannte sich auch nicht im frühen 19. Jahrhundert, im Gegenteil: Die Gemeinden waren in dieser Zeit also nur sehr begrenzt bereit und in der Lage, die ihnen vom Staat aufgezwungenen Schullasten zu tragen, und daß, obwohl die Ausgaben selbst ständig stiegen, wie aus folgender Tabelle hervorgeht.

Tabelle 2.20
Ausgaben für Schulen und Hochschulen 1871 - 1937 (nach Kahlert, 1978, S. 87; in Mio. Reichsmark)

Jahr	1871	1881	1891	1901	1911	1926
Mark	152	285	390	688	1224	2143

Das enorme Wachstum der Bevölkerung, besonders in den pauperisierten Unterschichten, führte dazu, daß sich die Zahl der Elementarschüler zwischen 1816 und 1846 mehr als verdoppelte, während in der gleichen Zeit die Zahl der angestellten Lehrkräfte nur um 40% gesteigert werden konnte. Dadurch veränderte sich die durchschnittliche Lehrer-Schüler-Relation von 54:1 auf 80:1 (HERRLITZ, HOPF & TITZE, 1981, S. 53). Für die zweite Hälfte des 19. Jahrhunderts stellte Reukauf fest: "Die neu entstehenden oder die sich so schnell vergrößernden Gemeindeorganismen entbehren der nötigen Kapitalkraft ... Man gibt eben bekanntlich nicht gerne Geld aus. Auch die reicheren Städte sind nicht immer opferwillig. Immerhin sei anerkannt, daß die Städte in den Industriebezirken meist opferwilliger sind als die mit landwirtschaftlicher Bevölkerung" (REUKAUF, 1909, S. 344).

c) Bezuschussung der Gemeinden

Die Staaten des Deutschen Reiches zeigten hinsichtlich der Bezuschussung der Gemeinden für die Schulzwecke sehr unterschiedliche Hilfsbereitschaft. Das Reichsmittel lag bei 22,5% und schwankten zwischen 12 und 50%. Die deutschen Stadtstaaten gehörten zu den bereitswilligsten, was sich ja auch an den dort geringeren Klassengrößen zeigt. Die kleinen Fürstentümer wiesen besonders niedrige Zahlen hinsichtlich der Gesamtkosten pro Schüler auf. REUKAUF interpretierte dies dahingehend, daß das Budget für die Hofhaltung der kleinen Staaten auf Kosten der Kulturaufgaben ging.

1882 wurden im Deutschen Reich durchschnittlich für einen Volksschüler 18 Mark, für einen Gymnasiasten 81 Mark und für einen Studenten 464 Mark bezahlt (KAHLERT, 1978, S. 90).

TEWS hat die auf einen Schüler entfallenen Gesamtkosten für die Staaten des Deutschen Reiches zusammengestellt. Diese lag bei 47 Mark im Jahre 1901 und bei 54 Mark im Jahre 1906. Die durchschnittlichen Kosten für ein Schulkind in Preußen stiegen von 47 Mark im Jahre 1896 auf 71 Mark im Jahre 1906. Preußen lag somit (1906) an der Spitze der deutschen Staaten, was darauf schließen läßt, daß Preußen zumindest - diesen Durchschnittswert herangezogen - bildungspolitisch relativ fortschrittlich war.

REUKAUF (1909) kann zeigen, daß der Zuschuß aus Staatsmitteln von 1891 bis 1901 prozentual gesunken ist. In den Ländern verringerte sich der Zuschuß von 42% auf 37%, in den Städten von 18 auf 11% der schulischen Gesamtkosten. Im Durchschnitt (Länder und Städte zusammen genommen) fiel der Anteil von 31,8% auf 25,4% (1906). Aus den Zahlen läßt sich eindeutig der Trend erkennen, daß die Gemeinden immer mehr mit schulischen Ausgaben belastet wurden. "Die jedoch höchst unterschiedliche Bereitschaft selbst liberal geführter Gemeinden, auskömmliche Lehrergehälter zu zahlen, Schulbauten zu finanzieren, Lehrmittel anzuschaffen und trotz ständig steigender Schülerzahlen die Klassenfrequenzen zu senken..., macht es nicht sinnvoll, die Entwicklung mit landesweiten Durchschnittswerten zu belegen, sondern sie erfordert örtliche Angaben" (KLEWITZ & LESCHINSKY, 1984, S. 81).[35]

d) Zusammenhang zwischen Finanzierung und Lehrer-Schüler-Relation

Es gibt kaum Quellen, die gleichzeitig die Kosten für die Schulen und die entsprechenden Klassengrößen bzw. die Lehrer-Schüler-Relationen berichten. Zwei Ausnahmen können hier allerdings vorgestellt werden: die Tabelle von REUKAUF (1909) und die Arbeit von MÜLLER (1977).

Für das Jahr 1906 (REUKAUF, 1909, S. 333) gibt es für die Länder des Deutschen Reiches zwischen der Schüler-Lehrer-Relation und der Gesamtkosten pro Schüler eine Produkt-Moment-Korrelation von r=-.66. Dies be-

35) Dieser Misere des Elementarschulwesens entsprach das jämmerliche Einkommen besonders der ländlichen Lehrerschaft, die sich durch eine sehr begrenzte seminaristische Ausbildung nur langsam von den Gelegenheitslehrern früherer Jahrzehnte abgrenzen konnte. Und dennoch gab es vor 1848 nicht nur finanzielle Selbsthilfeorganisationen, sondern auch Lehrerzirkel, die sich mit bildungspolitischen und pädagogischen Fragen beschäftigten.

deutet, daß tatsächlich in den Ländern, in denen mehr Geld pro Schüler ausgegeben wird, die Lehrer-Schüler-Relation besser ist. Allerdings darf man nicht behaupten, daß die Unterschiede in den Lehrer-Schüler-Relationen nur auf die Gesamtkosten pro Schüler zurückgeführt werden dürfen. Der Anteil der erklärten Varianz bestimmt sich bei der Korrelation durch das Quadrat derselben. Bei einer Korrelation von r=-.66 bedeutet dies, daß knapp 40% der Unterschiede in der Lehrer-Schüler-Relation durch die Gesamtkosten erklärt werden können. Dies ist zwar für sozialwissenschaftliche Daten ein recht hoher Wert, allerdings müssen noch andere Faktoren eine Rolle spielen, die außerhalb der Gesamtkosten pro Schüler liegen. Dies könnte z.B. die Veränderung der Geburtenrate sein, auf die der Staat nicht schnell genug reagierte.

e) Die Veränderung der Klassengrößen und die Finanzierung der Schulen in Berlin 1828 bis 1914

Nur für vereinzelte geographische Räume gibt es verläßliche Zahlen über die Veränderung der Klassengrößen und andere Schulstatistiken. Das wohl am intensivsten aufgearbeitete Gebiet ist die Stadt Berlin, für die MÜLLER (1977) Zahlen zusammengetragen hat. Zu diesen gehören auch Angaben über die Veränderung der Klassengrößen von 1828 bis 1914. An anderer Stelle in demselben Werk von MÜLLER (1977) finden sich Angaben über die Finanzierung des Schulwesens, auch aufgeteilt für die einzelnen Schularten. Am Beispiel dieser statistischen Daten Berlins soll im folgenden gezeigt werden, wie die Klassengrößen sich für einzelne Schularten verändert haben und inwieweit die Klassengrößenentwicklung zumindest im Verlauf Parallelen zur Finanzierung der einzelnen Schularten aufweist. Es wurde bereits an anderer Stelle betont, daß Berlin im Vergleich zu anderen Städten und Ländern die höchsten Bildungsausgaben pro Kopf hatte (s.o.).

In einem ersten Schritt soll dazu die Veränderung der Klassengrößen in dem genannten Zeitraum von 1828 bis 1914 aufgezeigt werden. Dazu wurden in Abbildung 2.3 die Werte für die verschiedenen Schularten dargestellt. Für die Realschule liegen erst die Werte ab 1884 vor.

Die Verläufe für die Schularten sind eindeutig: Bei der Volksschule ist nach einem rasanten Anstieg auf 140 Schüler ein Sinken der Klassengrößen auf etwa einen Wert zu beobachten, der etwas über denen der anderen Schulen liegt. (Ca. 40 Schüler). Die anderen Schulen außer der Volksschule blieben von Beginn an bis zum Jahre 1888 relativ konstant in ihren Klassengrößen, erst danach ist ein leichter Abfall zu beobachten. Diese Schulen konnten wegen der nahezu gleichen Größenverläufe optisch kaum voneinander getrennt werden.

Abbildung 2.3

Klassengrößen der Schulen in Berlin 1828 bis 1914

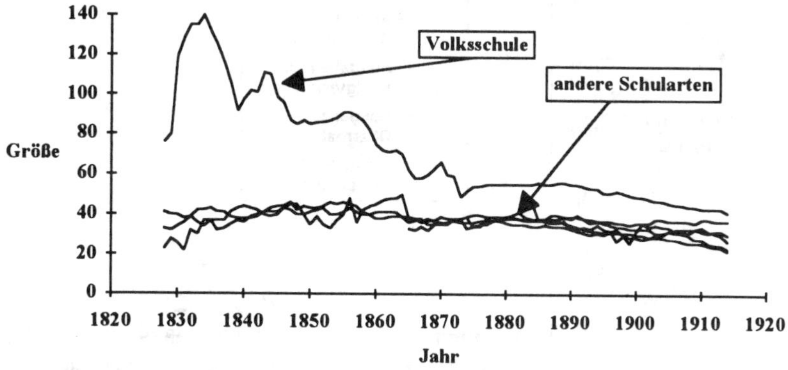

Betrachtet man sich die beiden nächsten Abbildungen, die die Veränderung der Netto-Ausgaben für verschiedenen Schularten enthalten, dann fällt auf, daß die Ausgaben für die Schulen ab 1858 sehr stark gestiegen sind.

Da die Ausgaben für die Volksschulen im Durchschnitt sehr viel höher waren als für die anderen Schularten, konnten diese in der Abbildung über die Veränderung der Finanzierung nicht untergebracht werden, da sie sich graphisch kaum von der X-Achse abheben. Aus diesem Grunde wurde eine weitere Abbildung angefertigt, die die Finanzierungsentwicklung gesondert enthält (s. Abb. 2.5) . Auch in dieser Abbildung fällt auf, daß die Ausgaben für diese beiden Schularten im Verlaufe des letzten Jahrhunderts (bis 1914) ebenfalls sehr angestiegen sind. Die Aussage läßt sich machen, obwohl für bestimmte Zeitabschnitte keine Werte vorliegen. Betrachtet man beide Abbildungen, so läßt sich die fast exponentielle Steigerung der Ausgaben für die Schularten zeigen.

Abbildung 2.4
Netto-Ausgaben für die Schulen in Berlin 1828 bis 1914

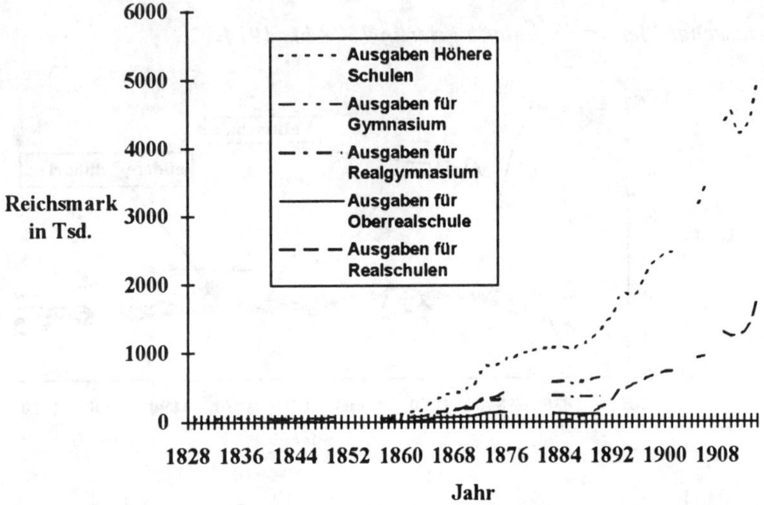

In der Abbildung 2.5 sind neben der Ausgaben für die Volksschulen auch noch die Ausgaben für das Schulwesen in Berlin insgesamt eingezeichnet. Es wird an dem Vergleich der beiden Kurven eindrucksvoll deutlich, daß die Ausgaben für die Volksschulen einen sehr großen Teil der Gesamtausgaben beansprucht haben.

Es stellt sich die Frage, inwieweit es einen Zusammenhang zwischen der Finanzierung und der Veränderung der Klassengrößen gibt. Es wird noch in Tab. 2.21 deutlich, daß die Korrelationen zwischen Veränderung der Klassengröße und der Netto-Ausgaben bei der Realschule mit unter r=.50 relativ gering sind. Wenn es also hier eine Steigerung der Ausgaben gab, so hat sich nicht auf eine Senkung der Klassengröße ausgewirkt. Man muß zu diesem Ergebnis kommen, weil diese Klassengrößen ab 1882 nahezu konstant geblieben sind. Auch die Klassengrößen im Gymnasium veränderten sich ja bis zur Einführung der Realschule recht konstant, erst danach gab es eine Abnahme. So ist eine Abnahme der Klassengrößen in den Gymnasien nicht nur auf eine bessere Finanzierung, sondern auch darauf zurückzuführen, daß die Realschule als Schulform eingeführt worden ist.

Abbildung 2.5
Netto-Ausgaben die Volksschule in Berlin 1828 bis 1914

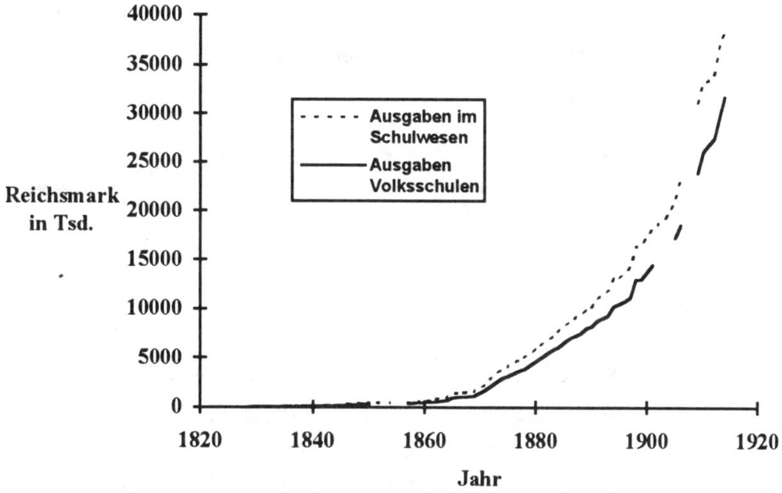

Interessant ist auch der Vergleich der Veränderungen der Klassengrößen mit der Finanzierung der Volksschule: Lange Zeit ist nur relativ wenig Geld für die Volksschule ausgegeben worden, erst ab 1868 kann man von einer Steigerung sprechen. Aber paradoxerweise sind bis 1868 die Klassengrößen gefallen, nach Beginn der größeren finanziellen Zuwendungen der Volksschulen sind die Klassengrößen bis knapp zur Jahrhundertwende konstant geblieben und erst bis 1914 leicht abgefallen. Die Senkung der Klassengrößen in den Volksschulen bis 1868 ist also eindeutig nicht auf eine verbesserte Finanzierung, sondern darauf zurückzuführen, daß verschiedene Organisationsformen neu eingeführt wurden, wie z.B., daß eine Klassenhälfte am Vormittag, die andere am Nachmittag unterrichtet worden ist. Auf solche organisatorischen Maßnahmen hat bereits REUKAUF (1909) hingewiesen und sie beschrieben.

REUKAUF (1909) wies in seinen Ausführungen auf den Zusammenhang von Wertschätzung und der Höhe der finanziellen Mittelzuweisung hin: "Würde die Bedeutung der Volksschule als Erziehungsschule recht gewürdigt, so würde sicher auch der Weg gefunden werden, die nötigen Mittel zu beschaffen zum Bau von Schulhäusern, zur Anstellung neuer Lehrer. Der Mangel der Gemeinden an den nötigen Geldmitteln ist natürlich die zweite

Hauptursache, die die gedeihliche Entwicklung des Schulwesens, das ja zumeist aus Gemeindemitteln bestritten wird, verhindert" (REUKAUF, 1909, S. 343).

Tabelle 2.21

Klassengröße im Mittel, Standardabweichung (s), Nettoausgaben (Netto) und Zusammenhänge (r) zwischen Klassengröße und Nettoausgaben für Schulen in Berlin

	Mittel	s	Netto	r
Volkschule	71.35	25.25	5848499	-.62
Gymnasium	36.19	3.51	228890	-.74
Realgymnasium	36.56	5.26	158722	-.59
Oberrealschule	36.41	5.58	77452	-.79
Realschule	37.61	4.93	640380	-.47
höhere insg.	36.88	2.00	1059729	-.85

Andere Lösungsvorschläge wurden allenfalls diskutiert. So empfiehlt Reukauf 1909, daß, wenn die Meßzahl überschritten werde, so wie es in Württemberg üblich sei, ein bezahlter Abteilungsunterricht eintreten sollte. Das beste Mittel, so REUKAUF, sei natürlich die Anstellung von mehr Lehrern. In diesem Zusammenhang geht er auch auf das Problem der Lehrerinnen ein, diese wurden nämlich geringer bezahlt als die Lehrer. So neigten die Staaten des Deutschen Reiches dazu, Lehrerinnen einzustellen, weil Lehrerinnenstellen billiger waren.

2.3.6 Fazit

Aus den einzelnen Abschnitten lassen sich folgende, besonders wichtig erscheinende Entwicklungslinien und - punkte aufzeigen:

Obwohl man das 19. Jahrhundert als das Jahrhundert der Institutionalisierung der Schulen kennzeichnen kann, ist auffallend, daß die schulgesetzliche Entwicklung diesem Trend nicht voll entspricht. Hervorragendes Beispiel sind die verschiedenen Schulgesetzentwürfe Preußens, die alle nicht verabschiedet wurden (TENORTH, 1988). Hierin zeigt sich, wie auch in anderer Hinsicht (s.u.), daß die Widerstände, die u.a. von den Gymnasiallehrerverbänden ausgingen, stark genug waren, um eine gesetzliche Verankerung weiterführender Bestimmungen über die nichtgymnasialen Schulformen zu verhindern.

Ein entscheidender Wendepunkt für das Thema Klassengröße war an sich die Schulpflicht. Allerdings wirkte sich diese wegen mangelnder Durchführungskontrolle nicht in dem zu erwartenden Maße auf die Schulwirklichkeit aus. Deshalb können die teilweise festgestellten kleinen Volksschulklassen immer auch darauf zurückzuführen sein, daß längst nicht alle schulpflichtigen Kinder der Schulpflicht nachkamen. Ganz deutlich läßt sich ein solcher Zustand feststellen, wenn die Zahl der Schüler in einer Klasse während der Sommermonate (Erntezeit) mit jenen der Wintermonate verglichen wird. Im Laufe der Jahrzehnte verbesserten sich aber diese Verhältnisse.

Eine weitere entscheidende Weichenstellung ergab sich durch die Einführung der Jahrgangsklasse. Diese lösten die alten Fachklassen ab. Mit der Einführung der Jahrgangsklasse vergrößerte sich die Bedeutung der Frage, wieviele Schüler bzw. Schülerinnen in einer Klasse organisiert waren. Während im Fachklassensystem die Schüler und Schülerinnen nach Leistung gruppiert waren, obsiegte jetzt das an sich sehr starr-statische Prinzip des Geburtsjahrganges, weil dabei nicht auf die individuelle Leistungskapazität und Entwicklungsstufe des Kindes Rücksicht genommen werden kann. Eigentlich hätten - nach heutigen pädagogischen Gesichtspunkten - nach der Einführung des Jahrgangsklassensystems die Gesetzgeber auch die Klassengröße senken bzw. klein halten müssen, was jedoch nicht erfolgte.

Allerdings waren die Unterschiede hinsichtlich der Klassengröße zwischen den einzelnen Schultypen (zugunsten der höheren Schulen und zu Lasten der Volksschulen) sehr unterschiedlich. Aufgrund der bruchstückhaften Quellenüberlieferung war es allerdings nicht möglich, Zeitreihen über die Veränderung der Klassengröße in den einzelnen Schultypen herauszuarbeiten. Gleichwohl läßt sich eine Verringerung der Klassengröße bei den Volksschulen erkennen, wobei es so etwas wie eine magische Schwelle gegeben haben muß, die am Ende des Jahrhunderts um 50-60 Schüler und Schülerinnen pro Klasse gelegen hat.[36] Ganz anders die höheren Schulen, deren Klassengrößen zu den heutigen keine besonders relevanten Unterschiede aufwiesen.

Obwohl die Schule als Einrichtung auch für den Staat von immenser Bedeutung war, übernahm dieser nicht deren volle Finanzierung, sondern verteilte die Kosten auf verschiedene Träger. Gegen Ende des Jahrhundert wur-

---

36) Man darf dabei allerdings nicht vergessen, daß eine Reduzierung der Klassen auf Kosten der wöchentlichen Stundenzahl erfolgte. Dadurch brauchte man die Zahl der Lehrerstellen nicht zu erhöhen, und trotzdem verkleinerten sich die Klassen.

den die Gemeinden immer mehr in die Pflicht genommen, wenn es um Investitionen und Schulunterhaltungskosten ging. Dies brachte vor allem jene Gemeinden in Schwierigkeiten, die über schlechte Einkommensressourcen verfügten. Darunter fielen vor allem die Landgemeinden, weswegen die Dorfschulen meist die größten Klassen und die schlechteste Ausstattung hatten.

Es ist schwer, abschließend über die Ursachen der Überfüllung der Schulklassen, vor allem in den Volksschulen im 19. Jahrhundert klare Aussagen zu machen. Viele Momente griffen ineinander. Reukauf ist der Auffassung, daß gerade die Verantwortlichen nicht genügend Verständnis aufwiesen und energischer Wille für die Verbesserung im Volksschulwesen fehlte (REUKAUF, 1909, S. 346). Hinzu kommt, daß das preußische Dreiklassenwahlrecht und die undemokratischen Wahlrechte in den Kommunen nicht gerade geeignet waren, jenen breiten Bevölkerungsschichten, die an den Entwicklung der Volksschule am meisten Interesse haben mußten (nämlich die Arbeiterschaft), genügend Sitze und Stimmen zu geben.

Trotzdem kann man davon sprechen, daß gegen Ende des 19. Jahrhunderts - verglichen zu den früheren Jahrzehnten - eine Art Konsolidierung der schulischen Entwicklung eingetreten ist, die insbesondere erkennbar wird an der Verbesserung der äußeren Unterrichtsbedingungen, wozu auch die Klassengrößen gehören (KLEWITZ & LESCHINSKY, 1984, S. 83).

2.4 Die Zeit von 1918 bis 1933

2.4.1 Zur Bildungspolitik im Allgemeinen

Nach dem Ersten Weltkrieg wirkten sich der Schock der Niederlage und der darauf folgende politische Umbruch auch auf die Pädagogik aus. Fortschrittliche Pädagogen ergriffen die Gelegenheit und versuchten, aus der politischen Zäsur auch eine Zäsur für die Schule zu machen (vgl. REINHARDT, 1919). Was die "Wilhelminische Schule" nicht hatte leisten können, sollte jetzt nach dem Sturz der Monarchie in Angriff genommen werden, nämlich "reformpädagogische Theorien zur Ausprägung eines demokratischen Bewußtseins" (RADDE, 1973, S. 11) bereitzustellen und in der Praxis zu erproben. Demokratisierung und Sozialisierung wurden gefordert, und in allen deutschen Staaten gab es Kräfte, die versuchten, das Schulwesen im fortschrittlich-demokratischen Sinne zu verändern (MOOG, 1967, S. 506; KÜPPERS, 1981), zumindest aber die traditionell liberalen Forderungen der Lehrerbewegung einzulösen. Die Forderungen nach gesellschaftlichem Wandel fanden auch in einer Vielzahl von pädagogischen Erneuerungsbestrebungen ihren Niederschlag. Dies geschah allerdings in verschiedener Richtung. Forderte die eine Seite eine verstärkte Demokratisierung der Schule, die Selbstverwaltung der Schüler und die Schaffung der Schulgemeinde (vgl. JÄGER, 1919), so verbreitete sich andererseits, neben den Bemühungen bürgerlicher Kreise, die Lage zu meistern und die überkommene Ordnung aufrechtzuerhalten, ein Gedankengut, das im Gegensatz zu diesen Positionen die überindividuelle, "nationale" Ausrichtung der Erziehung für notwendig hielt und das sogar in die Forderung mündete, daß das Individuum in die "Volksgemeinschaft" eingebunden werden müßte (HARTNACKE, 1926; HÖRDT, 1924; KRIECK, 1925, 1927; STAPEL, 1920).

Wie gesagt, erst die Revolution vom November 1918 setzte in den Ländern Kräfte frei, die bisher in der Schulpolitik so gut wie keinen Einfluß hatten. Dies gilt vornehmlich für die sozialdemokratisch geführten oder beeinflußten Länderregierungen Preußens, Sachsens, Braunschweigs, Hamburgs, Bremens und einiger weiterer Kleinstaaten. Dazu gehörten z.B. die Abschaffung der geistlichen Ortsschulaufsicht (1918, Erlaß des preußischen Ministers für Wissenschaft, Kunst und Volksbildung über die Aufhebung der geistlichen Orts-Schulaufsicht), die Abschaffung des Schulgebetes, die Befreiung der Lehrer von der Verpflichtung, Religionsunterricht zu erteilen und die Freistellung der Schüler vom Religionsunterricht als Pflichtunterricht. Gegen diese Maßnahmen formierte sich schnell eine breite Abwehr, die u.a. zu einem Hirtenbrief der preußischen katholischen Bischöfe im Jahre 1918 führte. Die Bischöfe erreichten, daß Teile der Verordnungen bereits wenige Monate später zurückgenommen werden mußten.

Nach dem Ersten Weltkrieg gewannen Reformideen durch den politischen Neuanfang an Zugkraft. 1919 brachte die Verfassung des Deutschen Reiches erstmals schulrechtliche Vorschriften in das deutsche Reichsrecht ein, die von den pädagogischen Reformideen beeinflußt waren (dazu genauer: LANDÉ, 1929). So wurde z.B. durch Artikel 144 das gesamte Schulwesen, das bis zum 27. November 1918 der geistlichen Ortsschulaufsicht unterstanden hatte, staatlicher Aufsicht unterstellt. Die Schulaufsichtsbehörden lagen in der Hoheit der Länder und hatten z.T. sehr unterschiedliche Bezeichnungen (siehe Übersicht in SCHWARTZ, 1928, Band 1, S. 950).

Erst jetzt wurde die allgemeine Schulpflicht eingeführt: Privater Unterricht war nicht mehr zugelassen, wohl aber der Besuch von Privatschulen.[37] Entscheidend war aber, daß sich nun (1919) das Reich die Kompetenz zur Grundsatzgesetzgebung auf dem Gebiet des Schulwesens sicherte (Art. 10, Abs. 2; ZYMEK, 1989, S. 169).

Die Schularten selbst waren fast so heterogen wie vor dem Ersten Weltkrieg. Auch die Verteilung der Schüler auf die Schularten war im Prinzip identisch: Nur knapp eine halbe Million männliche Schüler besuchten Schulen des höheren Schulwesens: Gymnasien, Realgymnasien, Oberrealschulen Progymnasien, Realprogymnasien und Realschulen (SCHWARTZ, 1928, Band 1, S. 958). Knapp 300000 Schülerinnen frequentierten höhere Lehranstalten für die weibliche Jugend. Diese Zahlen gelten für 1921. 1928 sanken die Zahlen auf gut 300000 Schüler und rund 130000 Schülerinnen (SCHWARTZ, 1931, Band 4, S. 1455).

Erstmals kamen im Oktober 1919 die Kultusminister der Länder des Deutschen Reiches zusammen (FÜHR 1987, S.168). Wichtigstes bildungspolitisches Ereignis war die kurz darauf einberufene Reichsschulkonferenz. Die Aufgabe der Reichsschulkonferenz von 1920 bestand darin, in der Anfangsphase der Reichsschulpolitik eine Generaldiskussion aller führenden deutschen Pädagogen zu organisieren, um Klarheit über die Weiterentwicklung des gesamten Bildungswesens zu gewinnen. Im einzelnen nahmen an der Reichsschulkonferenz teil (SCHORB & FRITZSCHE, 1966, S. 22):

- sechs Reichsministerien mit 25 Vertretern
- fünf preußische Ministerien mit 63 Vertretern
- 21 Landesregierungen und Senate mit 54 Vertretern
- die freie Stadt Danzig mit einem Vertreter
- der Freistaat Österreich mit zwei Vertretern
- vier Städte bzw. Gemeindeverbände mit 27 Vertretern
- vier Vereinigungen von Schulaufsichtsbeamten mit vier Vertretern
- 95 pädagogische Standesverbände mit 229 Vertretern
- 14 Jugendverbände mit 22 Vertretern
- 10 'pädagogische Vereinigungen' mit 16 Vertretern
- der deutsche Ausschuß für Erziehung und Unterricht mit vier Vertretern

37) Schwartz (1929, Band 2, S. 555) bemerkt dazu: "Es mag dahingestellt bleiben, ob hier (in der Verfassung, Art. 145, d. Verf) 'Schulpflicht' nicht in dem selben Sinne aufzufassen ist, wie in allen bisherigen Schulpflichtgesetzen, nämlich dahin, daß sie erst beim Fehlen eines gleichwertigen Ersatzes eintritt" (s.a. Schwartz, 1931, Band 4, S. 51, S. 454).

- neun Vereinigungen zur Förderung von Bildungsbestrebungen mit 14 Vertretern
- fünf Vereinigungen für körperliche Erziehung und Gesundheitspflege mit 10 Vertretern
- sechs schulpolitische Vereinigungen mit 11 Vertretern
- 20 Kirchen- und religiöse bzw. weltanschauliche Vereinigungen mit 26 Vertretern
- 12 Vereinigungen wirtschaftlichen Charakters mit 21 Vertretern
- acht sonstige Vereinigungen mit 12 Vertretern sowie
- 145 Einzelpersonen und 32 Berichterstatter.

Die Reichsschulkonferenz wurde von EDUARD SPRANGER als eine "achttägige Massenschlacht" bezeichnet (zit. n. FÜHR 1987, S. 170). Doch die versammelten rund 600 Vertreter verschiedener Schulgattungen, Parteien und Weltanschauungen brachten kein einheitliches Reichsschulgesetz zustande. Nur die vierjährige Grundschule, die man auf dieser Konferenz forderte, wurde durch Reichsgesetz für ganz Deutschland verwirklicht (allerdings relativ unabhängig von der Reichsschulkonferenz). In der Frage der Einheitsschule standen sich die gegensätzlichen Positionen nach wie vor unversöhnlich gegenüber.[38] WILHELM charakterisierte die Reichsschulkonferenz wie folgt: "Das bedeutungsvollste pädagogische Ereignis, das noch unmittelbar von der Morgenluft des politischen Umbruchs zehrte, war die Reichsschulkonferenz von 1920" (1987, S. 180). 1921 gab das Reichsministerium des Inneren einen über 1.000 Seiten umfassenden amtlichen Bericht heraus. WILHELM charakterisiert diesen so: "Es gibt noch heute kaum ein lebendigeres Dokument der geistigen Situation nach 1919" (1987, S. 181).

Die Frage bleibt, was wirklich durch die Reichsschulkonferenz bewirkt worden ist. Man kann mit aller Vorsicht behaupten, daß es drei Bereiche waren, in denen Einmütigkeit hergestellt worden ist:

- Die Arbeitsschule ist gleichsam de facto anerkannt geworden
- Fragen der Berufsausbildung und Lehrerbildung wurden einmütig i.S. einer Höherqualifizierung der Auszubildenden diskutiert
- Hinsätzlich der Grundsätze der Schülerauslese konnten Einigung erreicht werden.

---

38) Die Frage der Einheitssschule hat sich historisch fortgesetzt durch die Diskussion über die Gesamtschule (Fabry, 1989).

Die Frage der Klassengröße war kein Thema dieser historisch so wichtigen Konferenz.

Die methodischen Richtlinien, die Preußen für die Grundschule, Volksschule, Mittelschule und die höhere Schule in den folgenden Jahren (1921 - 1925) herausgegeben hatte, waren von modernen pädagogischen Prinzipien geprägt, und sie blieben auch nicht ohne Einfluß auf die übrigen Länder. In diesen Richtlinien wurden nun die künstlerische Bildung und die Leibeserziehung als gleichwertig neben der Wissensbildung angesehen. Der Arbeitsunterricht wurde zum Unterrichtsgrundsatz erhoben; dies wiederum erforderte mehr Selbsttätigkeit. Daneben wurde die Institution der Schulelternbeiräte eingeführt, an höheren Schulen die Schüler-Selbstverwaltung sowie die Klassen- und Schulgemeinde. Durch die Einrichtung von freien Arbeitsgemeinschaften und Arbeitsgruppen wurde der starre Klassenverband zeitweise durchbrochen. Der Gesamtunterricht fand, unter Aufgabe der festen Stundenpläne, als Anfangsunterweisung in der Grundschule eine erste amtliche Anerkennung (vgl. DIETRICH, 1975, S. 237ff; MOOG, 1967).

Diese Maßnahmen entsprachen in ihrem Geist ganz den Postulaten der Reformpädagogik, die nun in den verschiedensten Versuchsschulen umzusetzen versucht wurde. Stellvertretend für viele andere können hier genannt werden: die unter dem Einfluß der Hamburger *Gesellschaft der Freunde des vaterländischen Schul- und Erziehungswesens* entstandenen Versuchsschulen, die vom "Bund entschiedener Schulreformer" (unter ihnen Fritz Karsen und Paul Oestreich) beeinflußten Schulen in Berlin (RADDE, 1973).

Die Schulreformer selbst waren vorwiegend Schulpraktiker, so neben Hermann Lietz auch Gustav Wyneken und Paul Geheeb (sie gründeten die *Freie Schulgemeinde Wickersdorf*), Berthold Otto mit seiner *Hauslehrerschule*, Heinrich Scharrelmann, Fritz Gansberg u.a.. Von Lietz, Wyneken und Geheeb wurden die Gedanken der Schülerselbstverwaltung und der Schulgemeinde, der Schülerausschüsse und des Kursunterrichts praktisch erprobt. Scharrelmann und Gansberg stellten die Lehrerpersönlichkeit in den Vordergrund und bekämpften die Pädagogik des Abfragens und Memorierens. Warmer Unterrichtston und lebendige Schilderung sollten das Kind zu freier Äußerung bringen (DIETRICH, 1975, HOLSTEIN, 1972; MOOG, 1967, SCHEIBE, 1969, WEIMER & WEIMER, 1967).

In dieser Zeit nahm auch die Jugendbewegung ihren Anfang, die eine neue Form der Selbsterziehung propagierte. All diese Ansätze (die Schulgemeinde von LIETZ, WYNEKEN und GEHEEB, der *Herzhafte Unterricht* von Scharrelmann, Gansbergs *Schaffensfreude*, der Gesamtunterricht von OTTO, die Arbeitsschule von KERSCHENSTEINER und GAUDIG) waren Elemente der Reformbestrebungen.

Eine Fülle pädagogischer Literatur, die sich mit den neuen Fragen der Erziehung auseinandersetzte, Versuchsschulen und Jugendbewegung erzeugten durch ihre Breitenwirkung eine "Sensibilisierung für die Eigengesetzlichkeit der Kinder- und Jugendphase" (SCHOLTZ, 1978, S. 969). Das gewachsene Problembewußtsein wirkte auch auf die noch jungen Teildisziplinen der Psychologie und der Pädagogik, die Kinderpsychologie und die Experimentelle Pädagogik, und förderte Forschungsaktivitäten, die zwar diagnostische Fragestellungen stärker ins Blickfeld rückten, aber schulorganisatorische Fragen wie die Klassengröße außer acht ließen.

2.4.2 Theoretische Konzeption: die Reformpädagogik

Wenn es eine theoretische Konzeption gab, die für die erste Hälfte unseres Jahrhunderts zentral war und auch Breitenwirkung bis heute entfaltete, dann war dies die Reformpädagogik.[39] "Sie war ungeheuer folgenreich, wenn auch nicht immer im ursprünglichen Sinne. Reformpädagogische Ideen bestimmen mit ihren Maximen und Handlungsformen und dem Inventar pädagogischer Erfindungen ... die Konzepte für Erziehung, wenigstens im demokratischen Spektrum bis heute" (TENORTH, 1988, S. 107).

Der Begriff Reformpädagogik ist eine Sammelbezeichnung, der "in der pädagogischen Geschichtsschreibung einen bei allen Vorstufen und Überschneidungen doch relativ deutlich abgrenzbaren historischen Komplex bezeichnet" (SCHEUERL, 1985, S. 124). Um die Jahrhundertwende sind in einem breiten internationalen Spektrum in verschiedenen Ländern Korrekturen und Innovationen, die z.B. kulturkritisch motiviert waren, aufgetaucht, um die pädagogische Wirklichkeit zu verändern.

Die Reformer vertraten verschiedene Konzeptionen und arbeiteten auf unterschiedlichen Gebieten, weshalb SCHEUERL versuchte, die Hauptströmungen der Reformpädagogik zu bündeln. Er kam dabei auf fünf Richtungen:

- allgemeine Kultur- und Traditionskritik mit Wendung zur "Jugend"
- die Pädagogik "vom Kinde aus"
- Aktivitätspädagogik gegen die Rezeptivität der Lernschule

---

39) Die Versuchsschulen, die zu Beginn der Weimarer Republik bestanden, sind von Karstädt (1923) beschrieben worden.

- didaktische Revision
- Strukturreform des Schulsystems.

Es fragt sich, wie solch unterschiedliche Haltungen mit einem Sammelbegriff überhaupt gekennzeichnet werden können. Die neu entwickelten Ideen sind in der Tat nicht so leicht zu vereinheitlichen wie die Negationen gegenüber Althergebrachtem. Die Reformpädagogik lehnte generell vor allem die reine Wissensanhäufung ab.

OELKERS faßt zusammen: "Die Schule des 19. Jahrhunderts war in den Augen der Reformpädagogen orientiert am Lehrstoff (statt am Lernen), am Lehrer (statt am Schüler) und an der Logik des Verfahrens (statt an der Psychologie der Situation)" (OELKERS, 1989, S. 122). KERSCHENSTEINER nannte die zwanghafte Verengung des symbolisch vermittelten Lernens auf den ausschließlichen Erwerb kognitiver und intellektueller Fähigkeiten eine Schule "durch Worte und Bücher" (KERSCHENSTEINER).

Dennoch: Der Begriff Reformpädagogik ist kaum gerechtfertigt, wenn man versucht, diese unterschiedlichen Strömungen präzise zu beschreiben. Er ist aber definitorisch so besetzt, obwohl Pädagogik in ihrer neuzeitlichen Theoriegestalt immer Reformpädagogik gewesen ist (OELKERS, 1986, S. 34).

Für die vorliegende Arbeit ist es auch weniger von Interesse, wie die neuen pädagogischen Ideen, die Ende des letzten Jahrhunderts entstanden sind, kategorisiert werden können, vielmehr stellt sich die Frage, ob es Reformpädagogen oder -innen gab, die sich in irgendeiner Art und Weise zu Organisationsfragen der Schule, insbesondere der Klassengröße, aussprachen.

Fritz Karsen. Erwähnenswert ist die Versuchsschule von FRITZ KARSEN (Karl-Marx-Schule in Neukölln), die wegen ihrer Konzeption 1933 rasch beseitigt wurde (vgl. AG PÄDAGOGISCHES MUSEUM, 1983, S. 48ff). KARSEN hatte diese Schule, die als Schule der "werdenden Gesellschaft" nach den Gesichtspunkten eines demokratischen Sozialismus konzipiert war, seit 1921 geleitet (RADDE, 1973). Hier hatte man u.a. versucht, auf Zensuren zugunsten verbaler Beurteilungen zu verzichten. Die Schulfarm Scharfenberg am Tegeler See (Berlin), die Wilhelm Blume 1922 gegründet hatte, tendierte in eine ähnliche Richtung. Die Gründer solcher Schulen wollten diese zum wahren Lebensinhalt der Jugend machen. Auch die Schule im allgemeinen sollte das Leben verkörpern und deshalb den Erlebnisaspekt besonders betonen. Schule wurde hier gedacht als verkleinertes Abbild einer demokratischen Gesellschaft (RADDE, 1973). Angaben zur Klassengröße konnten nicht ermittelt werden.

Peter Petersen. Einen besonderen Schulreformplan entwarf der seit 1923 in Jena tätige Peter Petersen. In der Form des sogenannten "Jenaplanes" suchte er die bisherigen Sozialformen der Schule zu überwinden und an ihre Stelle eine freie, allgemeine Lebensgemeinschaftsschule zu setzen. PETERSEN (1935) hat diesen Plan in einer mit der Jenaer Universität verbundenen Versuchsschule seit 1924 praktisch erprobt. Seine Ideen wurden für die Neugestaltung der Schule bis heute fruchtbar (HÖLTERSHINKEN, 1978). "Die Jenaer Planschule ist insofern der bedeutsamste Meilenstein auf dem Wege der deutschen Schulreform der ersten Jahrhunderthälfte, als sie bewährte reformpädagogische Einsichten der wissenschaftlichen Nachprüfung unterwarf und sich keine Experimente gestattete, die nur unter sogenannten günstigen Bedingungen durchführbar waren" (WILHELM, 1987, S. 389). Petersen mußte mit drei Grundübeln der bisherigen Normalschule rechnen: Mit dem System der Jahresklasse, mit der Jahresversetzung, mit der Alleinherrschaft der Fächer und mit der Methode des isolierten und isolierenden Lernens.

Ähnlich wie Maria Montessori (s.u.) lehnte Peter Petersen die Jahrgangsklassen ab. Er teilt stattdessen die zehn Jahrgänge seiner Schule in vier Gruppen ein, die er als Stammgruppen bezeichnete. Die Gruppen umfaßten jeweils in etwa drei Jahrgänge mit ca. 25 bis 35 Schülern und Schülerinnen, wobei die Gesamtschülerzahl einer Schule ihm zufolge 250 nicht übersteigen sollte, so daß in etwa acht Gruppen im ganzen gebildet werden konnten (SCHEIBE, 1969, S. 312).

Maria Montessori. MONTESSORI hat für den Kindergarten und für eine integrierte Erziehung in der Schule 20 bis 25 Kinder empfohlen, wobei fünf bis sieben Kinder dieser Gruppe behindert sein können (BÖHM, 1985, S. 116). Sie war gegen das Jahrgangsklassensystem und forderte, stets mehrere, in der Regel drei Jahrgänge, entsprechend den Entwicklungsphasen der Kinder bzw. Jugendlichen zusammenzufassen (BÖHM, 1985, S. 134). Zur Klassengröße sagt MONTESSORI, "... daß die Klasse am besten zwischen 30 und 40 Kindern zählen soll, aber es mögen auch einige mehr sein. Das hängt von der Fähigkeit der Lehrerin ab. Wenn weniger als 25 Kinder vorhanden sind, senkt sich das Niveau ... 25 ist eine ausreichende Zahl, und 40 haben wir als die beste Zahl gefunden" (MONTESSORI, zit. nach FÄHMEL, 1979, S. 21).[40]

Georg Kerschensteiner. KERSCHENSTEINER - ursprünglich Mathematiker und Naturwissenschaftler - war nicht nur bekannt geworden als Stadtschulrat und engagierter Pädagoge und Schulreformer, sondern auch als scharf rechnender Finanzwirtschaftler und Verwaltungsexperte, der sehr wohl die finanziellen Folgen seiner Schulreformen zu berechnen in der Lage war (KAHLERT, o.J., S. 11). Er äußerte sich in seinen Arbeiten kaum zur Größe der Lerngruppen (WEHLE, 1956). Aber offenbar hielt er um die Jahrhundertwende Größen von um die 48 Schüler für durchaus normal (KERSCHENSTEINER, 1954, S. 112). Theoretische Überlegungen zur Größe von Klassen liegen nicht vor. Allerdings ist es auffallend, daß es ausgerechnet in München eine Empfehlung für die Volksschule (speziell für die 8. Knabenklasse) gab, derzufolge im Werkunterricht (Arbeiten in Holz und Eisen in Verbindung mit Werkzeichnen) die Klasse in zwei Abteilungen von je 15 bis 16 Schülern zu teilen ist. Man kann also für diesen Jahrgang eine Klassengröße von etwas über 30 annehmen (REGENER, 1910, S. 66). Nach SEIDEL (1979, S. 83) soll Kerschensteiner folgende Aussage getroffen haben: " In den Werkstätten können nur 16 bis 20, in den Küchen nur 20-23, in den Laboratorien nur 24-30, im neuen Zeichenunterricht nicht über 36 Schüler gleichzeitig beschäftigt und geleitet werden".

Berthold Otto. BERTHOLD OTTO hat durchaus die Vorteile kleinerer Gruppen erkannt: "Man wird demnach den Klassenunterricht für ungeeignet erklären müssen, neue Gedanken, neue Erkenntnis in dem Schüler entstehen zu lassen. Man müßte Mittel und Wege finden, dazu kleinere Kreise von Schülern auszusondern, innerhalb deren den einzelnen die Rede- und Bewegungsfreiheit so vollständig gewährt werden könnte, wie sie etwa Erwachsene in jeder Gesellschaft genießen. Dann könnte man oft in halbstündigem, freiem Gespräch seine Schüler auf irgendeinem Erkenntnisgebiet weiterfördern, als daß durch mehrwöchigen Drill in der Schule möglich ist. In diesem Abteilungs- oder Gruppenunterricht müßte Schelten und Strafen - außer für ganz grobe Unarten - schlechterdings verpönt sein; der Lehrer müßte auch nicht gezwungen sein, in einer bestimmten Frist bestimmte Paragraphen des Reglements abzuhaspeln." (OTTO, 1898, S. 12).

Sickinger. Die Homogenisierung der Klassen nach Leistung, wie es vor allem Sickinger wollte, war eine Forderung, die unter Lehrern und Wissen-

40) Zu Maria Montessori s.a. Kraul (1981, S. 31ff)

schaftlern immer wieder diskutiert wurde. Das "Mannheimer Schulsystem", das von SICKINGER entwickelt wurde, richtete Klassen nach der jeweiligen Begabung ein und ist vielfach übernommen worden. 1906 hatten schon 23 Städte - bis zum Ende des Ersten Weltkrieges waren es ca. 150 großstädtische Volksschulen - das Mannheimer Schulsystem eingeführt. Sogar bis nach Cincinnati und St. Louis in den USA war der gute Ruf dieses Schulsystems gedrungen (vgl. MANNHEIMER MORGEN, Nr. 115 v. 18.9.1948; SCHWARTZ, 1930, Band 3, S. 567). NOLL (1985), der die Adaption des Mannheimer System in die Schweiz beschrieb, macht in seinem Buch an mehreren Stellen deutlich, daß SICKINGER relativ kleinere Klassen gefordert hat. Für die sog. Wiederholungsklassen begrenzte SICKINGER die Anzahl der Schüler auf maximal 35.

All diesen Konzeptionen kann ein Bemühen um den Schüler zur Unterstützung des Lernfortschritts nach ihren pädagogischen Intentionen testiert werden, besonders, wenn weitere Maßnahmen (z.B. organisatorische Maßnahmen wie Kursunterricht und Förderklassen, also nur mittelbare, aber keine unmittelbare Senkung der Klassengrößen) zur Optimierung der Lernergebnisse der Schüler mit enthalten waren.

Die Reformpädagogogik wird im allgemeinen positiv in der Literatur bewertet. Es gibt allerdings durchaus einige berechtigte kritische Argumente, wie sie z.B. OELKERS (1989, S. 134) vorgetragen hat: "Was die reformpädagogische Methodik sympathisch macht, ist ihr Versuch, tatsächlich vom Lernen des Kindes auszugehen; was sie beschränkt, ist ihre Einseitigkeit." Damit meint er, daß die einzelnen Reformpädagogen ihre eigene Auffassung generalisierten und sich gegen konkurrierende Prinzipien, die auch gute Argumente enthalten können, abgrenzten. Zudem würden viele Reformpädagogen kontextspezifisch argumentieren, so würde z.B. Dewey von typischen College-Erfahrungen ausgehen, GANSBERG und SCHARRELMANN von der deutschen Volksschule des 20. Jahrhunderts, MARIA MONTESSORI von der Kleinkindererziehung in Kinderheimen. Zudem würden die reformpädagogischen Unterrichtsvorschläge zu speziell sein (z.B. nur für Arbeitsschule oder Kinderheim etc.) und könnten deshalb nicht ohne weiteres auf den allgemeinen Unterricht und die Regelschule übertragen werden. Dies mag ein Grund dafür sein, daß die Reformpädagogik organisatorisch (also auch bezüglich der Klassengröße) nicht die Wirkung hatte, die sie selbst beanspruchte.

Gegen Ende der Weimarer Republik zeigte sich zudem, daß die reformpädagogische Bewegung zusehends an bildungspolitischem Boden verlor (Näheres bei TENORTH; 1988, S. 208). KEIM arbeitete überdies heraus, daß sich einige reformpädagogisch orientierte Schulen sogar von den Nationalsozialisten (nach 1933) haben vereinnahmen lassen (Beispiel: Peter Petersen). Allerdings muß auch gesagt werden, daß einem Teil der Reformpädagogen im Dritten Reich Unrecht geschah (Beispiel: Fritz Karsen). (Beide Erfahrungen wurden nach 1945 lange Zeit verdrängt; siehe KEIM, 1989, S. 24)

Für die Frage der Klassengröße spielt die Reformpädagogik unmittelbar keine große Rolle, allerdings waren die Größen in den verschiedenen Konzeptionen niedriger als in dem damals existierenden Schulsystem. Dies ist Folge der didaktischen und methodischen Forderungen der Reformpädagogen, so daß man durchaus von einem mittelbaren Effekt sprechen kann.

2.4.3 Verordnungen und Gesetze

a) Das Höhere Schulwesen

Für die höheren Knabenschulen betrugen die Meßzahlen 50, 40 und 30 Schüler, für die unteren und mittleren Klassen der höheren Mädchenschulen 40 Schüler (SCHWARTZ, 1930, Band 3, S. 5).

In den 1924 erlassenen Richtlinien für die Lehrpläne der höheren Schulen Preußens waren keine Angaben zur Klassengröße enthalten.

b) Das Mittlere Schulwesen

Für die Mittelschule galt die Richtzahl 50 (SCHWARTZ, 1930, Band 3, S. 5) (für die oberen und die Studienanstalten und Frauenschulen 30, bei Handarbeitsunterricht 20 Schülerinnen).

In den Erlassen über die Mittelschulen (abgedruckt in MAASSEN, 1958, S. 66f, Band 2), wurden auch Ausführungen über die Klassengröße gemacht, aber auf Zahlenangaben verzichtet. In den allgemeinen Bestimmungen heißt es: "Die Höchstzahl der Schüler und Schülerinnen in den einzelnen Klassen der Mittelschule richtet sich nach den hierfür jeweils geltenden Bestimmungen ... Ist die Schülerzahl gering, so dürfen mit Genehmigung der Regierung zwei Jahrgänge zu einer Klasse vereinigt werden. Doch ist dann für eine angemessene Herabsetzung der sonst für Klassen dieser Stufe zugelassenen Höchstzahl Sorge zu tragen."

Einbruchstellen für die Herausbildung kleiner Klassen war der Haushaltsunterricht: - In den Bestimmungen über die Einrichtung von Hausfrauenklassen in Mittelschulen vom 18. März 1929 (abgedruckt in MAASSEN, 1958, S. 134f, Band 2; V. BRAUCHITSCH, 1933, S. 665) heißt es im §2 (Aufnahmebedingungen): "Die Zahl der Schülerinnen in den einzelnen Klassen soll 30 nicht übersteigen. Bei den praktischen Fächern, ausgenommen Musik und Körpererziehung, sind Gruppen von 8 bis 12 Schülerinnen zu bilden. Bei entsprechender Schülerinnenzahl können zwei Parallelklassen gebildet werden."

Insbesondere verlangte in der Auffassung der Zeitgenossen und Zeitgenossinnen der Haushaltsunterricht kleine Klassen. Dies wird auch an den Bestimmungen über Einrichtung und Lehrpläne der öffentlichen Haushaltungsschulen deutlich, in denen es in Abs. 3 heißt: "die Schülerinnenzahl einer Klasse darf bei den praktischen Fächern nicht mehr als 20 betragen" (V. BRAUCHITSCH, 1933, S. 975).

c) Das Volksschulwesen

Für die Volksschule galten bis 1922 80 Schüler als Richtwert, danach 60 Schüler. Seit 1922 führte die schlechte Finanzlage dazu, daß diese Werte um 10% überschritten werden durften (SCHWARTZ, 1930, Band 3, S. 5).

Die Richtlinien zur Aufstellung von Lehrplänen für die vier oberen Jahrgänge der Volksschule aus dem Jahre 1922 lösten die Vorschriften von 1872 ab (abgedruckt in SCHEIBE, 1965, S. 62ff). In diesen Richtlinien wurde eine maximale Klassengröße angegeben, wenn auch nur für den Nadelarbeitsunterricht: "Voraussetzung für die Erreichung dieser Ziele ist, daß im Nadelarbeitsunterricht nicht mehr als etwa 30 Schülerinnen gleichzeitig unterrichtet werden."

Auch hier wird ein Fach zum Quasimodell für eine "kleine" Klassengröße. In den Bestimmungen über Einrichtung und Lehrplan der anerkannten Schulen für Kinderpflege- und Haushaltgehilfinnen v. 28.3.1931 heißt es zudem in Abs. 3: "Die Schülerinnenzahl einer Klasse soll in den praktischen Fächern 20 nicht übersteigen" (v. BRAUCHITSCH, 1933, S. 980).

Blicken wir noch kurz nach Bayern. Auch hier wurden nach dem Ersten Weltkrieg Änderungen der Meßzahlen herbeigeführt. So heißt es z.B. im BAYERISCHEN VOLKSSCHULLEHRER UND SCHULBEDARFSGESETZ (1919): "Wenn eine Volksschule, die alle Jahrgänge umfaßt und an der nur eine Lehrstelle besteht, nach dem Durchschnitte der letzten fünf Jahre von mehr als 50 hauptschulpflichtigen Kindern besucht wird, sind die Mittel zur Errichtung einer neuen Lehrstelle bereitzustellen." Weiter heißt es: "Das gleiche gilt, wenn an einer Volksschule mit zwei oder mehr Schulklassen eine Klasse nach dem Durchschnitte der letzten fünf Jahre von mehr als 60 hauptschulpflichtigen Kindern besucht wird" (BAYERISCHES VOLKSSCHULLEHRER UND SCHULBEDARFSGESETZ, 1919, Art. 8, S. 61).

d) Das Sonderschulwesen

Besondere Richtwerte galten für das Hilfs- und Sonderschulwesen. Für die Sonderschule 1928 konstatiert HENZE folgende Richtlinie: "Im allgemeinen betrachtet man eine Frequenz von 20 als das höchst zulässige Maximum" (1928a, S. 155). Für das Förderklassensystem (für sog. schwachnormale Kinder) fordert er eine Höchstgrenze von 30 gegenüber der Grenze von 45 Schülern in einer normalen Klasse (HENZE, 1928b, S. 160).

2.4.4 Statistik

Im folgenden geht es darum, zumindest grobe (z.T. nicht deckungsgleiche) Zahlen zur Schulwirklichkeit zu präsentieren.

Seit der Jahrhundertwende wurden die Statistiken nur noch alle fünf Jahre erfaßt. Diese Regelung wurde unterbrochen durch den Ersten Weltkrieg und de facto abgeschafft in der NS-Zeit. Im folgenden werden die zugänglichen Zahlen nach Schularten getrennt dargestellt. Die Heterogenität der Schularten blieb im Prinzip bestehen. Das höhere Schulwesen zeichnete sich z.B. 1931/32 noch durch eine große Heterogenität aus. In der Statistik des Deutschen Reiches (Band 438, S. 26f) werden noch 16 Schularten für Knaben (neben den sonstigen) und 11 Schularten für die Mädchen unterschieden.

a) Das Höhere Schulwesen

Von allen Schultypen könnten nach wie vor die kleinsten Klassen für die höheren Schulen nachgewiesen werden, und zwar sowohl die höheren Schulen für Knaben als auch für Mädchen.

In der Zeit vor der Wirtschaftskrise lagen die Klassengrößenzahlen noch etwas günstiger. So nennen KOPPELMANN (1940, S. 148) und SCHOLTZ (1985, S. 76) für 1926 die Zahl 26. Ähnliche Ergebnisse lassen sich an folgender Statistik entnehmen. Eine Übersicht über die Knabenanstalten gibt Tabelle 2.22

Tabelle 2.22
Höhere öffentliche und private Knabenanstalten

Jahr	Klassengröße	Klassen	Schüler
1921	26,7	17819	474917
1926	26,8	20591	551588
1931	28,0	18922	530073

Die Zahl der Schüler hatte sich von 1913 bis 1921 fast verdoppelt, stieg bis 1926 weiter und blieb bis 1931 nahezu konstant. Die Klassengrößen stiegen zu Beginn der dreißiger Jahre, wohl als eine Folge der Wirtschaftskrise (vgl. PETZINA et al., 1978, S. 167).

Gegen Ende der 20er Jahre nahm auch die Verweildauer der Schüler des höheren Schulsystem zu, weil die Arbeitsmarktchancen so gering waren, d.h., daß Schüler die Schule nicht so früh verließen (ZYMEK, 1979, S. 187). Dies könnte dadurch erklärt werden, daß Kriegswaisen eine Erziehungsbeihilfe bekamen, die in dieser Zeit ein kleines, aber notwendiges Zubrot waren.

b) Das Mittlere Schulwesen

Die Angaben über die Schülerzahlen zwischen den Ausgaben der Statistik des Deutschen Reiches schwanken für die mittleren Schulen, vermutlich, weil es nach wie vor eine Definitionsfrage für die Bildungsstatistiker war, was als mittlere Schule galt, und was nicht. Mittlere Schulen sind nach Band 438 der Statistik des Deutschen Reiches kaum vom höheren Schulwesen zu unterscheiden. Als mittlere Schulen wurden die Schulen betrachtet, die über das Ziel der Volksschule hinausgingen, aber nach Landesrecht nicht als höhere Schule anerkannt waren. Zu ihnen gehörten sehr unterschiedliche Schultypen wie Mittelschulen, Bürgerschulen, Rektoratsschulen, höhere Mädchenschulen und Töchterschulen[41] usw. (Band 438, S. 21; Stand 1933). Der Band 487 dagegen erfaßt als Mittelschule nur noch die Mittel- und Rektoratsschulen, deshalb liegen die Schülerzahlen auch unter denen des Bandes 438. Die alten Zahlen wurden in der neuen Statistik umgerechnet. Mädchen und Knaben hielten sich bei den Schülerzahlen in etwa die Waage.

41) Im Band 438 der Statistik des Deutschen Reiches wurden die Höheren Mädchenanstalten zum höheren Schulsystem gerechnet. Der Verfassungsrechtler HUBER (VI, S. 966) ordnete alle Mädchenschulen zu den Höheren Schulen.

Tabelle 2.23
Öffentliche Mittlere Schulen

Jahr	Klassengröße	Klassen	Schüler
1911	30,7	5331	163715
1921	32,0	6576	210344
1926	28,9	6400	183582
1931	29,4	5497	161551
1932	31,1	5266	163999

Quelle: Statistik des Deutschen Reiches, Band 487 (und eigene Berechnungen)

Auch in den öffentlichen mittleren Schulen sank die Schülerzahl ab Mitte der zwanziger Jahre. Die Klassengrößen hielten sich nahezu konstant bei um die 30 Schüler (vgl. PETZINA et al., 1978, S. 166).

Wie auch schon in der Phase des Kaiserreichs kann man auch hier zeigen, daß es teilweise erhebliche regionale Unterschiede bezüglich der Klassengröße gegeben hat: Für das Jahr 1922 lassen sich aus einer Tabelle in SCHWARTZ (1930, Band 3, S. 713) für das mittlere Schulwesen folgende Klassengrößen errechnen.

Die Statistik zeigt gewaltige Unterschiede zwischen den einzelnen Ländern. In Oldenburg war die Klasse durchschnittlich dreimal so groß wie in Mecklenburg-Strelitz. Über die Gründe können nur Vermutungen angestellt werden. Es kann angenommen werden, daß in bestimmten nicht-industrialisierten Gegenden die Nachfrage nach mittleren Ausbildung noch nicht sehr angewachsen war, allerdings kann auch nicht ausgeschlossen werden, daß die hohen Klassengrößen auch auf der Tatsache beruhten, daß zu wenig Finanzmittel zur Verfügung standen.

Tabelle 2.24

Klassengrößen des Jahres 1922 für das Mittlere Schulwesen für verschiedene Länder

Land	Schüler	Klassen	Klassengröße
Mecklenburg-Strelitz	267	19	14,05
Walbeck	210	14	15,00
Lippe	550	32	17,19
Bayern	5154	255	20,21
Mecklenburg-Schwerin	9604	447	21,49
Thüringen	5061	205	24,69
Preußen	276875	10708	25,86
Baden	4390	169	25,98
Hamburg	2124	78	27,23
Braunschweig	2956	90	32,84
Anhalt	6249	190	32,89
Lübeck	4395	128	34,34
Hessen	3315	91	36,43
Württemberg	6845	187	36,60
Oldenburg	1359	33	41,18
Gesamt	329354	12646	26,04

Legende: In der Originaltabelle befindet sich ein Fehler für Hessen, er wurde korrigiert; Tabelle sortiert nach Klassengröße (eigene Berechnungen). Lübeck kam erst 1937 zu Preußen.

Attraktive Verhältnisse herrschten nach wie vor in der privaten mittleren Schule vor. Dazu folgende Statistik.

Tabelle 2.25

Private Mittlere Schulen

Jahr	Klassengröße	Klassen	Schüler
1911	12,6	4049	51017
1921	16,1	4132	66531
1926	14,8	3045	44925
1931	14,3	2105	29999
1932	14,0	2156	30092

Quelle: Statistik des Deutschen Reiches, Band 487 (und eigene Berechnungen)

Auch für das private mittlere Schulwesen ist ein Sinken der Schülerzahlen zu verzeichnen. Die Klassengrößen waren ca. nur halb so groß wie die des öffentlichen Schulsystems.

Eine ähnliche Veränderung wie bei den höheren Knabenanstalten liegt auch für die Mädchenanstalten vor, die Klassengrößen sind mit jenen der Knabenanstalten vergleichbar.

Tabelle 2.26
Höhere öffentliche und private Mädchenanstalten

Jahr	Klassengröße	Klassen	Schülerinnen
1926			249032
1931	28,3	8753	247862

Quelle: Statistik des Deutschen Reiches, Band 438

c) Das Volksschulwesen

Die Veränderung der Statistiken für die Volksschule kann für die drei Erhebungsjahre in der nächsten Tabelle entnommen werden. Es zeigt sich, daß die Schülerzahlen im Gegensatz zum mittleren und höheren Schulwesen zu Beginn der Dreißiger Jahre wieder zunehmen. Die Klassengrößen veränderten sich nahezu parallel zu den Schülerzahlen. Gegenüber der Endsituation im Kaiserreich ist eine durchschnittliche Verringerung der Klassengrößen zu beobachten. Die Durchschnittswerte fielen unter 50, ja seit der zweiten Hälfte der Zwanziger Jahre sogar unter die von Tews angegebene "Idealzahl" von 40.

Die neue politische Zusammensetzung der Parlamente und Stadtverordnetenversammlungen sowie die Verpflichtung der Weimarer Republik zur Sozialstaatlichkeit verfehlten offensichtlich ihre Wirkung nicht.[42] Allerdings zeigt sich an der Tabelle auch, daß die Veränderung der Anzahl der Schüler/-innen zusätzlich durch den Geburtenrückgang zu erklären ist (ZYMEK, 1989, S. 176f). Dies führte auch zu einem Rückgang der Anzahl der Klassen.

Tabelle 2. 27
Die Öffentliche Volksschulen

Jahr	Klassengröße	Klassen	Schüler
1921	42,9	207185	8894486
1926	35,3	188708	6661794
1931	38,8	195456	7590073

Quelle: Statistik des Deutschen Reiches, Band 438 (und eigene Berechnungen; vgl. Petzina et al., 1978, S. 163)

42) Den Begriff Sozialstaatlichkeit gab es damals natürlich noch nicht.

Tabelle 2.28
Klassengrößen 1919 bis 1931 für die öffentlichen Volksschulen für Hessen-Nassau, Rheinprovinz und Pfalz (freundlicherweise zusammengestellt vom Stat. Landesamt Rheinland-Pfalz)

Jahr	Hessen-Nassau	Rheinprovinz	Pfalz
1919			52,2
1921*	42,1	48,8	
1926*	36,7	40,9	
1928*			37,5
1931*	39,4	44,1	
1931			44,3
1934			47,8

Legende: * bedeutet: Volksschulen mit Hilfsschulen mit den Lernziel der Volksschule

Die Aufstellung weist regionale Unterschiede auf, wenngleich diese sich in einem gewissen Rahmen hielten (+-10). Deutlich ist der Einschnitt erkennbar, der in der großen Wirtschaftskrise die Klassengröße anschwellen ließ. Der Abstand zu den mittleren und erst recht zu den höheren Schulen ist nicht zu übersehen.

Um zu zeigen, wie die Klassengrößen gestreut vorlagen, soll im folgenden die Verteilung der Klassengrößengruppen für das Jahr 1931 gezeigt werden.

Tabelle 2.29
Klassengrößengruppen im Jahr 1931 (Band 438, S. 88ff)

Größengruppen	- 30	31-40	41-50	51-60	61-70	+ 70
Deutsches Reich	41766	63924	55201	22862	5927	1348
Öffentliche Schulen	40828	63590	55035	22828	5922	1348
Privatschulen mit Anerkennung	227	107	59	17	2	0
Sonstige Privatschulen	711	227	107	17	3	0

Quelle: Statistik des Deutschen Reiches, Band 438

Betrachtet man in der vorstehenden Tabelle insbesondere die Extremgruppen, dann muß man feststellen, daß es gegen Ende der Weimarer Republik in den öffentlichen Schulen noch viele Klassen mit mehr als 70 Schülern gab. Allerdings darf nicht übersehen werden, daß auch eine verhältnismäßig große Anzahl von Klassen mit unter 30 Schülern existierte. Die Lage der Privatschulen war zu diesem Zeitpunkt im Vergleich zum öffentlichen Schulsystem sehr günstig: Klassen mit über 60 Schülern waren eher die Ausnahme.

Die Volksschulen hatten noch zwei Arten von Klassen, die dem normalen Lehrplan nicht entsprachen, die Hilfsschulklassen (s.u.) und die sog. Aufbauklassen, die über den Volksschulabschluß hinausführen sollten. Gehobene oder Aufbauklassen wurden auf die 7. oder 8. Klasse der Volksschule aufgesetzt und gingen in ihrem Lehrplan über das Bildungsziel der Volksschule hinaus. Diese Klassen hatten in den öffentlichen Volksschulen eine durchschnittliche Klassengröße von 27,4, in den privaten von 19,5, also ist hier eine kleinere Klassengröße gegenüber den normalen Volksschulklassen zu verzeichnen, und es fällt auf, daß wieder die Privatschulen kleinere Klassen hatten (Quelle: Statistik des Deutschen Reiches, Band 438)

d) Das Sonderschulwesen

Hilfsschulen waren entweder eigenständige Schulen, oder es gab Hilfsschulklassen an Volksschulen (s.o.)

Tabelle 2.30
Die Hilfsschulklassen

Jahr	Klassengröße	Klassen	Schüler
1931	19,9	3400	67.723
1931	20,6	977	20.106

Legende: a=Hilfsschule, B=Hilfsklassen an Volksschulen

Quelle: Statistik des Deutschen Reiches, Band 438

Die Klassengrößen lagen bei den Klassen in Hilfsschulen und bei den Hilfsklassen an Volksschulen nahezu identisch bei 20 Schülern pro Klasse.

Anhand dieser Tabelle kann gezeigt werden, daß das Privatschulsystem nicht die Vorteile aufwies wie für andere Schularten: Die Klassengrößen lagen fast gleich. Zwischen den einzelnen Schultypen gibt es konzeptuelle Unterschiede, die sowohl im Privatschul- als auch für das öffentliche System beobachtet werden können.

Tabelle 2.31
Klassengrößen in "Schulen für besondere pädagogische Zwecke" im Deutschen Reich 1931/32 (öffentlich und privat)

Art der Anstalt	Klassengröße	Klassen	Schüler
öff. Blindenanstalten	9,6	120	1159
priv. Blindenanstalten	11,2	10	112
öff. Taubstummenanst.	9,4	552	5172
priv. Taubstummenanst.	9,5	101	963
öff. Fürsorgeerziehungsanst.	21,5	136	2918
priv.ate Fürsorge-erziehungsanst.	22,4	568	12773
öff. Anst. für körperl. und geistig zurückgebl. Kinder	14,1	169	2384
priv. Anst. für körperl. und geistig zurückgebl. Kinder	14,8	316	4688

Quelle: Statistik des Deutschen Reiches, Band 438

Auch für diese Schultypen zeigen sich wieder die starken Unterschiede zwischen den Regionen. Als Beispiel zum Abschluß seien wieder die beiden Provinzen Hessen-Nassau und die Rheinprovinz angeführt.

Tabelle 2.32
Klassengrößen für das Hilfsschulwesen in Hessen-Nassau und der Rheinprovinz 1931

	Hessen-Nassau	Rhein-provinz
Schulen in Blindenanstalten:	8,0	11,2
Schulen in Taubstummenanstalten:	9,6	9,9
Schulen in Rettungshäusern/Fürsorgeerziehung:	17,3	28,7
Schulen in Anstalten für geistig und körperlich zurückgebliebene:	23,0	15,6

Quelle: Preußische Statistik, Band 176: Das gesamte niedere Schulwesen im Jahre 1901

Die Klassengrößen fallen nicht besonders aus dem Rahmen, mit Ausnahme der Schulen in Rettungshäusern etc. in der Rheinprovinz.

2.4.5 Die Finanzierung

Wie bereits betont, wurden die Schulen durch Reich, Länder und Gemeinden finanziert. Am 14.2.1924 allerdings entzog sich das Reich durch die Dritte Steuernotverordnung dieser seiner Pflicht, was zwangsläufig die Finanzierung des Schulsystems schwieriger machte (SCHWARTZ, 1931, Band 4, S. 471), zumal seit 1919 auch das Schulgeld in einzelnen Ländern aufgehoben worden war (z.B. im Preußischen Schulbedarfsgesetz vom 14.8.1919) (KAHLERT, 1978, S. 98).

Der deutsche Städtetag schlug 1921 als Ergebnis einer gemeinsamen Sitzung von Schul- und Finanzausschuß folgende Einsparungsmöglichkeiten u.a. vor:

- Verschärfung der Auslese an den höheren Schulen
- Zurückhaltung bei Schulversuchen
- Vergrößerung der Klassenzimmer bei Neubauten
- Heraufsetzung der Klassengrößen
- Steigerung des Arbeitsmaßes der Lehrer (KAHLERT, o.J., S. 8f)

Auch wenn es sich "nur" um Vorschläge handelte: Es ist erkennbar, daß die Klassengrößen während der Weimarer Republik zur Diskussion standen, wenn es um die Bewältigung von Krisensituationen ging.

Auch in der Weimarer Republik konnte man eine klare Differenz in den Finanzierungsmöglichkeiten zwischen Stadt- und Landgemeinden so wie schon im 19. Jahrhundert beobachten. So berichtet KAHLERT (o.J., S. 11), daß die fünf größten Städte in Baden etwa 20% aller Volksschullehrer als sog. übergesetzliche Lehrer aus eigenen Mitteln besolden konnten, was den Landgemeinden nie möglich gewesen wäre.

Angaben über die Zusammenhänge zwischen Erziehungssystem und Finanzwirtschaft gibt es erstaunlicherweise sehr selten. Eine Ausnahme ist die präzise Arbeit von KAHLERT (o.J.), der die Auswirkungen der Weltwirtschaftskrise auf das Schulsystem beschrieben hat. Üblicherweise wird der Beginn der Weltwirtschaftskrise auf das Jahr 1929 datiert. Und obwohl sich die rückläufige Konjunktur bereits 1928 bemerkbar machte, schlug sie auf dem Bildungssektor erst 1930 durch: Die Budgets stiegen 1929 noch an, stagnierten 1930 und begannen 1931 zu sinken. Selbst das Jahr 1929 muß noch als Aufbauperiode für das Bildungssystem betrachtet werden. Beispiele dafür sind das Studienratsgleichstellungsgesetz vom 20.5.1929, die Planung, im Frühjahr 1933 sieben neue pädagogische Akademien einzurichten und die Klassengrößen in der Unterstufe höherer Schulen zu senken (KAHLERT, o.J; Centralblatt, 1929, S. 142, 239, 314, 354).

Den Einbruch der Weltwirtschaftskrise in der langfristigen Veränderung der Ausgaben für Schulen und Hochschulen machen folgende Zahlenangaben deutlich.

Abbildung 2.6
Ausgaben für Schulen und Hochschulen 1871 - 1937 (nach Kahlert, 1978, S. 87; in Mio.)

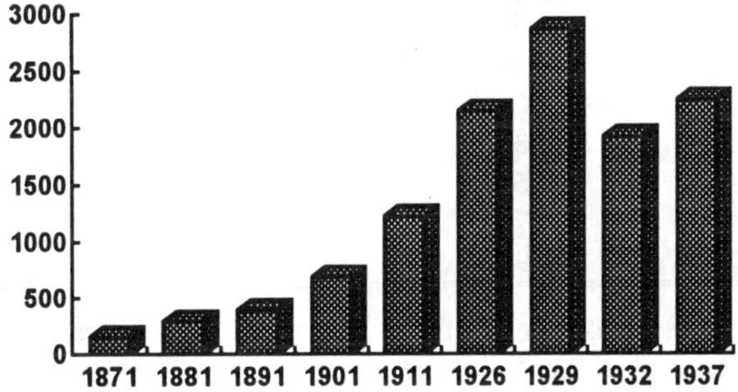

Das Bildungsbudget erreichte 1929 sein Maximum (185 Mark pro Schüler, bereinigt) und fiel danach drastisch ab (1932: 150 Mark pro Schüler) (KAHLERT, 1978, S. 95).

Den Folgen der Weltwirtschaftskrise suchte man im weiteren wie folgt zu begegnen:

- Frühpensionierung von Lehrern
- Erhöhung der Pflichtstundenzahl pro Lehrer
- Erhöhung der Klassengrößen
- Kürzung der Stundentafeln
- Einstellung von Hilfslehrern anstelle von Lehrern (KAHLERT, 1978, S. 95f).

Die Erste Notverordnung vom 1.12.1930 sah ausdrücklich eine Festschreibung künftiger Haushalte am Plafond des Jahres 1931 vor. Für das Bildungswesen kamen beträchtliche Schulgelderhöhungen, in der zweiten Phase (1931-1933) drastische Ausgabenkürzungen zur Geltung. KAHLERT (o.J., S. 13f) berichtet, daß die Schulgelderhöhungen bei den Pädagogen und Bildungspolitikern selten auf entschiedenen Widerstand gestoßen seien, weil das Schulgeld unterschwellig als Steuerungsmittel dazu benutzt wurde, den Zustrom zur höheren Schule einzudämmen.

Die Gesamtausgaben in Reichsmark im Deutschen Reich (Reich, Länder, Gemeinden und Gemeindeverbände) sind in Tab. 2.33 enthalten.

Tabelle 2.33
Gesamtausgaben im Deutschen Reich (in Mio. Reichsmark)

Jahr	Volks- und Fortbildungsschulen	Mittlere und höhere Schulen	Schulen insgesamt
1925/26	1238	437	1798
1926/27	1394	478	1918
1928/29	1661	606	2380
1929/30	1781	608	2562
1939/31	1651	576	2390
1931/32	1372	485	1988
1932/33	1190	408	1704

Es zeigt sich, daß die höheren Schulen die meisten Ausgaben "schluckten", besonders im Vergleich zum "Stiefkind" Mittleres Schulwesen. Auch an dieser Tabelle werden die Auswirkungen der Wirtschaftskrise deutlich, und zwar bei allen hier aufgelisteten Schularten.

In ihrem Referentenmaterial vom Jahre 1931 betonte die SPD die Ungleichgewichtigkeit der Kürzungen: Die Universität sei vom Abbau überhaupt nicht betroffen worden. Bei den höheren Schulen betrügen die Etat-Kürzungen nur ein halbes Prozent. Obwohl die Schülerzahl gegenüber 1925 um über 4.500 gesunken sei, dementsprechend 250 Lehrerstellen sich hätten einsparen lassen, seien nur 50 Lehrerstellen abgebaut worden. Bei den Volksschulen dagegen ist die Schülerzahl zum gleichen Zeitpunkt um 11.000 gestiegen, hier würden aber 300 Lehrerstellen abgebaut werden, indem die Pflichtstundenzahl der Lehrer und die Schülerzahl der Klassen entsprechend erhöht worden sei (auf 32 Stunden und 48 Kinder). Die Ersparnisse betrügen hier 3 bis 4%. Am schlimmsten sei es der Berufsschule ergangen ... Hier habe man sich nicht mit der Erhöhung der Pflichtstundenzahl der Lehrer und der Klassenfrequenz begnügt, sondern auch die Wochenstundenzahl der Schüler von 8 auf 6 und für ungelernte um 4 Stunden herabgesetzt" (SCHNORBACH, 1983, S. 51).

Durch die Notverordnungspolitik wurden bis Ende 1931 Gehaltskürzungen für die Lehrerschaft zwischen 20 und 30% durchgeführt. Allein in Preußen wurden 1931 über 7.200 Schulstellen eingezogen. Durch Heraufsetzen der Klassenmeßzahl auf 60 Kinder für eine Planstelle wurden weitere Stellen eingespart (Erlaß des preußischen Kultusministeriums vom 30.9.1931; im Zentralblatt 1931, Nr. 8). Die Schulverwaltung der Länder und Gemeinden wollten dadurch die Kosten in Anbetracht ihrer schlechten Finanzlage massiv senken. Da half auch nicht die offensive Forderung der systemoppositionell eingestellten KPD, die 1931 einen Antrag in den Preußischen Landtag einbrachte, bei dem die Klassenmeßzahlen auf höchstens 30 Kindern in der Grundschule und 24 Kindern in den oberen Klassen gefordert wurden (HOHENDORF, 1954, S. 183).

Das preußische Kultusministerium hat über das Centralblatt für die gesamte Unterrichtsverwaltung in Preußen (1931) darauf hingewiesen, daß die Erlasse zur Maximalgröße von Klassen aus den Sparjahren 1922/23 noch Gültigkeit besäßen, zudem wurde in Einzelfällen die Schülerhöchstzahl je Klasse heraufgesetzt. Diese Verordnung stammte vom 26.2.1931. Am 30.9 desselben Jahres wurden sämtliche Bestimmungen über die Besetzung von Schulklassen und Klassenbesuchszahlen aufgehoben, womit man versuchte, Konsequenzen aus der Wirtschafts- und Finanzkrise zu ziehen.

Die Verschlechterung der Finanzlage führte dazu, daß selbst in zentralen Fächern wie Deutsch und Rechnen Abstriche von den Lehrplanrichtlinien hingenommen werden mußten, zudem sind die Klassenfrequenzen erhöht und die Stundentafeln gekürzt worden (KAHLERT, o.J., S. 20).

2.4.6 Fazit Weimar

Die für unseren Zusammenhang entscheidende Frage, ob und inwieweit während der Weimarer Republik im Vergleich zum Deutschen Kaiserreich wirklich die Klassengrößen eine Senkung erfuhren, ist nicht so einfach zu beantworten, weil es sehr darauf ankommt, welche Jahre man zum Vergleich heranzieht.

NOHL & PALLAT gehen zumindest von entsprechenden Anstrengungen der Länder und Gemeinden aus: "Innere Reformen setzen gewisse äußere Bedingungen voraus. In Erkenntnis dieses Zusammenhanges haben Länder und Gemeinden trotz der schwierigen wirtschaftlichen Lage mit Erfolg darauf hingearbeitet, daß die Schülerzahlen in den einzelnen Klassen gesenkt wurden, um die erzieherische Arbeit zu erleichtern" (NOHL & PALLAT, 1933, Band 4, S. 299). Diese Aussage bezieht sich auf Durchschnittswerte, so daß nicht geklärt ist, inwieweit die Streuung ab- oder sogar zugenommen hat.

Fest steht jedenfalls, daß die große Wirtschaftskrise eine Rückentwicklung bedeutete. Partiell müssen die Klassengrößen wieder so angestiegen sein, daß diese den Stand vor 1914 erreichten.

Die Senkung der Klassengröße ist jedoch vor allem auf das Ineinandergreifen zweier Faktoren zurückzuführen: auf den Geburtenrückgang (ZYMEK, 1989, S. 176f), der seit der Jahrhundertwende mit steigender Tendenz zu beobachten ist, und auf das Sozialstaatsprinzip, das die Weimarer Republik trotz der Wirtschafts- und Finanzkrise zumindest zeitweise zu verwirklichen trachtete.

Zu einem eindeutigen Rückschritt kam es nach 1930. Auch im Hinblick auf Klassenmeßzahlen und die Arbeitslosigkeit der Junglehrer[43], die Verminderung der Gesamtausgaben für Schulen, die Herabsetzung der Wochenstundenzahl der Schüler, die Schließung Pädagogischer Akademien, die Erhöhung der Pflichtstundenzahl der Lehrkräfte und die Kürzung der Besoldungen (vgl. z.B. KAHLERT, 1978) - ein Faustschlag ins Gesicht der vielen Reformpädagogen und -pädagoginnen. Waren sie es doch, die in jenen Jahren auf die neue Republik große Hoffnungen setzten und für weitreichende Änderungen in der Schulwirklichkeit eintraten.

Allerdings, das muß wiederholt werden, gab es auch Umsetzungsschwierigkeiten, wenn es um die Realisierung der großen reformpädagogischen Ideen ging, wie auch Moog betont: "Das öffentliche Schulwesen konnte in seiner Organisation die Gedanken der Schulreformbewegung nicht einfach aufnehmen, da das eine völlige Umwälzung bedeutet hätte" (MOOG, 1967, S. 489). So blieb die Schule, trotz vielversprechender reformerischer Ansätze, während der ganzen Weimarer Republik in einer krisenhaften Situation (vgl. dazu die Meinung von SCHOLTZ, 1973, S. 16), was sich auch auf die Klassengröße auswirken mußte. Es bestand eine Diskrepanz zwischen reformpädagogischem Anspruch und schulischer Wirklichkeit. Die Forderung

---

43) "Ein besonderes Problem war die seit Mitte der zwanziger Jahre immer mehr verschärfende sog. 'Junglehrer-Not', die öfters vom Reichstag aufgegriffen wurde. Schon vor Beginn der Wirtschaftskrise wartete allein in Preußen die ungewöhnlich hohe Zahl von 29000 Lehrern auf Anstellung... Für eine Schulreform (Herabsetzung der Klassenfrequenzen etc.) hätten also genügend Lehrer zur Verfügung gestanden" (Führ, 1972, S. 59).

der Reformpädagogik nach einer "Pädagogisierung der Schule" und auch der Gesellschaft konnte nicht eingelöst werden (TENORTH, 1988, S. 206ff).

Glaubt man der Literatur, so hatte in der Weimarer Republik das von der sog. kleinen Koalition (Zentrum, Deutschen Demokratische Partei und SPD) geführte Land Preußen eine gewissen Vorreiterrolle in der Schulpolitik inne. WILHELM faßt die Veränderung für Preußen wie folgt zusammen: "Preußen hatte als das weitaus größte Land durch sein schritt- und stufenweises Reformwerk, das sich fast über das ganze Jahrzehnt erstreckte, teils unmittelbar die Richtung gewiesen, teils mittelbar zur fortlaufenden Auseinandersetzung genötigt. Es ist bereits 1921 mit eigenen Richtlinien für die Grundschule vorangegangen und hat von 1922 bis 1929 fast alle Bereiche der Schul- und Hochschulbildung mit neuem Geist durchdrungen" (1987, S. 196).

2.5 Die Zeit von 1933 bis 1945

2.5.1 Allgemeine Bildungspolitik

Der Aufbau des Schulwesens im Dritten Reich ist bei NYSSEN (1979, S. 131) und durch mehrere Graphiken sehr anschaulich beschrieben. Hier sollen nur die wichtigsten Grundzüge charakterisiert werden.

Die Schule im Nationalsozialismus unterlag einer NS-spezifischen (aus heutiger Sicht widersprüchlichen) Prägung: die Kinder sollten in die nationalsozialistische Gesellschaft, die durch irrationale und inhumane Zielsetzungen definiert war, integriert werden. (So wurde schon 1933 das Fach Vererbungslehre und Rassenkunde verfügt, das "Horst-Wessel-Lied" war an den Schulen zu singen.) Gleichzeitig blieb in gewisser Weise die traditionelle Aufgabe der Schule erhalten, die sich auf die Vermittlung von Wissen und Fertigkeiten bezog.

Theoretische Grundlagen für die Schulpolitik ergaben sich in der NS-Zeit durch die auch in anderen Lebensbereichen immer mehr dominierende Ideologie. Man könnte mit Vorsicht die Arbeiten von Ernst Krieck als Grundlage der Pädagogik heranziehen.

Schule diente eher der Umerziehung als der Erziehung, geleitet vom Machtpragmatismus des Systems. Reformpädagogische Gedanken wurden völlig unterdrückt, wenn auch gegen Ende des Krieges, insbesondere in den KLV-Lagern (wie SCHOLTZ (1985, S. 163) herausarbeitet), durch die älteren Lehrer wieder reformpädagogische Gedanken auftauchten.

1930 versprach die NSDAP noch, die höheren Schulen abzuschaffen, eine achtjährige Grundschule einzurichten und das Konkordat aufzuheben (ZENTNER & BEDÜRFTIG, 1985, S. 522). All diese Maßnahmen wurden aber 1933 aufgeschoben und am Ende gar nicht durchgeführt.

Im nationalsozialistischen Staat wurde die Mehrzahl der Gymnasien, Realgymnasien, Oberrealschulen und Reformanstalten zu einem Schultyp zusammengelegt, der als *Oberschule für Jungen* bezeichnet worden ist (KRAUL, 1984, S. 169; MÜLLER & ZYMEK, 1978, S. 65). Allerdings blieb das eher klassisch-humanistische Gymnasium daneben bestehen, wenn auch in stark reduzierter Anzahl. Hier wirkte sich voll und ganz der diktoriale Zentralismus nationalsozialistischer Prägung aus.

Die Zeit des Dritten Reiches unterscheidet sich in einem wesentlichen Punkt von den anderen historischen Abschnitten: Die Kulturhoheit lag nicht bei den Ländern, sondern beim Reich. Durch die Errichtung des "Reichsministeriums für Wissenschaft, Erziehung und Volksbildung" (RMfWEuV) 1934 wurden die organisatorischen und personellen Grundlagen zur Schaffung einer reichseinheitlichen Schulorganisation gesetzt (RGBl., 1934 I, S. 365). Ab 1934 begann die nationalsozialistische Kultusbürokratie die konfessionellen Volksschulen gegen den Widerstand vieler Eltern in "christliche Gemeinschaftsschulen" umzuwandeln (vgl. z.B. DOLL, 1983, S. 218); 1941 waren alle Bekenntnisschulen zu Gemeinschaftsschulen geworden (NEUHÄUSLER, 1946, I, S. 100). Auch das Privatschulwesen wurde beseitigt (vgl. EILERS, 1963, S. 92ff). Durch diese "Gleichschaltungs"-maßnahmen konnte der ideologische Einfluß auf alle Schulkinder intensiviert werden, zumal auch die in der Weimarer Zeit eingeführten Elternbeiräte "ersatzlos" gestrichen wurden.

Wichtig für die Frage der Klassengrößen war auch das "Gesetz gegen die Überfüllung der deutschen Schulen und Hochschulen". Es zielte auf die Senkung der Abiturienten- und Studentenzahlen, wobei besonders die jüdischen Schüler und Studenten sowie die Frauen (10%-Regelung) betroffen waren (HAUPT, 1933; STEIN & ROELL, 1988, S. 8)[44]. Es beschränkte die

44) Dennoch waren gegen Kriegsende mehr Studentinnen immatrikuliert als je zuvor (Zentner & Bedürftig, 1985, S. 523). Die Mädchenschulen wurden übrigens aufgewertet durch die Berechtigung zum Abitur.

Zahl jüdischer Schüler und Studenten an jeder Schule auf 5%, die Neuzugänge auf 1,5%. Damit war die Ausgrenzung der Juden eingeleitet. Das Reichsbürgergesetz vom 15.9.1935 (RGBl, 1935, S. 1146) bestätigte und legitimierte die Ausgrenzungsmaßnahme. Der Runderlaß v. 10.9.1935 sah eine "möglichst vollständige Rassentrennung" und die "Einrichtung gesonderter jüdischer Schulen" vor (ADAM, 1979, S. 125f).

Viele Städte und Gemeinden richteten daraufhin solche Schulen und Sonderklassen ein und meldeten ihre Schulen "judenfrei" (EILERS 1963, S. 99). 1938 wurden schließlich alle Juden vom allgemeinen Schulbesuch "entbunden".[45]

1933 wurden die nationalpolitischen Erziehungsanstalten (offizielle Abkürzung: NPEA, im Volksmund: Napola) eingerichtet, deren Lehrer-Schüler-Verhältnis verglichen mit den anderen Schulen günstiger war (ORLOW, 1965; SCHOLTZ, 1973, S. 151).

Außerdem gab es noch ab 1937 sog. Adolf-Hitler-Schulen als Einrichtung der NSDAP, speziell der HJ gegründet. Es handelte sich dabei um 6jährige Internats-Eliteschulen, in der nur auserlesene Jungen im Alter von 12 Jahren aufgenommen wurden. Diese Schulen unterstanden nicht der staatlichen Schulaufsicht. Nach Abschluß der Schule besuchten die Schüler die NS-Ordensburgen.

1936 wurde neben der Schulpflicht die Jugendverbandspflicht in dem "Gesetz über die Hitlerjugend" installiert. Dies führte zu einer Mehrfachbelastung der Jugend und natürlich zu einer zusätzlichen zeitlichen Belastung der Kinder und Jugendlichen, die sich auf die Schulleistung auswirken mußte. So war auch beispielsweise am Samstag für Angehörige der HJ schulfrei, aber die Jugendlichen mußten an den Veranstaltungen der HJ teilnehmen (NYSSEN, 1979, S. 35).

---

45) In diesem Jahr wurde auch die Deutschen Erziehergemeinschaft (DEG) gegründet. 48 Lehrerverbände traten dieser DEG bei, die Hitler blinde Gefolgschaft versprach (Schnorbach, 1983, S.74).

2.5.2 Gesetze und Verordnungen

a) Das Höhere Schulwesen

Die Klassenmeßzahlen 1933 waren wie folgt festgelegt: "Die Höchstbesuchszahlen (Klassenstärke) in Preußen sind für die Unter-, Mittel- und Oberstufenklassen 50, 40 und 30. Aber erst muß eine voraussichtlich dauernde Überschreitung dieser Zahlen um 10% nachgewiesen sein, ehe eine Parallelklasse eingerichtet wird. Neuerdings ist für die Unterstufenklassen die Zahl 55 auf 50 herabgesetzt worden, sofern nicht für die Durchführung wesentliche kostenverursachende bauliche Maßnahmen notwendig werden" (SACHSE, 1933, S. 408).

In den Bestimmungen über Erziehung und Unterricht in der Höheren Schule vom 29.1.1938 sind für das <u>Gymnasium</u> folgenden Klassengrößen festgelegt (BENZE, 1940, S. 39; KLUGER, 1940, S. 86):

- Unterstufe (1. und 2 Klasse) nicht mehr als 40 Schüler
- Mittelstufe (3.-5. Klasse) nicht mehr als 35 Schüler
- Oberstufe (6.-8. Klasse) nicht mehr als 25 Schüler

b) Das Mittlere Schulwesen

Im Erlaß E II d 1005 (a) vom 15.12.1939 (Bestimmungen über Erziehung und Unterricht in der <u>Mittelschule</u>) des Reichsministers für Wissenschaft, Erziehung und Volksbildung Rust werden die Klassenmeßzahlen für die mittlere Schule wie folgt begrenzt: "Die Klassen 1 und 2 sollen nicht mehr als je 40 Schüler (Schülerinnen), die Klassen 3 bis 5 nicht mehr als je 35 Schüler (Schülerinnen) und die Klasse 6 soll nicht mehr als 30 Schüler (Schülerinnen) umfassen." (abgedruckt in: Deutsche Wissenschaft, Erziehung und Volksbildung, 1940, 6, S. 10; und in MASKUS, 1966, S. 126; KLUGER, 1940, S. 87; MAASSEN, 1940, S. 205).

c) Das Volksschulwesen

Für die Volksschule gab es keine neuen Regelungen.

1942 wurde die Hauptschule durch die Richtlinien zu "Erziehung und Unterricht in der Hauptschule" neu geschaffen. Diese neue Schulform ging auf einen Führerbefehl aus dem Jahre 1940 zurück. Die in Österreich und im Sudetenland bewährte Hauptschule sollte auch im Deutschen Reich eingerichtet werden. Sie verfügte über ein Fachlehrsystem und baute auf dem 4. Volksschuljahr auf - bestand also parallel zur Volks- und Mittelschule (s. dazu die Arbeiten von OTTWEILER).

In den Richtlinien zu "Erziehung und Unterricht in der Hauptschule" vom 9. März 1942 (abgedruckt in MAASSEN 1958, S.81f) heißt es: "Zu einer Unterrichtsabteilung im Werken, im Hauswerk und in der Handarbeit sowie im Gartenbau sollen in der Regel nicht mehr als 20 Schüler bzw. Schülerinnen gehören ... Die Klassen 1 und 2 sollen nicht mehr als 40 Schüler (Schülerinnen), die Klassen 3 und 4 nicht mehr als 35 Schüler (Schülerinnen) umfassen."

d) Das Sonderschulwesen

Die Meßzahlen für Hilfsschulen im Erlaß vom 13.5.1935 E II c 857, E II a (SCHÄFER, 1940, S. 186) sahen wie folgt aus:

- 2. und 3. Schuljahr 20 Kinder
- 4. und 5. Schuljahr 20-25 Kinder
- 6.-8. Schuljahr 25 Kinder

e) Besondere Schulformen

Für die NPEA galt (1933-1935): Unterstufe: 36 Schüler, Mittelstufe: 32 Schüler und Oberstufe: 20 Schüler (SCHOLTZ, 1973, S. 72).

Vergleicht man die Regelungen in der NS-Zeit mit denen der Weimarer Zeit, so fällt auf, daß für die Volksschule keine neuen Regelungen erlassen wurden. Die Richtwerte für die Mittleren Schulen wurden um ca. 10 Schüler abgesenkt, die Werte für das höhere Schulwesen blieben bis 1938 konstant, danach erfolgte ebenso eine Senkung.

Zu den weitere Maßnahmen, die das Schulwesen vereinheitlichten, gehörte das Reichsschulpflichtgesetz vom 6. Juli 1938 (RGBl. 1938 I, S. 799). Damals wurde es als das "Schulgrundgesetz des Deutschen Reiches" bezeichnet (KLUGER; 1940, S. 17). Es legte erstmals die Volksschulpflicht reichseinheitlich auf acht Jahre fest (RGBl., 1938 I, S. 799, §4). Auch dadurch sollte "die Erziehung und Unterweisung der deutschen Jugend im Geiste des Nationalsozialismus" vereinheitlicht und gestärkt werden (§1).

Am 16. Mai 1941 wurde ein "Gesetz zur Änderung des Reichsschulpflichtgesetzes" (RGBl., 1941, S. 282) erlassen, das zwei Neuerungen brachte. Für alle Kinder, die im Laufe des Kalenderjahres sechs Jahre alt wurden, begann nun mit dem Anfang des Schuljahres die Schulpflicht (§1, Abs.1).

Neben dem oben schon genannten Aspekt war diese Änderung z.T. kriegsbedingt und stellte den Versuch dar, die Begabungsressourcen des Volkes schneller und besser auszuschöpfen. Die zweite Änderung bestand darin, daß nun alle Kinder zum Besuch der Volksschule verpflichtet waren, wenn sie nicht die Hauptschule oder andere weiterführende Schulen besuchten (§1, Abs.3; RGBl., 1941, S. 282).

Der Krieg wirkte sich auch in anderer Weise auf die Schule aus. Vom verschärften Reichsschulpflichtgesetz und der Einführung der Hauptschule war schon die Rede. Anderes kam hinzu. So wurde z.B. im Juni 1940 ein Erlaß verkündet, daß OKW-Berichte in der Oberstufe der Volksschule zu besprechen seien. Auch wurden Lehrer zum Wehrdienst eingezogen. Diese kennzeichnete man dann mit dem Begriff des Lehrersoldaten.

1942 begann die sog. 'erweiterte Kinderlandverschickung': Kinder aus bombengefährdeten Städten wurden in ländliche Regionen umquartiert und erhielten dort notdürftigen Unterricht. Die Kinderlandverschickung selbst hatte vor dem Krieg das Ziel, in der Stadt lebenden Kindern Erholung auf dem Lande zu ermöglichen.

Am 1.9.1944 wurde der totale Kriegseinsatz verkündet. Dies bedeutete den Einsatz von Lehrern und Schülern des berufbildenden Schulwesens sowie Schülerinnen ab der 8. Klasse des Höheren Schulwesens in der Rüstungsindustrie und den Einsatz der Schüler ab 8. Klasse des Höheren Schulwesens als RAD, Luftwaffenhelfer und Helfer bei Kinderlandverschickung

2.5.3 Statistik

Die Darstellung von Entwicklungsverläufen in der NS-Zeit ist deshalb nicht einfach, weil die Statistik des Deutschen Reiches auch die besetzen bzw. neuen, durch den Krieg enstandenen, Gebiete erfaßte. Aus diesem Grunde versucht die folgende Darstellung, sich nur auf das Reichsgebiet von 1931 zu begrenzen. Einzige Ausnahme ist das Saarland, welches ab 1935 nach Volksabstimmung zum Deutschen Reich gehörte.

Eine andere Schwierigkeit ergibt sich in der Interpretation der Daten. Wenn Klassengrößen zurückgingen, konnte dies durch politische Eingriffe und ideologische Repressalien geschehen sein. (Vor allem ist hier noch einmal auf die Verdrängung oder Ausgrenzung jüdischer Schüler und Schülerinnen hinzuweisen). Der Verringerung der Klassengrößen konnte auch durch Folgen des Geburtenrückgangs, der bis Mitte der 30er Jahre anhielt (ZYMEK, 1979, S. 176f), bedingt gewesen sein. Schließlich hatte auch die Unterdrückung der höheren Mädchenausbildung sowie der Privatschulen Auswirkungen, die aber im einzelnen nachgewiesen werden können.

a) Höhere Schulen

Tabelle 2.34
Die Klassengrößen 1931 bis 1938 nach KOPPELMAN *(1940, S. 148) und* SCHOLTZ *(1985, S. 76)*

Jahr	Höhere Schulen	
	öffentlich	privat
1935	26,2	23,2
1936	26,3	23,5
1937	26,6	23,0
1938	26,0	22,0

Die Klassen in den höheren Schulen waren im Vergleich zu den Volksschulen und mittleren Schulwesen kleiner und blieben bis 1938 ziemlich konstant. Von 1935 bis 1942 liegen auch die Schüler-Lehrer-Relationen vor, deren Werte gering um 15-16 Schüler pro Lehrer schwanken (Statistisches Handbuch von Deutschland). Die Zahl der Schüler stieg von 458 Tsd. (1935) bis 498 Tsd. (1942), davon weiblich 31 Tsd. (1935), 44 Tsd. (1942).

Die höheren Schulen galten nicht als überfüllt, ganz im Gegenteil versuchte die NS-Regierung die Zahl der Absolventen in den höheren Schulen zu steigern, ohne daß dies den Mädchen vor Kriegsbeginn zugute gekommen wäre.

b) Mittlere Schulen

Man kann anhand der Tabelle 2.36 deutlich erkennen, daß die Klassengrößen stetig zugenommen haben. Bis 1935 zeigt sich dieser Trend auch für die privaten mittleren Schulen, wobei deren Klassen im Vergleich zu den öffentlichen Schulen erheblich kleiner waren.

Für Hessen-Nassau und die Rheinprovinz lagen die Klassengrößen 1935 in öffentlichen Mittelschulen bei 33,5 bzw. 30,3, für private Mittelschulen bei 14,6 bzw. 15,1 (Quelle: Statistik des Deutschen Reiches, Band 487: Die Volksschulen und mittleren Schulen in Preußen).

Tabelle 2.35

Klassengrößen, Klassen und Schüler in den öffentlichen und privaten (*) mittleren Schulen

Jahr	Klassengröße	Klassen	Schüler
1934	31,7	5050	159977
1934*	13,8	1864	25781
1935	32,2	5119	165069
1935*	15,0	2024	30497
1936	26,8	8777	235178
1937	28,5	9545	272365
1938	28,5	9500	271200
1939	30,0	9240	277313
1940	33,1	8616	285548
1941	33,1	9211	304816
1942	33,9	10419	353089

Quelle: Statistik des Deutschen Reiches, Band 487; eigene Berechnungen; Statistisches Handbuch von Deutschland 1928-1944: a

b 1936 private und öffentliche Schulen

1940: Reichsgebiet einschl. Reg.-Bez. Kattowitz

1941: wie 1940, ohne Bayern

1942: ohne Bayern, einschl. Österreich und Sudentenland

c) Volksschulen

Tabelle 2.36

Klassengrößen, Klassen und Schüler in den öffentlichen Volksschulen (letzte Spalte: Bände der Statistik des Deutschen Reiches; eigene Berechnungen)

Jahr	Klassengröße	Klassen	Schüler	Band
1934	43,4	114104	4952154	487
1935	43,1	112655	4855958	487
1936	41,0	192616	7892184	506
1937	40,6	191153	7758307	532
1938	40,3	185120	7520642	532
1939	40,3	185891	7486658	545
1940	41,5	196022	8137225	583
1941	41,9	215771	9033784	594
1942	43,3	213030	9215090	601

Aus der Tabelle geht deutlich hervor, daß die Zahl der Schüler und die Zahl der Klassen stetig wuchs. Die Klassengröße hingegen veränderte sich nur geringfügig. Für die NS-Zeit pendelte sich die Klassengröße an den öffentlichen Volksschulen in etwa auf 40 Schüler pro Klasse ein. Anders in den privaten Volksschulen: Die Zahl der Schüler sank in diesen Schulen erheblich, besonders stark nach 1939. Die Klassengröße selbst verringerte sich von 1936 bis 1942 von 25,3 auf 16,7 Schüler pro Klasse, wie aus der folgenden Tabelle deutlich hervorgeht. Diese Veränderung ist sicher auf die Diffamierung der schwer beeinflußbaren Privatschulen zurückzuführen.

Tabelle 2.37
Klassengrößen, Klassen und Schüler in den privaten Volksschulen[46] *(letzte Spalte: Bände der Statistik des Deutschen Reiches; eigene Berechnungen)*

Jahr	Klassengröße	Klassen	Schüler	Band
1936	25,3	1458	36824	506
1937	25,8	1265	32658	520
1938	24,8	995	24662	536
1939	23,7	695	16460	545
1940	19,6	137	2696	583
1941	17,9	131	2351	594
1942	16,7	134	2241	601

d) Hilfsschulen

Die Veränderung der öffentlichen Hilfsschulen ist hinsichtlich der Klassen- und der Schülerzahlenentwicklung, wenn auch mit geringeren Werten, mit der der öffentlichen Volksschule zu vergleichen. Die Klassengrößen stiegen von 1934 bis 1942 von 23,5 auf 24,8 Schüler pro Klasse.

46) Die Werte von 1934/35 fehlen, weil die Hilfsschule und die Volksschule zahlenmäßig zusammen erfaßt wurden.

Tabelle 2.38
Klassengrößen, Klassen und Schüler in den öffentlichen Hilfsschulen (letzte Spalte: Bände der Statistik des Deutschen Reiches; eigene Berechnungen).

Jahr	Klassengröße	Klassen	Schüler	Band
1934	23,5	2278	53433	487
1935	23,5	2221	52402	487
1936	22,9	3126	71516	506
1937	23,1	3161	73044	520
1938	23,8	3190	75795	532
1939	24,8	3902	96591	545
1940	24,5	4213	103094	583
1942	24,8	4334	107417	601

Wie die nächste Tabelle zeigt, waren die privaten Hilfsschulen - ebenso wie die privaten Volksschule (s.o.) - bildungspolitisch nicht erwünscht und wurden deshalb bis 1940 "ausgetrocknet". Bereits 1936 sind nicht einmal mehr tausend Schüler für diesen Schultyp erfaßt. Die Datenbasis ist so schwach, daß eine Interpretation über die Veränderung der Klassengröße nicht sinnvoll erscheint.[47]

Tabelle 2.39
Klassengrößen, Klassen und Schüler in den privaten Hilfsschulen (eigene Berechnungen)

Jahr	Klassengröße	Klassen	Schüler	Band
1936	19,0	51	969	506
1937	22,1	18	398	520
1938	17,2	7	121	536
1939	12,8	6	77	545
1940	15,5	4	62	583

Die folgenden Tabelle aus den bereits häufig herangezogenen Provinzen zeigt deutlich, daß die regionalen Unterschiede in der NS-Zeit, wie sie für die beiden Zeitabschnitte vorher aufgewiesen werden konnten, abgenommen haben. Dies ist ein Indiz für die starke Zentralisierung in der NS-Zeit.

47) Es ist unklar, wie Schäfer (1940, S. 195) zur Ansicht kommen konnte, daß 1936 durchschnittlich nur 10 Kinder die Hilfsschule besuchten.

Tabelle 2.40
Klassengrößen der öffentlichen Volksschulen 1935 bis 1941 für Hessen-Nassau und die Rheinprovinz 1891 bis 1901

	Hessen-Nassau	Rheinprovinz	Pfalz
1935	42,8	45,9	
1937			46,8
1941	42,0	45,4	

Quelle: Statistik des Deutschen Reiches, Band 487: Die Volksschulen und mittleren Schulen in Preußen

Die 1935 in Bayern eingerichteten Hochschulen für Lehrerbildung arbeiteten mit Musterklassen zusammen, deren Größe auf 25 Schüler begrenzt war (OTTWEILER, 1979, S. 204; OTTWEILER, 1983).

Im Krieg veränderte sich das Schüler-Lehrer-Verhältnis allerdings drastisch, wie eine bayerische Statistik zeigt. Demnach kamen 1942/43 auf 68 Volksschüler ein Lehrer, ein Jahr später nahm die Anzahl noch weiter zu. Im Schuljahr 1942/43 mußte ein Lehrer durchschnittlich 80 Schüler betreuen (OTTWEILER, 1979, S.130; s.a. Arbeitsgruppe Pädagogisches Museum, 1983).

d) Sonderschulen

Für die Jahre 1938 und 1942 liegen Zahlen für die unterschiedlichen Sonderschulen vor (Tab. 2.41).

Aus der Tabelle ist ersichtlich, daß die Klassengrößen in diesen vier Jahren ziemlich konstant geblieben waren. Die absoluten Werte lagen in etwa in dem bisher beobachteten Bereich. Die Art der Förderung selbst ist allerdings nicht direkt vergleichbar, da sich vermutlich die Auslese für die unterschiedlichen Förderklassen verändert hatte, auch gab es neue Typen von Förderungen (z.B. die Klassen für Knochen- und Gelenkschwache Schüler).

Tabelle 2.41

Klassengrößen, Klassen und Schüler in den öffentlichen Sonderschulen[48]

Schultyp	1938		
	Klassengröße	Klassen	Schüler
Förderklassen	25,5	427	10880
Abschlußklassen	34,0	37	1259
Sprachheilklassen	20,1	129	2595
Schwerhörigenklassen	14,8	87	1287
Sehschwachenklassen	16,1	28	451
Sprachklassen f. Begabte	35,5	16	568
Knochen- u. Gelenkschwache			
Schultyp	**1942**		
	Klassengröße	Klassen	Schüler
Förderklassen			
Abschlußklassen			
Sprachheilklassen	20,2	93	1874
Schwerhörigenklassen	17,7	67	1184
Sehschwachenklassen	16,1	33	532
Sprachklassen f. Begabte			
Knochen- u. Gelenkschwache	46,8	4	187

Quellen: Statistik des Deutschen Reiches Bände 532 und 601; eigene Berechnungen

2.5.4 Finanzierung

Bezüglich der Finanzierungsfrage ergaben sich nur wenige Hinweise. Man kann allerdings behaupten, daß der wirtschaftliche Aufschwung nach 1933 sich im Hinblick auf das Bildungswesen nicht positiv bemerkbar machte (1936: 155 Mark pro Schüler; KAHLERT, 1978, S. 95).

Im Preußischen Volksschulfinanzgesetz vom 2.12.1936 wurde festgelegt, daß den Gemeinden die Errichtung und Unterhaltung der öffentlichen Volksschulen obliegt. Der Staat beteiligte sich an den Kosten (Personal- und

48) Für 1942 sind die Schwerhörigen- und Sprachheilklassen zusammen ausgewiesen.

Baukosten) und gewährte leistungsschwachen Gemeinden einen Zuschuß (KLUGER, 1944, S. 429).

Für die Berechnung des Staatsbeitrages und des Beschulungsgeldes wurde in Preußen die Zahl 60 Schüler pro Lehrer zugrundegelegt. Handelte es sich um Einziehung von Stellen, so galt die Zahl 50 (SACHSE, 1933, S. 423).

2.6 Zusammenfassung

Die historische Analyse zeigte, daß das Problem der Klassengröße offensichtlich so alt ist, wie es schulische Einrichtungen gegeben hat. Wie ansatzweise dargelegt werden konnte, gab es im Mittelalter und in der frühen Neuzeit immer wieder Empfehlungen darüber, wie groß denn eine Klasse oder Schülergruppe sein sollte, um gute Lernerfolge zu erzielen.

Die Pädagogik hat für den diskutierten Zeitraum theoretisch wenig zur Frage der Klassengröße beigetragen. Dies liegt sicher daran, daß pädagogische Reformvorschläge an anderen, auch grundsätzlicheren Punkten ansetzen. Ein direkter Bezug von Reformpädagogik zur Klassengröße wäre etwas weit hergeholt. Dennoch wurde auch an dieser Frage deutlich, wie wenig die Reformpädagogik (im weitesten Sinne) durchsetzungsfähig war. Flitner hat dies sehr schön ausgedrückt: "Warum die Ideen von freiheitlicher, vernünftiger Erziehung, wie von diesen Klassikern gedankenreich entwickelt, nicht eigentlich stilbildend wurden, warum sie vom Geist der Karlsbader Beschlüsse, der Stiehlschen Regulative, der Kadetten- und Korps-Erziehung, des Industrialismus und schließlich des blinden Führer-Gehorsams übermannt wurden, warum auch der reformpädagogische Aufbruch des frühen 20. Jahrhunderts sich nicht durchzusetzen vermochte - das scheinen mir die großen historischen Fragen zu sein, die der weiteren Klärung bedürfen" (FLITNER, 1989, S. 45).

Ein qualitativer Sprung ist im 19. Jahrhundert festzustellen, und zwar im Zuge der wachsenden Verantwortung, die der Staat für die schulische Bildung übernahm. Verordnungen und Richtlinien zeugen von einer immer stärker werdenden Integration der Schule in den allgemeinen Gesetzesapparat. Dies gilt auch für die Festlegung von Klassengrößen. Auffallend ist dabei jedoch die Tatsache, daß zwischen den Richtwerten und der schulischen Wirklichkeit große Diskrepanzen bestanden. Dies zeigt, daß die Nicht-Einhaltung von Richtlinien, so auch im Falle der Klassengrößen, häufig keine Konsequenzen nach sich zog.

Die Institutionalisierung der Schule führte zu zwei für die Veränderung der Klassengröße relevanten Einschnitt: nämlich zur Einführung der Jahrgangsklasse und damit zur Abschaffung des Fachklassensystems. Die Ersetzung der alten Gruppierungsart nach der individuellen Leistung durch die Gruppierungsart nach der Jahrgangszugehörigkeit erhöhte entscheidend den Stellenwert der schulischen Komponente Klassengröße.

Nachdem der Staat sich im 19. Jahrhundert immer mehr der Schulverfassung angenommen hatte, wurden auch Bestimmungen hinsichtlich der Klassengröße erlassen. Dabei handelte es sich meist um Maximalgrenzen. Im Unterschied aber zur heutigen Zeit konnten damals diese Grenzen überschritten werden, ohne daß dies zu Konsequenzen wie Klassenteilung oder Einstellung neuer Lehrer geführt hätte.

Generell wichtig - insbesondere für den Vergleich mit der Bundesrepublik (s. Kap. 3) - ist die Erkenntnis, daß die Richtvorgaben keineswegs als Klassenteiler zu verstehen waren. Es gab viele Klassen, die den Richtwert z.T. stark überschritten hatten. Dies mündete schließlich in die sog. Überfüllungdiskussion, die - obwohl auch für die Volksschulen zutreffend - besonders für die Höheren Schulen geführt wurde.

Die tatsächlichen Klassengrößen hingen von verschiedenen Faktoren ab. Auffallend häufig fand man kleinere Klassen in Privatschulen. So nimmt es nicht wunder, daß historisch gesehen die Privatschulen gerade für die wohlhabenderen Schichten - neben anderen Gründen - immer attraktiv geblieben sind.

Außerdem hingen die Klassengrößen auch von den finanziellen Möglichkeiten des Landes bzw. der Stadt ab. Obwohl direkte Relationen zwischen wirtschaftlichem Wohlstand und Klassengröße nicht nachweisbar sind, kann doch davon ausgegangen werden, daß in ökonomisch bzw. finanziell schwächeren Gebiete die Schüler-Lehrer-Relationen tendenziell ungünstiger waren.

Auffallend war während des gesamten 19. und frühen 20. Jahrhunderts der große Stadt-Land-Unterschied hinsichtlich der Klassengröße. Auch hier drückte sich wieder das wirtschaftliche Gefälle aus und wurde erneut durch die vergleichsweise schlechtere Ausbildung auf dem Lande reproduziert.

Die Tatsache, daß die deutsche Gesellschaft im 19. und frühen 20. Jahrhundert eine Klassengesellschaft war, drückte sich auch in den Schüler-Lehrer-Relationen aus: die Volksschulen, in die der überwiegende Teil der Bevölkerung (bis zu 90%) ging, hatten im allgemeinen die schlechtesten Schüler-Lehrer-Relationen, d.h., die Klassen waren in diesem Schultyp am größten. Am anderen Ende der Skala lagen die Höheren Schulen.

So schlecht die Ausbildungschancen im 19. und frühen 20. Jahrhundert für Mädchen waren, so können relevante geschlechtsspezifische Klassengrößendifferenzen nicht nachgewiesen werden.

Betrachtet man die Rechtsentwicklung und die Veränderung der Statistiken für die vier großen Gruppen von Schulen einmal parallel, dann kommt man zu einigen interessanten Bezügen (Die Zeit vor 1800 soll dabei ausgespart bleiben):[49] Für die Volksschule läßt sich zeigen, daß die Richtwerte von 100 im 19. Jahrhundert auf 40 im Dritten Reich gefallen waren. Um die Jahrhundertwende lagen die Richtwerte zwischen 50 und 100, Preußen legitimierte zu diesem Zeitpunkt 70 Schüler pro Klasse. Durchschnittlich besuchten aber nur 50 Schüler pro Klasse die Volksschule. Viele Klassen, vor allem in den Städten, lagen also unter dem Richtwert, die Statistiken sowie die Überfüllungsdiskussion zeigten aber, daß zahlreiche Klassen erheblich über diesen Werten gelegen haben mußten. In der Weimarer Zeit betrug der Richtwert nach wie vor 80 Schüler, die durchschnittliche Klassengröße allerdings pendelte sich bei 40 Schülern pro Klasse ein. Auch hier ist eine durchschnittliche Unterschreitung festzuhalten.

Dies hing damit zusammen, daß die Richtwerte stets zu hoch angesetzt waren - zu hoch gemessen an den zeitgenössischen pädagogischen Erkenntnissen und erst recht nach heutigen Bewertungskriterien.

Charakteristisch für die statistischen Durchschnittswerte war ferner die überaus starke Streuung, was - in Worten ausgedrückt - auf ein starkes Bildungsgefälle hinweist. Stadt und Land boten bildungshistorisch gesehen zwei recht unterschiedliche Ausbildungsmöglichkeiten. Erst in der Bundesrepublik fanden An- und Ausgleichungsprozesse von Stadt und Land statt.

Die Mittelschulen (einschließlich des höheren Mädchenschulwesens) zählten im 19. Jahrhundert ca. 40 Schüler pro Klasse, wobei die höheren Mädchenschulen und die Privatschulen hierin günstiger abschnitten. Dieser Durchschnittswert entsprach auch in etwa den juristischen Vorgaben (45-50). In der Weimarer Republik lagen die tatsächlichen Besuchszahlen bei 15 (Privatschulen) bzw. ca. 30 Schüler pro Klasse (öffentliche Schulen). Die Gesetzgebung ging von einem Maximalwert von 50 Schülern pro Klasse

49) Das Sonderschulwesen sei ausgespart, da die Datenlage zu dürftig ist.

aus. Im Dritten Reich wurde der Maximalwert auf 30-40 gesenkt, die tatsächlichen Verhältnisse änderten sich nicht.

Der Höhere Schulwesen verzeichnete im 19. Jahrhundert eine Verbesserung der Schüler-Lehrer-Relation von ca. 40:1 bis 20:1 (ca.1820) über 30:1 bis 15:1 (ab 1830) zu 20:1 bis 10:1 ab 1830. Bei den Richtwerten galt die 50:40:30-Regel, je nach Klassenstufen (Unterstufe, Mittelstufe und Oberstufe). In der Weimarer Republik blieben diese Richtwerte erhalten, die Klassengröße lag bei ca. 27 Schülern pro Klasse, eine Zahl, die sich im Dritten Reich noch einmal geringfügig senkte, bei Richtwerten von 25-40 (ab 1938). Die Klassen des höheren Schulwesen blieben damit bis zum Zweiten Weltkrieg ziemlich konstant.

Das Hilfsschulwesen änderte ebenfalls kaum seine durchschnittlichen Klassengrößen; die lagen bei rund 20 Schülern pro Klasse.

Mit dieser Entwicklungsskizze ist auch die Ausgangslage für die Zeit nach dem Zweiten Weltkrieg gegeben.

3. KLASSENGRÖSSE IN DER BUNDESREPUBLIK

Der historische Rückblick ist mit Kapitel 2 keineswegs abgeschlossen. Da aber die Geschichte der Bundesrepublik hineinreicht bis in die Gegenwart, erschien es angebracht, dieser Phase der zeitlichen Entwicklung ein eigenes Kapitel zu widmen. Hinzu kommt, daß in diesem Kapitel nicht nur die rein historische Entwicklung, sondern auch der aktuelle Status sowie bildungspolitische Fragen von Klassengröße angesprochen werden sollen. Vorerst aber einige Anmerkungen zur historischen Ausgangssituation, denn mit dem Zweiten Weltkrieg war wieder einmal ein gravierender Einschnitt in der Entwicklung gegeben. Nach dem Zusammenbruch war das Ziel der Besatzungspolitik die Demokratisierung des deutschen Bildungs- und Erziehungswesens. Dazu gehörte die Entlassung der Nazi-Lehrer, die 'Säuberung' der Lernmittel und eine vorübergehende Schließung aller Schulen. In der britischen und französischen Besatzungszone wurden ca. 25% aller Lehrer entlassen, in der sowjetischen waren es 20.000 Lehrer, in der amerikanischen Besatzungszone mußten 50 bis 75%, örtlich sogar bis zu 90% der Lehrer ihren Dienst quittieren. Diese konsequente Durchführung der Entnazifizierung wurde in den Westzonen allerdings immer mehr aufgeweicht, bis zur teilweisen Rückgängigmachung (SCHNORBACH, 1983, S. 188). KLEEMANN kommt deshalb zu einem resignativen Fazit hinsichtlich des Versuchs, bildungspolitisch neue Maßstäbe zu setzen: "Nach dem Zusammenbruch von 1945 hatte sich in den Ländern eine stärkere Reformbereitschaft im Hinblick auf eine Demokratisierung des Bildungswesens gezeigt, die von den Militärregierungen unterstützt wurde. Aber mit dem wirtschaftlichen Aufschwung und dem Rückzug der Alliierten beschleunigte sich der politische Restaurationsprozeß, und die alten traditionsgebundenen Ordnungsvorstellungen festigten sich wieder" (KLEEMANN, 1977, S. 153). Dieses weitreichende Fazit müßte auch für den Problembereich Klassengröße gelten, etwa so, daß sich bezüglich der Meßzahlen und der Klassengröße nichts getan hat. Dies soll es in diesem Kapitel geprüft werden.

Im ersten Abschnitt werden die Publikationen der zwei bedeutendsten Institutionen der Politikberatung bezüglich der Frage der Klassengröße durchgesehen: der *Deutsche Ausschuß für das Erziehungs- und Bildungswesen* und der *Deutsche Bildungsrat*. Im zweiten Abschnitt werden die Verordnungen und Gesetze zur Klassengröße referiert, wobei außer auf die Meßzahlen ein besonderes Augenmerk auf die Haltung der KMK gelegt wird. Im dritten Abschnitt wird die Haltung der politischen Gruppierungen wie Parteien, Kirchen und Gewerkschaften - soweit zugänglich - dargelegt, es folgt die Entwicklung der Klassengrößen von 1950 bis heute. Schließlich wird die Finanzierungsfrage angesprochen.

3.1 Klassengröße aus der Sicht von Institutionen der Politikberatung

"Der Schulmeister ist uns trotz aller, meist berechtigten, Kritik doch in Summa eine liebe Gestalt" (OSTWALD, 1928, S. 411).

Die jüngste deutsche Bildungsgeschichte ist u.a. dadurch gekennzeichnet, daß es in verschiedenen Zeitabschnitten z.T. unterschiedliche Institutionen der Politkberatung gegeben hat.[50] Soweit sie für die Themenstellung relevant sind, wurden ihre Publikationen, Empfehlungen etc. auf die Frage der Klassengröße hin durchgesehen. Die Empfehlungen und Stellungnahmen des *Wissenschaftsrates* wurden in die Analyse nicht mit einbezogen, weil es sich hier thematisch nicht um den sekundären, sondern um den tertiären Bereich handelt.

3.1.1 Der Deutsche Ausschuß für das Erziehungs- und Bildungswesen

Der Deutsche Ausschuß wurde am 22.9.1953 in Bonn konstituiert. Seiner Gründung gingen diverse Sitzungen voraus wie die Sitzung des Schulausschusses des Deutschen Städtetages 1948, die Konferenz "Universität und Schule" 1951, die Arbeitstagung über Schulreformfragen des Instituts zur Förderung öffentlicher Angelegenheiten 1951. Dieser Ausschuß darf nicht verwechselt werden mit dem *Deutschen Ausschuß für Erziehung und Unterricht*, der eher ein Privatverein zur Zeit der Weimarer Republik war und u.a. von Kerschensteiner geleitet wurde (SCHWARTZ, 1930, Band 3, S. 1075)

Im Paragraph 1 seiner Satzung ist die Aufgabe des Deutschen Ausschusses wie folgt beschrieben: "Der Deutsche Ausschuß für das Erziehungs- und Bildungswesen hat die Aufgabe, die Entwicklung des deutschen Erziehungs- und Bildungswesens zu beobachten und durch Rat und Empfehlen zu för-

50) Diese und die anderen genannten Institutionen der Politikberatung sind detailliert beschrieben von der Arbeitsgruppe Bildungsbericht des MPI für Bildungsforschung (Arbeitsgruppe, 1990)

dern. Innerhalb dieser Aufgabenstellung bestimmt der Ausschuß selbst sein Arbeitsprogramm und gibt sich Richtlinien für seine Arbeitsweisen" (zit. n. KLEEMANN 1977, S.22).

SCHORB & FRITZSCHE (1966) haben Vorgeschichte, Durchführung und Erfolg der Reichsschulkonferenz von 1920 und des Deutschen Ausschusses für das Erziehungs- und Bildungswesen miteinander verglichen. Die Konferenz von 1920 war eine große Diskussion von Standpunkten, Meinungen und Interessen, der Deutsche Ausschuß hingegen ließ ein umfangreiches Empfehlungs- und Gutachtenwerk zurück. Die Parallelen, Gemeinsamkeiten und Abweichungen sind von den Autoren detailliert beschrieben worden. Erwähnenswert ist nur, daß organisatorische Faktoren wie die Klassengröße keinerlei Berücksichtigung gefunden haben.

Die "Empfehlungen und Gutachten des Deutschen Ausschusses für das Erziehungs- und Bildungswesen" sind eine Sammlung von 29 Einzelgutachten zu den Themenkreisen: Erziehung vor der Schulzeit, Schulwesen, Lehrerbildung, Erwachsenenbildung und Einzelfragen, wobei die Schule am weitaus häufigsten thematisiert wird. Der Deutsche Ausschuß hat folgende Empfehlungen und Gutachten gegeben:

1954 Empfehlung betr. Spätestheimkehrer

1954 Empfehlung zum 9. Schuljahr

1954 Zu der Entschließung der Ministerpräsidenten vom 5.u.6.2.54

1954 Empfehlung zur Errichtung von Versuchsschulen

1954 Empfehlung zu Fragen des Privatschulwesens

1954 Empfehlung zur Errichtung von musischen höheren Schulen

1955 Gutachten zur politischen Bildung und Erziehung

1955 Stellungnahme zum "Abkommen zwischen den Ländern der BRD zur Vereinheitlichung auf dem Gebiet des Schulwesens vom 17.02.55"

1955 Gutachten über die Ausbildung der Lehrer- und Volksschulen

1956 Osteuropa in der Deutschen Bildung

1956 Empfehlung aus Anlaß des Aufbaus der Bundeswehr

1956 Gutachten über Selbstkontrolle illustrierter Zeitschriften

1956 Die Volksschule auf dem Lande

1957 Empfehlung zum Ausbau der Volksschule

1957 Schulreife und Schulkindergarten

1957 Gutachten zur Erziehung im frühen Kindesalter

1958 Folgerungen aus dem Gutachten über die Ausbildung der Lehrer an Volksschulen für die gegenwärtigen kulturpolitischen Erörterungen (unveröff.)

1959 Rahmenplan zur Umgestaltung und Vereinheitlichung des allgemeinbildenden öffentlichen Schulwesens
1960 Zur Situation und Aufgabe der deutschen Erwachsenenbildung
1960 Erklärung aus Anlaß der antisemitischen Ausschreitungen
1960 Empfehlungen für eine Wehrakademie der Bundeswehr
1960 Zur Diskussion des Rahmenplans - Kritik und Antwort
1962 Zur religiösen Erziehung und Bildung in den Schulen
1962 Bemerkungen zur Arbeit der Grundschule
1962 Empfehlungen zum Aufbau der Förderstufen
1964 Empfehlungen zum Aufbau der Hauptschule
1964 Gutachten über das berufliche Ausbildungs- und Schulwesen
1964 Empfehlungen für die Neuordnung der höheren Schule
1965 Gutachten zur Ausbildung von Lehrern
1965 Zum Abschluß der Ausschußarbeit.

Man wird sicher zugestehen dürfen, daß die Aufgaben insbesondere zu Beginn der Bundesrepublik in einem anderen Bereich lagen, als dem der Klassengröße, dennoch muß es verwundern, daß diese Planungsvariable in den Gutachten nicht zu finden ist.

Allgemein interessant ist die Frage, inwieweit die Vorschläge des Deutschen Ausschusses Berücksichtigung fanden in den Beschlüssen, Entschließungen und sonstigen Verlautbarungen der Kultusministerkonferenz. Dieser Frage widmet sich insbesondere KLEEMANN (1977). Sie wird in Abschnitt 3.2.1 aufgegriffen, weil eine Empfehlung zur Klassengröße ja nicht gleichbedeutend mit ihrer bildungspolitischen Umsetzung ist.

3.1.2 Der Deutsche Bildungsrat

Der Deutsche Bildungsrat wurde am 15.7.1965 durch ein Abkommen zwischen Bund und Ländern gegründet. Verlängert wurde er am 15.7.1970 um weitere 5 Jahre, beendet schließlich am 14.7.1975 (zur Geschichte siehe HECKEL, 1967; BECKER, 1980, S. 179ff). Er bestand aus der sog. *Bildungskommission* und der *Regierungskommission*. Seine Tätigkeit ist dokumentiert in drei Schriftenreihen: Die *Empfehlungen* enthalten Meinungen und Vorschläge, die auf Beratungen der Bildungskommission basieren. Die *Gutachten und Studien* und die *Materialien zur Bildungsforschung* enthalten Auftragsarbeiten, die Grundlage der Beratungen waren. Im folgenden werden die Einzelpublikationen dieser drei Reihen aufgelistet. Wenn sich Teile der Publikationen auf das Problemfeld Klassengröße beziehen, dann werden diese kursiv dargestellt.

3.1.2.1 Reihe: Gutachten und Studien der Bildungskommission[51]

Auf die Angabe des Jahres der Publikationen folgt die Nummer des Bandes, schließlich der Titel des Gutachtens.

1967 01 Die öffentlichen Ausgaben für Schulen in der BRD 1965-1970
In diesem Band befinden sich nur Angaben zur Schüler-Lehrer-Relation von 1961,1965 und 1970 (Tab. 3).

1968 02 Die Gliederung des deutschen Schulwesens
Hier werden nur Formen von Kleinklassen angesprochen.

1969 03 Differenzierung im Sekundarschulwesen
1969 04 Begabung und Lernen
15 Zeilen zur Klassengröße

1969 05 Sozialprodukt, öffentliche Haushalte und Bildungsausgaben in der Bundesrepublik
Hier werden die tatsächlichen Zahlen der Schüler-Lehrer-Relation bzw. Klassengröße von 1961 bis 1970 denen der Bedarfsplanung gegenübergestellt. Es zeigt sich, daß die tatsächlichen Werte bei allen Schularten höher lagen als die angezielten.

1969 06 Ausgabenberechnung für Ganztagsschulen
In diesem Bericht werden der Berechnung der Ausgaben für Ganztagsschulen Klassengrößen von 40 Schüler pro Klasse zugrundegelegt. Diese Werte liegen nur im Gymnasium etwas niedriger.

1969 07 Schuleintrittsalter, Schulfähigkeit und Lesereife
Die Autorin setzt die optimale Größe auf 25 Schüler pro Klasse fest wegen der sich entwickelnden Gruppendynamik und der möglichen individuellen Förderung.

1969 08 Didaktik als Aufgabe der Universität
1970 09 Die Ausbildung von Ingenieuren für Landbau, Gartenbau und verwandte Bereiche

---

51) Die Gutachten und Studien sind alle beim Klett-Verlag in Stuttgart erschienen. Sie sind nicht in das Literaturverzeichnis aufgenommen worden.

1970 10 Gutachten und Materialien zur Fachhochschule
1970 11 Zur Situation der Lehrlingsausbildung
1970 12 Lernziele der Gesamtschule
1970 13 Rechtfragen der Gesamtschule - Lehrer- und Raumbedarf in Gesamtschulen

Hier wird die Klassengröße nur in einer Hinsicht angesprochen: Fachkurse müssen sich aus Schülern von so vielen Parallelklassen zusammensetzen, daß die Kursgröße einer normalen Klassenstärke entspricht.

1970 14 Öffentliche Verantwortung für berufliche Bildung
1970 15 Finanzierungsalternativen der beruflichen Aus- und Weiterbildung
1971 16 Materialien und Analysen zum Fachschulbereich

In diesem Gutachten wurden nur sporadisch Klassengrößenangaben zu Fachschulen gemacht.

1971 17 Materialien und Dokumente zur Lehrerbildung
1971 18 Der Finanzbedarf eines expandierenden Vorschulsystems

Größe der Kindergarten, die anzustreben ist: 15-20 Kinder

1971 19 Fondsfinanzierte Berufsausbildung
1971 20 Kompetenz und Lastenverteilung im Schulsystem

Zitat: "Während für manche Lehrinhalte und -methoden Großgruppen von 120 oder mehr Schülern geeignet sind, ist für andere die Kleingruppe von 3 bis 4 Schülern optimal."

1974 21/1 Dimensionen der Schulleistung
1974 21/2 Dimensionen der Schulleistung
1972 22 Bildungsforscher in der Schule
1972 23 Lernen und Verwalten
1973 24 Entscheidungsprozesse in der Curriculumentwicklung
1973 25 Sonderpädagogik 1: Behindertenstatistik, Früherkennung, Frühförderung

"Nicht zuletzt wäre zu fragen, ob nicht überfüllte Grundschulklassen, häufiger Lehrerwechsel und steigende Leistungserwartungen Kinder zu Schulversagern machen" (S. 163).

"... der Anfangsunterricht ... müßte in Klassen erfolgen, die maximal 20-22 Kinder umfassen..." (S. 167)

1973 26 Wirtschaftslehre
1973 27 Kooperation von Elementar- und Primärbereich

In diesem Band sind Einzelgutachten über verschiedene Länder enthalten. Es ergaben sich folgende Hinweise: Frankreich: geplante Klassengröße école maternelle: 45 Kinder, tatsächlich: 50; geplante Klassengröße Elementarbereich: 35 Kinder, tatsächlich: 40; England: durchschnittliche Klassengröße infant school: 28,5

1973 28 Bildungsurlaub als Teil der Weiterbildung
1974 29 Verknüpfung berufs- und studienbezogener Bildungsgänge
1974 30 Sonderpädagogik 2: Gehörlose - Schwerhörige

Das Gutachten schlägt vor:
- Vorschulbereich: 5 Kinder, nicht wie vorgesehen 8
- Primarbereich: 5-6 Schüler, ein Lehrer, ein sonderpädagogischer Assistent
- ansonsten: 10-12 Schüler

1974 31 Die Situation von Abendgymnasien und Kollegs in der Bundesrepublik Deutschland
1974 32 Abitur - und kein Studium
1974 33 Weiterbildungsinformationssystem
1974 34 Sonderpädagogik 3: Geistigbehinderte - Lernbehinderungen - Verfahren der Aufnahme

Vorschlag des Gutachtens: Kleinstgruppenunterricht 4-6 Schüler

1974 35 Sonderpädagogik 4: Verhaltensgestörte - Sprachbehinderte - Körperbehinderte

Ausland: Klassengröße schwankt zwischen 6 und 20
Schulorganisatorische Maßnahmen (auch Klassengröße) uneinheitlich in Bundesländern
Klassenfrequenzen einzelner Klassen für Behinderte in der BRD:

Geistigbehinderte	*8*
Verhaltensgestörte	*12*
Sprachbehinderte	*12*
Körperbehinderte	*8*
Lernbehinderte	*16*
Schwerhörige	*10*
Sehbehinderte	*12*

1974 36 Bildungsplanung und Finanzplanung
1975 37 Sonderpädagogik 7: Berufsausbildung behinderter Erwachsener
1974 38 Die Bedeutung verschiedener Lernorte in der beruflichen Bildung
1975 39 Verfassungsrechtliche Probleme der Neuordnung des Bildungswesens im Sekundarbereich

1974 40 Spiel und Kommunikation in der Sekundarstufe II
1975 41 Fremdsprachenunterricht in der Sekundarstufe II
1975 42 Chancengleichheit durch Bildung?
1976 43 Reifeprüfung, Berufliche Vollzeitschulen, Berufausbildung im öffentlichen Dienst
1974 44 Berufliche Bildungsgänge und Studienbefähigung
1975 45 Abitur - und kein Studium (Teil 2)
1975 46 Umrisse und Perspekiven der Weiterbildung
1975 47 Die Eingangsstufe des Primarbereichs (Band 1: Ansätze zur Entwicklung)

Das Gutachten enthält Vergleiche zwischen den Bundesländern 1969-71 auch hinsichtlich der Klassengrößen. Es werden kleinere Klassen für die Eingangsstufe gefordert.

1975 48/1 Die Eingangsstufe des Primarbereichs (Band 2/1: Spielen und Gestalten)

Die hohen Klassengrößen in den Eingangsstufenklassen werden als "Notstand" charakterisiert.

1975 48/2 Die Eingangsstufe des Primarbereichs (Band 2/2: Soziales Lernen und Sprache)

Hinweis darauf, wieviele Kinder Vorschulsendungen gemeinsam sehen sollen (10 Kinder)

1975 49 Die Eingangsstufe des Primarbereichs (Band 3: Perspektiven und Modelle)

Zu den diskutierten Modellen gehört die Innere Differenzierung, die wegen der zum Zeitpunkt der Publikationen üblichen Klassenmeßzahlen kaum möglich sei.

1975 50 Bildungsforschung - Probleme - Perspektiven - Prioritäten (Teil 1)
1975 51 Bildungsforschung - Probleme - Perspektiven - Prioritäten (Teil 2)
1975 52 Sonderpädagogik 5: Blinde - Sehbehinderte - Mehrfachbehinderte

Forderung der KMK: 10 Schüler, angemessen: 8 Schüler (S. 96)
Klassen mit einem integrierten, blinden Kind sollten nicht mehr als 20-25 Schüler haben (S. 123)

1975 53 Sonderpädagogik 6: Sozialpädiatrische Zentren
1975 54 Lernen im Jugendalter
1976 55 Gesamtschule und dreigliedriges Schulsystem
1976 56 Curriculare Tendenzen im Englischunterricht des 5. und 6. Schuljahres seit 1963

1976 57 Entwicklungstendenzen im Beschäftigungssystem
1976 58 Zur Standortplanung von Bildungseinrichtungen
1976 59 Curriculum-Entwicklung
1977 60 Schulbesuch und Bildungsreform 1960-1972

In den immerhin 60 Gutachten wurde der Themenkreis Klassengröße zwar öfter angesprochen, aber im einzelnen nicht erschöpfend behandelt. Es fällt auf, daß präzisere Forderungen in ganz speziellen Gebieten (Sonderpädagogik, Eingangstufe Primarbereich usw.) vorgelegt worden sind. In den Gutachten zum allgemeinbildenden Schulsystem gibt es keinerlei Diskussionen um den Problemkreis Klassengröße. Dieses Ergebnis stützt die in Kapitel 1 begründete Vermutung, daß der wissenschaftliche Stellenwert der Klassengröße nicht hoch anzusetzen ist.

3.1.2.2 Reihe: Empfehlungen der Bildungskommission

Die zweite Angabe bezieht sich auf die Sitzung, auf der die Empfehlung ausgesprochen wurde.

1967 08 Zum Lehrermangel in den mathematisch-naturwissenschaftlichen Fächern an den Gymnasien

> *Es werden nur Schätzwerte für die Bedarfsplanung für Gymnasien angegeben: 14,1 Schüler je Lehrer.*

1967 08 Sicherung der öffentlichen Ausgaben für Schulen bis 1970
1968 13 Einrichtung von Schulversuchen mit Ganztagsschulen

> *Lehrerbedarf pro Schüler höher in Ganztagsschulen*

1968 13 Sicherung der öffentlichen Ausgaben für Schulen bis 1975
1969 19 Zur Verbesserung der Lehrlingsausbildung
1969 19 Einrichtung von Schulversuchen mit Gesamtschulen

> *Als Empfehlung für die Größe von Kerngruppen wird 30 Schüler angegeben.*

1969 20 Zum Schulbau

> *Diese Empfehlung berührt an zwei Stellen die Klassengröße: einmal bei dem Rat, Räume flexibel zu gestalten, weil die Klassenverbände in Zukunft abgelöst würden, zum anderen beim Hinweis darauf, daß die Räume nicht zu groß gebaut werden müßten, weil die Klassengrößen zukünftig ohnehingesenkt würden.*

1969 20 Zur Neugestaltung der Abschlüsse im Sekundarschulwesen
1970 27 Strukturplan für das Bildungswesen

Der Strukturplan für das Bildungswesen aus dem Jahre 1970 ist als Schlüsseldokument anzusehen. Es faßte zum ersten Mal die unterschiedlichen Teile des Bildungssystems zu einem einheitlichen Konzept zusammen. Die Strukturvorschläge des Bildungsrates führten schließlich 1970 zu einem Verwaltungsabkommen zwischen Bund und Ländern, durch den die Bund-Länder-Kommission für Bildungsplanung gegründet wurde. Diese erstellte den Bildungsgesamtplan (1973).

Im Strukturplan wird vereinzelt die Klassengröße angesprochen. So z.B. für den Primarbereich, in dem Klassen nicht mehr als 25 Schüler haben sollten (S. 131), weil die Eigeninitiative der Schüler sonst nicht möglich wäre (S. 134). Auch fordert der Strukturplan eine Senkung der Klassengröße in der Sekundarstufe I (S. 157).

1973 28 Zur Einrichtung eines Modellprogramms für Curriculum-Entwicklung im Elementarbereich
1973 30 Zur Reform von Organisation und Verwaltung im Bildungswesen
1973 31 Zur Planung berufsqualifizierender Bildungsgänge im tertiären Bereich
1973 34 Zur pädagogischen Förderung Behinderter und von Behinderung bedrohter Kinder und Jugendlicher

für Flexibilisierung der Klassengrößen (S. 73)
Differenzierung in kleinen Klassen eher möglich (S. 132)
Meßzahlen für unterschiedliche Behindertengruppen (S. 135, 153)

1973 35 Zur Förderung praxisnaher Curriculum-Entwicklung
1974 37 Aspekte für die Planung der Bildungsforschung
1974 38 Zur Neuordnung der Sekundarstufe II. Konzept für eine Verbindung von allgemeinen und beruflichem Lernen

Auch für diese Reihe muß man festhalten, daß der Themenkreis Klassengröße nicht ausreichend behandelt wurde: Abgesehen vom Strukturplan (maximal 25 Schüler im Primarbereich und generelle Senkung in der Sekundarstufe I) und vom Bereich Sonderpädagogik wird man eine ausführliche Diskussion in den Empfehlungen nicht finden. Also auch hier wieder ein Indiz für den geringen Stellenwert der Klassengröße in der Bildungsberatung.

3.1.2.3 Reihe: Materialien zur Bildungsplanung[52]

Die zweite Angabe bezieht sich auf die Numerierung des Heftes.

1971 01 Reform der Sekundarstufe II. Teil A: Versuche in der gymnasialen Oberstufe

> *In diesem Heft werden aus jedem Bundesland Versuche vorgestellt, die in den Oberstufen einzelner Gymnasien durchgeführt wurden. Es handelt sich hier nicht mehr um typische Klassen, sondern um Kurse. Die Gruppengröße wurde selten alleine besprochen, sondern meist im Zusammenhang mit anderen Faktoren: Lehrerbedarf, leistungssschwache Schüler etc.*

1973 03 Bildungschancen und Umwelt I
1974 04 Bildungschancen und Umwelt II
1975 05 Berufliche Grundbildung. Ausbildung der Ausbilder
1976 06 Schulversuche zur Integration behinderter Kinder in den allgemeinen Unterricht

> *In diesem Heft sind diverse einzelfallbezogene Forschungsprojekte vorgestellt, die alle von geringeren Klassengrößen für behinderte Kinder ausgehen. Für diese Schüler wurde überwiegend mit sog. Kleinklassen gearbeitet.*

Eine weitere wichtige Publikation: der *Bericht '75.* Entwicklungen im Bildungswesen (auch als Kurzfassung publiziert).

> *Aufbau sozialer Bindungen in kleinen Klassen vermutlich günstiger (S. 45)*

Also bieten auch die Materialien wenig Ansatzpunkte, die zu einer intensiven Beschäftigung mit dem Problemkreis Klassengröße führen könnten.

Faßt man den Ertrag der Durchsicht dieser drei Publikationsreihen unter dem Aspekt Klassengröße zusammen, so muß eher Ernüchterung eintreten: Klassengröße taucht sehr selten auf, und wenn, dann nur als ein Faktor schulischer Realität. Gutachten über die Wirkung der Klassengröße gibt es nicht. Es fällt allerdings auf, daß in allen drei Reihen im Bereich der Sonderpädagogik verhältnismäßig präzise Forderungen aufgestellt wurden. Dennoch: Klassengröße spielt in der Bildungsberatung eine periphere Rolle.

---

52) Die Materialien zur Bildungsplanung sind alle beim Westermann-Verlag in Braunschweig erschienen. Sie sind nicht in das Literaturverzeichnis aufgenommen worden.

Es gilt im folgenden zu prüfen, inwieweit die entscheidenden Institutionen und der Gesetzgeber den Problembereich Klassengröße zum Gegenstand ihrer Beratungen und Entscheidungen gemacht haben.

3.2 Verordnungen und Gesetze

In diesem Abschnitt soll die administrative Seite in zweierlei Hinsicht betrachtet werden: Zum einen geht es um die Frage, wie sich die politischen Entscheidungsinstanzen mit der Frage der Klassengröße auseinandergesetzt haben. Wegen der Heterogenität wird das Koordinationsgremium der Kultusminister aller Länder als Beispiel herangezogen. Zum anderen sollen auf Länderebene die rechtlichen Regelungen für die Bildung von Klassen analysiert werden.

3.2.1 Die Kultusministerkonferenz

Da sich der Deutsche Ausschuß nicht mit der Klassengröße beschäftigt hat (sicher auch weil andere viel gravierendere Fragen offenstanden), ist es nicht verwunderlich, daß auch die Kultusministerkonferenz die Frage der Klassengröße bisher nicht angeschnitten hat. Die Beschlüsse der Kultusministerien bzw. Ministerpräsidentenkonferenzen lassen sich nach 1953 wie folgt auflisten:

1954 Entschließung der Ministerpräsidentenkonferenz (MPK in München)
1954 Vereinbarung über die gegenseitige Anerkennung der Reifezeugnisse
1954 Beschlüsse der KMK in Feldafing
1955 Abkommen zwischen den Ländern der BRD zur Vereinheitlichung auf dem Gebiete des Schulwesens (Düsseldorfer Abkommen)

> *In dem Düsseldorfer Länderabkommen vom 17.2.1955 wurden zahlreiche Bestimmungen festgelegt, die das deutsche Schulwesen bis heute maßgeblich bestimmen. In diesem Abkommen wurden die Schultypen noch einmal definiert, Aussagen zur Klassengröße finden sich nicht (Abdruck in* KANZ*, 1987, S. 166ff).*

1956 Grundsätze über die Volksschule
1959 Grundsätze für eine Versetzungsordnung an Volksschulen
1959 Pressemitteilung zum Anlaß der 73. Plenarsitzung der ständigen Konferenz des Kultusminister der Länder

1960 Rahmenvereinbarung zur Ordnung des Unterrichts auf der Oberstufe des Gymnasiums (Saarbrücker Rahmenvereinbarung)
1960 Übergänge von einer Schulart in die andere
1960 Empfehlungen an die Unterrichtsverwaltungen der Länder zur didaktischen und methodischen Gestaltung der Oberstufe der Gymnasien im Sinne der Saarbrücker Rahmenvereinbarung (Stuttgarter Empfehlungen)
1964 Erklärung der KMK anläßlich der 100. Plenarsitzung (Berliner Erklärung)
1964 Erklärung der KMK zu Fragen der Bildungsplanung, insbesondere zur Erneuerung des Düsseldorfer Abkommens
1964 Neufassung des Abkommens zwischen den Ländern der BRD zur Vereinheitlichung auf dem Gebiete des Schulwesens (Hamburger Abkommen)

Am 28.10.1964 wurde das Hamburger Länderabkommen unterschrieben. Dies ist eine Festsetzung von einheitlichen Bezeichnungen und Organisationsformen für das deutsche Schulwesen, und schreibt im Grunde das Düsseldorfer Abkommen von 1955 weiter. (abgedruckt in KANZ, 1987, S. 171ff; Kritik bei HECKEL, 1967). Obwohl dieses Abkommen sehr viel ausführlicher ist als das Düsseldorfer Abkommen, finden sich keinerlei Hinweise zur Klassengröße.

1964 Erklärung der KMK über vordringlich erforderliche Maßnahmen auf dem Gebiete des Bildungswesens
1966 Übergänge von einer Schulart in die andere
1966 Richtlinien und Empfehlungen zur Ordnung des Unterrichts in den Klassen 5 bis 11 der Gymnasien
1969 Empfehlungen zur Hauptschule
1969 Erklärung der KMK zur kulturpolitischen Situation anläßlich ihrer 131. Plenarsitzung
1970 Empfehlung zur Arbeit in der Grundschule
1972 Vereinbarung zur Neugestaltung der gymnasialen Oberstufe in der Sekundarstufe II.
1972 Empfehlungen zur Ordnung des Sonderschulwesens

Regelung 1.5: "Damit die Sonderschule ihren Aufgaben gerecht werden kann, ist bei der Festsetzung der Schülerzahlen für Klassen und Gruppen auf die Eigenart und den Grad der Behinderung der Kinder und Jugendlichen und auf die dadurch erforderlichen Unterrichts- und Erziehungsverfahren Rücksicht zu nehmen. Die Schülerzahlen der Klassen und Gruppen müßten somit erheblich unter denen der allgemeinen Schule liegen ..." (zitiert nach KANZ, *1987, S. 483).*

Ähnlich wie die Institutionen der Bildungsberatung hat somit auch die KMK keinen besonderen Wert auf Regelungen bzgl. der Klassengröße gelegt. Auch in den zentralen Düsseldorfer und Hamburger Abkommen wird Klassengröße nicht erwähnt. Nun mag man einwenden, daß Klassengröße ja nicht gerade ein typischer von der KMK zu behandelnder Bereich sei. Demgegenüber muß man einwenden, daß die KMK zu vielen Themen Stellung bezogen hat, also wieso auch nicht über die Klassengröße. Es wird im folgenden geprüft werden müsssen, inwieweit die Länder Regelungen zur Klassengröße vorgelegt haben. Dies wird im nächsten Abschnitt geschehen.

3.2.2 Die Meßzahlen

Es ist kaum mehr zu rekonstruieren, in welchen Bundesländern welche Gesetze oder Verordnungen sich in den letzten 45 Jahren auf die Klassengröße bezogen. Eine derartige Zusammenstellung ist deshalb kaum möglich, weil die Meßzahlen teilweise in nicht-dokumentierten Rundschreiben direkt an die Schulen gingen (so z.B. in Rheinland-Pfalz). So wird im folgenden nur versucht, die Situation in den ersten Jahren nach dem 2. Weltkrieg und heute darzustellen.

Die staatliche Schulhoheit umfaßt die Normen- und Richtliniensetzung sowie Planung und Lenkung für das gesamte Schulwesen. Es handelt sich um eine zentrale Organisationsplanung und -gestaltung, um die inhaltliche Ausrichtung der Schule durch Normierung der Bildungs- und Lernziele und -inhalte. Die Frage ist, inwieweit die Vorgaben direkt nach dem Krieg umgesetzt werden konnten.

Es ist verständlich, daß nach 1949 im Bereich des Grundgesetzes noch zahlreiche Gesetze aus dem Reichsrecht (z.B. Grundschulgesetz von 1920; Verordnung über die Besoldung der Lehrer an öffentlichen Volksschule und an den Hauptschulen durch das Reich vom 30.10.1944) oder aus dem preußischen Recht (soweit ehemals preußische Gebiete, zurückreichend bis 1839; s. HECKEL, 1952, S. 21ff) übernommen wurden. Deshalb kann man generell gesehen nicht davon ausgehen, daß nach dem Zweiten Weltkrieg ein rechtsfreier Raum bestand. Die Frage der Meßzahlen für die Klassengrößen muß unwichtig gewesen sein vor dem Hintergrund, das Schulwesen an sich wieder funktionsfähig zu machen. Deshalb herrschte kurz nach dem 2. Weltkrieg in bestimmten Bereichen doch ein rechtsfreier Raum, zumal die maßgeblichen Institutionen noch gar nicht geschaffen waren. Dennoch gibt es ein paar Hinweise zu Vorstellungen über die Klassengröße, die z.T. juristische als auch statistische Aussagen machen:

- In der Entschließung des Zonenerziehungsrates in der britischen Zone vom 24. Mai 1946 sollte die soziale Ausgestaltung und Demokratisierung der Schule u.a. dadurch erreicht werden, daß die Klassengröße auf 50 Schüler reduziert wird (HALBRITTER, 1979).
- In der Kontrollratsdirektive Nr. 54 aus dem Jahre 1947 (Grundprinzipien für die Demokratisierung des Bildungswesens in Deutschland) findet sich kein Hinweis zur Größe der Schulklassen.
- Das erste Schulgesetz war wohl das für Groß-Berlin im Jahre 1948. Klassengröße wird hier noch nicht erwähnt.
- In Abschnitt II der Entschließung der Erziehungsminister der deutschen Länder zur Frage der Schulreform (1948) heißt es: "In keiner Schulgattung soll die Schülerzahl einer Klasse mehr als 40 betragen" (MICHAEL & SCHEPP, 1974, S. 236).
- "Die Klassenfrequenzen für die Errichtung von Lehrstellen sind in den einzelnen Ländern verschieden. Sie schwanken zwischen 45 und 65 Kindern" (BÜHNEMANN, 1950, S. 16). Der Autor fordert deshalb, daß an der wenig gegliederten Landschule wegen der besonders schwierigen Lehrvoraussetzungen dringend eine Herabsetzung auf 20 bis 25 Kinder zu fordern sei (S. 16, Anm. 2).

Erst langsam bauten sich die Bildungsinstitutionen auf. Am 18.10.1949 wurde in einer Entschließung der Kultusministerkonferenz festgeschrieben: "Die ständige Konferenz der Kultusminister ist davon überzeugt, daß die totalitäre und zentralistische Kulturpolitik der jüngsten Vergangenheit die verhängnisvolle Verwirrung und Knechtung des Geistes und die Anfälligkeit vieler Deutscher gegenüber dem Ungeist mitverschuldet hat" (zitiert nach KANZ, 1987, S. 166). Im gleichen Jahr (1950) artikulierte sich in der Öffentlichkeit unter dem Schlagwort *Schulchaos* das Unbehagen über die Uneinheitlichkeit im Schulwesen (KELL, 1973, S. 43). Zwar begannen die Länder, sich Schulgesetze zu schaffen, das erwähnte Schulchaos wurde aber erst sehr träge, bis hinein in die 80er Jahre abgebaut. Dies wird besonders deutlich, wenn man sich die Zusammenfassung der Gesetze bei HECKEL (1952) anschaut.

Folgende Auszüge aus den frühen Gesetzen seien beispielhaft angeführt:

- In dem Gesetz über das Schulwesen der Hansestadt Hamburg vom 25.10.1949 heißt es in §7: "Klassenfrequenzen sollen die Lehrfähigkeit der Lehrer und die Lernfähigkeit der Schüler nicht übersteigen" (FROESE, o.J., S. 109). Präzise Zahlen gab es nicht, wohl aber ein Gutachten: Die "unabhängige Kommission für das Hamburger Schulwesen" hat 1955 das "Gutachten über die Grundschule und den Übergang in die weiterführenden Schulen" erstellt (abgedruckt in SCHEIBE, 1965, S.96ff). In diesem Gutachten heißt es für den Mittelbau: "Die durchschnittliche Klassenfrequenz ist auf 30 Kinder festzulegen".
- In dem Ersten Gesetz zur Ordnung des Schulwesens in Nordrhein-Westfalen vom 8.4.1952 ist in §3 zu lesen: "Eine erfolgreiche Bildungs- und Erziehungsarbeit der Schule ist durch Klassenstärken zu gewährleisten, die einen erziehenden Unterricht ermöglichen. Die durchschnittliche Klassenstärke ist in allen Schulen zu senken und insbesondere in den Volksschulen bis 1956 stufenweise auf vierzig herabzusetzen" (FROESE, o.J., S. 117).
- In den Bestimmungen für die Mittelschule in Schleswig-Holstein aus dem Jahre 1950 (abgedruckt in MAASSEN, 1958, S. 135f, Band 3) heißt es: "Als Durchschnittszahl für die einzelnen Klassen ist die Zahl 30 anzustreben. Fächer mit praktischen Schülerübungen erfordern eine entsprechend geringere Zahl."

HECKEL (1952) hat das deutsche Schulwesen (Stand etwa 1950) dargestellt. in Heckels Darstellung finden sich auch Angaben zu den Meßzahlen in den einzelnen Bundesländern. In Tab. 3.1 sind die Meßzahlen für die einzelnen Bundesländer und Schularten des allgemeinbildenden Schulwesens zusammengefaßt:

Die Werte sind z.T. nicht direkt vergleichbar, weil die Schulformen sich in dieser historischen Phase noch teilweise unterscheiden. Dennoch wird der Eindruck deutlich, daß die Meßzahlen sich von denen vor dem 2. Weltkrieg kaum unterscheiden. Ein etwas anderes Bild ergibt sich, wenn man die derzeit aktuellen Meßzahlen auf der Basis der gültigen Richtlinien zusammenstellt (Tab. 3.2):

Tabelle 3.1
Meßzahlen in den Ländern der Bundesrepublik (etwa 1950; Quelle: Heckel, 1952)

Land	SS/HS	VS	MS/RS	Höhere Schule		
				5.-7.	8.-10.	11.-13.
Schleswig-Holstein	25	50	50	40	35	25
Niedersachsen	25	50	45	50+10%	40+10%	30+10%
Nordrhein-Westfalen	25	50	40-50	50	40	30
Hessen	25	55	40	50	40	30
Bayern		40	40	45	40	30-35
Rheinland-Pfalz	20-25	50	30-40	50+10%	40+10%	30+10%
Wü-Baden	25	48	40			
Wü-Hohenzollern	25	60	40	40	35	25
Baden		50		45	40	30
Bremen	43				35	25
Hamburg	25	40	33		27	27
Berlin		55				

Legende: SS/HS: Sonder- /Hauptschule; VS: Volksschule; MS/RS: Mittel-/Realschule; HöS: Höhere Schule

Tab. 3.2
Meßzahlen für die Bundesländer für das Jahr 1990/91

	RP	SL	HB	NRW	NS	BY
Grundschule	30	27	25	23	25/26	32
OS			25		26	
Hauptschule	30	30	20	28	25	32
Realschule	30	30	30	28	27/30	30
Gymnasium 5-9	30	30		28		31
Gymnasium 10	33	30		28		
Gymnasium 7-10			30		27/30	
Gymnasium 11-13		28	21,5	22		30
IGS 5-10	30			28		
IGS 12-13		28		28		
KGS 5-10	30					

Die Interpretationen und insbesondere der Vergleich der Richtzahlen ist problematisch, denn die Richtlinien für die Bildung von Klassen sind durchaus unterschiedlich, wie folgende Übersicht zeigt.[53]

Baden-Württemberg: Die Klassenbildung erfolgt nach Höchstschülerzahlen (Klassenteiler)

Bayern: Die Richtwerte für die Volksschulen sind Meßzahlen, die der Zuweisung der Lehrer zugrundeliegen. Sie sind nicht Maßstab für die Klassenbildung und die Klassengröße an einzelnen Schulen. Die Schülerhöchstzahlen (HZ) sollen nicht überschritten werden. Für die Realschulen und Gymnasien ergibt sich die Klassenzahl aus dem Quotienten Schüler durch Richtzahl, wobei der Quotient stets aufzurunden ist (Höchstzahl). Eine Überschreitung des Wertes ist *nach Möglichkeit* zu vermeiden.

Berlin: In den Klassen 1-4 werden die Klassen grundsätzlich innerhalb der Bandbreite eingerichtet. Ab Klasse 5 ist eine Durchschnittsfrequenz festgelegt.

Bremen: Die Klassengröße wird als Richtwert der Lehrerzuweisung zugrundegelegt. Bei der Klassenbildung darf bis zu 10% überschritten werden.

Hamburg: Es werden Orientierungsgrößen (RW) bekanntgegeben.

Hessen: Für die Grundschule und Förderstufe (Orientierungsstufe) sind die Höchstwerte festgelegt (HZ).

Niedersachsen: Die Klassengrößenrichtwerte (RW) dienen als Orientierungshilfe. Maßgebend für die Klassenbildung ist die Erteilung der Schülerpflichtstunde aufgrund der zugewiesenen Lehrerstunden. Die Höchstzahl (HZ) soll nicht überschritten werden. Ab Schuljahr 1991/92 sind verbindliche Richtwerte geplant.

Nordrhein-Westfalen: Die Klassenzahl einer Schule ist in der Weise zu errechnen, daß die Schülerzahl durch den Klassengrößenrichtwert (RW) geteilt wird; das Ergebnis wird auf ganze Zahlen auf- bzw. abgerundet. Die Zahl der Schüler einer Klasse darf nicht über dem Klassengrößenhöchstwert (HZ) und nicht unter der Hälfte des Klassengrößenhöchstwertes (Klassengrößenmindestwert) liegen. In der Tabelle ist der Richtwert angegeben.

53) Eine solche Übersicht ist natürlich schnell veraltet. Sie soll in erster Linie die Heterogenität der Richtlinien aufzeigen.

Rheinland-Pfalz: Die Klassenmeßzahlen sind Höchstzahlen (HZ), da bei der Überschreitung dieser Zahl um 1 eine weitere Klassen gebildet werden kann. Die Klassenmeßzahlen sind Grundzahlen, die für die Eingangsklassen um 10% erhöht werden können. Bei Weiterführung von Klassen kann der 10%-Zuschlag wegfallen. Die Entscheidung trifft die Schulbehörde

Saarland: Die angegebenen Zahlen sind die Maximalwerte. Klassenmeßzahlen werden nicht mehr per Erlaß festgelegt. Die Zahlen stammen aus Ziffer 7 den *Richtlinien über die Grundsätze der Schulentwicklungsplanung der Gemeinden und Gemeindeverbände*, in der die Bemessung des Raumprogramms festgelegt wird.

Schleswig-Holstein: Es gibt nur Klassenhöchstzahlen (HZ) für die Klassenstufen 1 der Grundschule und 5 der weiterführenden allgemeinbildenden Schulen. Die gebildeten Klassen sollen in die nächstfolgenden Klassenstufen aufsteigen.

Die derzeit gültigen Regelungen zur Klassen-/Kursbildung in den einzelnen Bundesländern im allgemeinbildenden und berufsbildenden Bereich machen den Kulturförderalismus deutlich sichtbar: Sowohl hinsichtlich des Umfangs und Detailgrades der Regelungen als auch hinsichtlich der Höhe der fixierten Klassen-/ Kursgrößenwerte bestehen zum Teil beträchtliche Unterschiede zwischen den Ländern. Nur einmal, in der von der Ständigen Konferenz der Kultusminister (KMK) erarbeiteten "Bedarfsfeststellung 1961-1970", sind von den bildungspolitisch Verantwortlichen überregional einheitliche Richtwerte für die Klassengröße festgelegt worden.

Man kommt zusammenfassend zu den folgenden Erkenntnissen:

- Keinerlei Erlaßregelungen oder Richtlinien über die Höhe der Klassengrößen gibt es lediglich in Bremen. Dort werden die Klassengrößen jährlich im Rahmen der Haushaltsberatungen festgelegt.
- Bei den fixierten Klassengrößen überwiegen Höchstwertangaben. In Hamburg und Niedersachsen sind ausschließlich Richtwerte angegeben.
- Die niedrigsten Klassengrößenwerte finden sich - abgesehen von den Sonderschulen und der Hauptschule in Bremen - entweder an den Grundschulen oder an den berufsbildenden Schulen.
- Eine Differenzierung der Klassengrößen wird im allgemeinen nach Klassenstufen vorgenommen, wobei im Primarbereich in der Regel die unteren, im Sekundarbereich die oberen Klassenstufen niedrigere Schülerzahlen je Klasse aufweisen. Eine Ausnahme davon stellen die Regelungen für die

Grundschulen in Hamburg, die Hauptschulen, Realschulen und Gymnasien in Rheinland-Pfalz und die Realschulen in Nordrhein-Westfalen dar.

- Der Tatsache, daß in den letzten Jahren der Klassenunterricht durch andere unterrichtliche Organisationsformen ergänzt oder substituiert worden ist, wird in einigen Ländern durch differenzierte Erlaßregelungen zur Gruppen- und Kursstärke Rechnung getragen (Bayern, Berlin, Rheinland-Pfalz).
- Die Zulässigkeit von Über- bzw. Unterschreitungen der festgelegten Klassengrößen (z.B. um einmal gebildete Klassen fortführen zu können) ist zum Teil ausdrücklich in Erlassen festgehalten (Baden-Württemberg, Nordrhein-Westfalen, Rheinland-Pfalz). Darüber hinaus enthalten die Erlasse der meisten Länder Sonderregelungen, z.B. für die Klassenbildung bei hohem Ausländeranteil oder bei Schülern, die einer besonderen Förderung bedürfen (Baden-Württemberg, Berlin, Hamburg, Niedersachsen, Nordrhein-Westfalen, Rheinland-Pfalz).
- Der Aspekt der Bestandssicherung kleiner Schulen (z.B. Grundschulen, die nicht mehr einzügig geführt werden können, oder einzügige Haupt- und Realschulen) findet nur in Niedersachsen explizit im Rahmen der Klassengrößenregelung Berücksichtigung.
- Ein Zusammenhang zwischen Klassengröße und Stundentafel wird in Schleswig-Holstein durch die Vorgabe eines nach der Klassenschülerzahl differenzierten einheitlichen Unterrichtsangebotes hergestellt. In Niedersachsen wird ausdrücklich auf die Möglichkeit hingewiesen, im Rahmen der an allgemeinbildenden Schulen zur Verfügung stehenden Lehrerstunden zwischen größeren Klassen mit dem vollen "Plansoll" der Stundentafel und kleineren Klassen mit reduziertem Unterricht zu wählen.

DÖRPFELD (1961) kennzeichnete drei "Gebrechen" der Schulverfassungen von heute. Dazu gehören:

- die bürokratische Form des Schulregiments, der Mangel einer gebührenden Vertretung der Schulinteressenten (S. 8)
- fehlende Einheitlichkeit der Schularbeit und des Schullebens (S. 15)
- die fehlende Mitwirkung des "Technikers" (Lehrers) an amtlichen Entscheidungen (S. 68)

Wenn man diese Heterogenität der einzelnen Schulverfassungen betrachtet, so wird man immer noch die vor 30 Jahren beklagte fehlende Einheitlichkeit beobachten können. Zurückzuführen ist diese Lage auf die Kulturhoheit der Länder, die in vielen Bereichen zu unterschiedlichen Regelungen geführt hat. Man muß davor warnen, die Zahlen der Länder einander vergleichend gegenüberzustellen, weil sich die begleitenden Regelungen z.T.

sehr unterscheiden, so daß die Zahlen sehr unterschiedlich in die Praxis hineinwirken können.

Bleibt die Frage, ob die Unterschiede in den Regelungen der Bundesländer inhaltlich gerechtfertigt werden können. Dafür gibt es im Moment keine Hinweise. In den einzelnen Regelungen spiegelt sich meist der bildungspolitische Wille der regierenden Parteien bzw. der vom Finanzminister gegebene Rahmen wieder. Ein Prinzip wird allerdings erkennbar, welches im letzten Kapitel dieser Arbeit aufgegriffen wird: die Flexibilisierung der Meßzahlen für eine Organisationseinheit (hier: das Bundesland). Man kann also die Unterschiede in den Regelungen der Bundesländer als Indiz dafür werten, daß unterschiedliche Meßzahlen möglich sind. Damit ist die Hoffnung gegeben, daß für kleinere Organisationseinheiten bis hinunter zur einzelnen Schule prinzipiell spezifische Meßzahlen erlassen werden könnten. Dazu mehr aber im letzten Kapitel.

3.3 Die politischen Organisationen

Wichtig ist die Frage, wie die politischen Parteien, Gewerkschaften und Kirchen als einflußreiche politische Organsationen über die Frage der Klassengröße denken. Im folgenden wird eine eher sporadische Sammlung von Äußerungen gegeben werden können.[54]

a) SPD

In den Leitsätzen der SPD von 1964 wird gefordert: "Die Zahl der Schüler je Klasse ist zu senken" (SPD, o.J., S. 14).

1965 legte die SPD einen Diskussionsentwurf vor, das *Modell für ein demokratisches Bildungswesen*. In diesem heißt es u.a.: " An der Grundschule soll die Schülerzahl je Klasse die der Mittelstufe des Schulwesens nicht übersteigen" (SPD, o.J., S. 44). In den *Entschließungen zur Bildungspolitik* aus dem Jahre 1970 ist es ganz ähnlich zu lesen: "Die Schülerzahlen pro Klasse sind spürbar zu senken. Die Klassenfrequenzen in der Grundschule sollen die der Mittelstufe des Schulwesens nicht übersteigen" (SPD, o.J. S. 144). Schließlich formuliert die SPD in ihren kommunalpolitischen Grundsatzprogramm aus dem Jahre 1975 das Ziel, "in kleineren Klassen

---

54) Die Organisationen können nur mit erheblichem Aufwand ihre Dokumentationen durchgehen; entsprechende Archivarbeit wäre eine andere Alternative.

und bei einer höheren Lehrermeßzahl eine individuelle Förderung zu ermöglichen" (SPD, o.J. S. 149; MICHAEL & SCHEPP, 1974, S. 463).

b) CDU

Die Bundes-CDU antwortete auf ein Schreiben des Verfassers, daß es keine Aussage in ihren Programmen und Resolutionen zur Klassengröße gäbe (Brief vom 3.12.1990). Dies kann nicht stimmen, denn es gibt zumindest eine Äußerung zu unserem Themenbereich: Die CDU forderte in ihrem Schul- und Hochschulreformprogramm: "Um eine bessere Förderung des Kindes zu sichern, muß die Schüler-Lehrer-Relation in der Grundschule so verbessert werden, daß eine Individualisierung des Unterrichts möglich ist" (MICHAEL & SCHEPP, 1974, S. 443).

c) Kirchen

Die Synode der Evangelischen Kirche in Deutschland schrieb in ihrem *Wort zur Schulfrage* 1958: "Von der Errichtung der notwendigen Schulbauten und der Senkung der Klassenfrequenzen hängt es ab, ob die Schule ihre Aufgabe erfüllen kann" (MICHAEL & SCHEPP, 1974, S. 527).

d) Deutscher Gewerkschaftsbund

Der Deutsche Gewerkschaftsbund forderte 1972 in seinen Bildungspolitischen Grundsätzen

- für den Elementarbereich: "Die Zahl der Kinder ist in den einzelnen Gruppen auf ein pädagogisch vertretbares Maß zu beschränken. Sie sollte höchstens 15 betragen".
- für den Primarbereich: "Der DGB fordert, durch kleine Klassen (höchstens 25 Kinder) und Einrichtung zusätzlicher Förderstunden die Voraussetzungen für eine ausgleichende Erziehung zu schaffen" (MICHAEL & SCHEPP, 1974, S. 520f).

Im März 1982 verabschiedete der Bundesvorstand des DGB die *Bildungspolitischen Vorstellungen des Deutschen Gewerkschaftsbundes*. Darin ist die Forderung enthalten, daß Klassen nicht mehr als 25 Kinder haben sollten.

Insgesamt betrachtet ist die Befundlage sehr schlecht. Eine Schlußfolgerung aus diesen wenigen Angaben ist nicht möglich. Es wäre eine zukünftige Aufgabe, intensive Archivarbeit zu leisten - etwas, was im Rahmen dieser Arbeit nicht möglich war.

Kommen wir im folgenden deshalb zur Darstellung der tatsächlichen Klassengrößen nach 1945.

3.4 Statistik

Im folgenden wird zuerst die Lage unmittelbar nach dem Krieg skizziert, anschließend erfolgt eine Analyse der Entwicklung der Klassengröße nach 1950.

3.4.1 Die Lage nach dem Krieg

Systematisch gesammelte Daten für die Zeit nach dem Zweiten Weltkrieg liegen erst ab ca. 1950 vor. Dies wurde auf Anfrage insbesondere von Hessen bestätigt. Das Statistische Bundesamt hat in seinem Schreiben vom 5.1.1989 an den Verfasser darauf hingewiesen, daß aber auch diese Werte zu Verzerrungen führen können: "Der Begriff 'Schule' ist in den Schul- bzw. Schulverwaltungsgesetzen der meisten Länder nicht ausreichend definiert. Es kann vorkommen, daß verschiedene Schularten in einer Bildungsstätte untergebracht sind und einer gemeinsamen Leitung unterstehen. Diese verwaltungsrechtliche Abgrenzung entspricht nicht der statistischen Abgrenzung. Im Rahmen unserer Statistiken wurden als Schulen alle Einrichtungen gezählt, die ein einheitliches Bildungsziel bzw. Qualifikationsniveau haben; Doppelzählungen sind deshalb teilweise möglich" (Brief vom 5.1.1989).

Aus der unmittelbaren Nachkriegszeit liegen keine oder nur bruchstückhafte Daten vor. Hier einige Hinweise:[55]

a) BUCHINGER (1975, S. 23) schreibt für Bayern im Jahre 1945: "Viele Klassen waren mit 150 Kindern besetzt, und Fälle, in denen ein Lehrer 250 Kinder im Wechselunterricht mit sechs oder acht Stunden unterrichtete, waren keine Seltenheit." Dies erinnert an die Schulwirklichkeit in der Mitte des 19. Jahrhunderts.

---

55) Übrigens war auch in Österreich die Zahl der Kinder nach dem 2. Weltkrieg sehr hoch, wobei es Unterschiede zwischen den einzelnen Ländern gab: "In Wien entfallen nur 28 Volksschüler auf je eine Lehrperson; in Niederösterreich sind es bereits 54 und im Burgenland sogar 67 Volksschüler. Die Durchschnittszahl für ganz Österreich beträgt 46" (Lang, 1949, S. 11).

b) Durch die Kriegsereignisse und durch den Flüchtlingsstrom stieg die Zahl der Schulkinder selbst in den entlegensten Orten sprunghaft an. "Nach den allgemeinen Bestimmungen sind bis 80 Kinder in einer einklassigen Schule zulässig. Erst wenn diese Zahl überschritten wird, kommt die Einrichtung einer 2. Klasse in Frage" (HALBERSTADT, 1947, S. 4).

c) Für Rheinland-Pfalz galten folgende Zahlen:

Tabelle 3.3
Angaben für Rheinland-Pfalz für die Jahre 1947 und 1949

	1947			1949		
	Schüler	Klassen	Klgr	Schüler	Klassen	Klgr
Volksschulen	404569	8591	47,1	401494	8534	47,0
Mittelschulen				2247	81	27,7
Höhere Schulen				34482	1211	28,5

Quelle: Kleine Schriftenreihe des Statistischen Landesamtes Rheinland-Pfalz, Heft 1 und Heft 5; freundlicherweise von Mitarbeitern des Landesamtes zusammengestellt.[56]

d) Für das Land Bremen liegen für das Jahr 1949 folgenden Zahlen vor[57]

Tabelle 3.4
Klassengrößen der allgemeinbildenden Schulen im Lande Bremen (Durchschnitt Mittelschulen: 37)(Erhebung vom 15.5.1949; Daten vom Stat. Landesamt Bremen)

Volksschulen	**41**	**Höhere Schulen**	**32**
davon:		davon	
Allg. Volksschulen	42	Gymnasien	27
Hilfsschulen	22	Realgymnasien	35
Fürsorge- und Erziehungsanstalten	41	Oberschulen	31
Schwerhörigenschulen	14	Oberrealschulen	39
Gehörslosenschulen	13		

56) Die Zahl der Schüler, die Höhere Schulen besuchten, blieb also auch kurz nach dem Krieg bei unter 10% aller Schüler. Die Realitäten haben sich im Vergleich zu den früheren historischen Phasen kaum geändert. Dies zeigt auch eine folgende Übersicht.

57) An dieser Stelle sei den genannten Ämtern für ihre schnelle Hilfe und ihr freundliches Entgegenkommen sehr herzlich gedankt. Sicher ließen sich hier weitere Hinweise in Archiven finden. Die Statistischen Landesämter sowie das Bundesamt für Statistik haben keine Angaben zu diesem Zeitraum, außer den bereits genannten.

e) Amerikanische Besatzungszone

Die *Education Research Section* des High Commissioners der Vereinigten Staaten legte das Second Handbook of Basic Education Statistics vor. Ihm sind folgende Zahlen entnommen:

Tabelle 3.5
Klassengrößen der Volksschulen und "Höheren Schulen" in der amerikanischen Besatzungszone

	Volksschulen			Höhere Schulen	
	1947	1948	1949	1947	1949
Bayern	54,7	48,3	46,2	33,9	31,9
Baden- Würtemberg	52,8	42,0	42,3	33,8	31,0
Hessen	54,9	44,9	45,4	33,7	31,2
Bremen	43,4	41,8	40,6	29,2	31,5
Berlin Sektor	52,5	39,4	39,1	31,2	29,4
Gesamt	54,0	45,7	44,7	33,4	31,3

Die gleiche Quelle weist für 1949 folgende Werte auf: Volksschulen (44,7), Mittelschulen (41,3), Höhere Schulen (31,3), Berufsschulen (23,0) und Berufsfachschulen (27,0), was zu einem Gesamtwert für 1949 von 37,1 Schülern pro Klasse führt.

Die Gefahr in der Darstellung der genannten Durchschnittszahlen für die Zeit direkt nach dem Zweiten Weltkrieg liegt darin, daß diese überbewertet werden könnten. Die tatsächliche schulische Situation war anfangs von zahlreichen Faktoren der Unruhe gekennzeichnet, daß eine Überinterpretation vermieden werden sollte. Nach 1950 allerdings hatte sich die Lage konsolidiert.

3.4.2 Die Entwicklung seit 1950

Die Entwicklung der Klassengröße ist nur verständlich vor dem Hintergrund der Entwicklung der Schülerzahlen. Deshalb wird in einem ersten Schritt eine Übersicht darüber erfolgen. Dann wird die durchschnittliche Entwicklung der Klassengrößen skizziert, schließlich werden für drei Zeitpunkte die Klassengrößengruppen verglichen, da Durchschnittswerte bekanntermaßen nichts über die Breite der Klassengrößenwerte aussagen können. Die Auswahl der Zeitpunkte bestimmt sich durch die Angaben des Statistischen Bundesamtes.

3.4.2.1 Entwicklung der Schülerzahlen

Die Entwicklung der Klassengrößen kann nur in Verbindung mit den im Beobachtungszeitraum eingetretenen Veränderungen der Schülerzahlen angemessen beurteilt werden. Das Heranziehen weiterer demographischer Daten, außer vielleicht der Geburtenrate, scheint nicht angemessen, weil Klassengröße ja nicht nur durch die demographischen Daten, sondern auch und gerade durch bildungs- und finanzpolitische Einflüsse erklärt werden können.

Ab 1960 liegen Daten systematisch gesammelt vor. Es zeigt sich folgendes Bild (vgl. Abb. 3.1):

Abbildung 3.1
Die Entwicklung der Schülerzahlen 1960 bis 1987 (Bundesrepublik Deutschland) Quelle: Statistisches Bundesamt, 1988

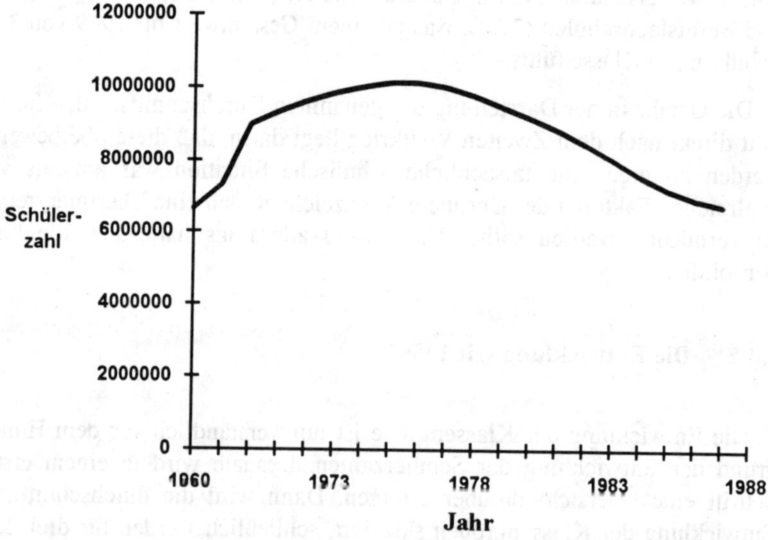

Diese Durchschnittszahlen wurden berechnet über alle Bundesländer und über alle Schularten. Der generelle Trend ist der Abbildung leicht zu ersehen: Die Schülerzahlen stiegen bis 1976 an und fallen danach wieder ab.

Diese Entwicklung der Schülerzahlen in der Bundesrepublik verteilten sich aber auf die einzelnen Schularten recht unterschiedlich. Die beruflich orientierten Schulen werden nicht berücksichtigt. Die Unterschiede sind deutlich in Abb. 3.2 zu sehen (vgl. Abb. 3.2).

Abbildung 3.2
Die Entwicklung der Schülerzahlen 1960 bis 1987 (Bundesrepublik Deutschland) für einzelne Schularten. Quelle: Statistisches Bundesamt, 1988; Schülerzahlen in Tsd.)

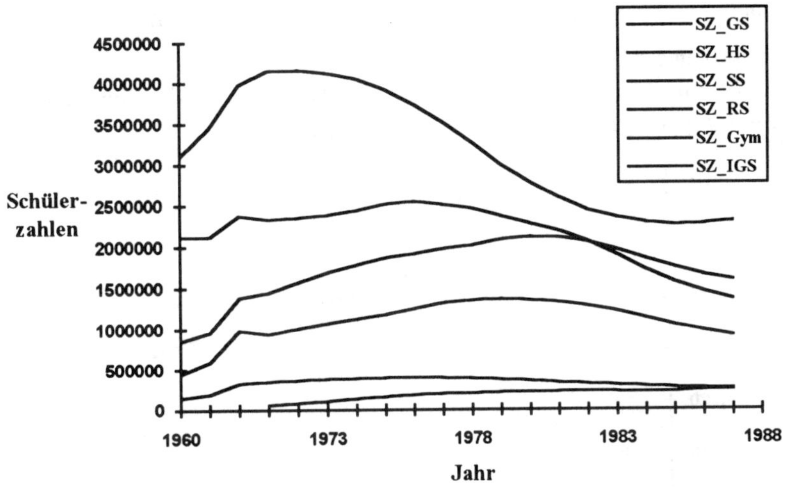

Die Kurvenverläufe lassen erkennen, daß der Rückgang der Schülerzahlen sich erst in der Grundschule auswirkt. Mit einer gewissen Zeitverzögerung setzt er sich dann auch in den weiterführenden Schulen fort. Jüngste Zahlen aus dem Grundschulbereich deuten an, daß die Schülerzahlen wieder anziehen, was bedeutet, daß auch die weiterführenden Schulen zeitlich verzögert wieder mit steigenden Zahlen rechnen müssen (Diese neuesten Angaben ergaben sich aus den Mitteilungen der Statistischen Landesämter an den Autor).

In einer Phase, in der die Klassengrößen für die Hauptschule stagnierten, stiegen diese in Realschule und Gymnasium. Gegensteuern half nichts: Es "erwies sich auch die Hoffnung als trügerisch, die rapide Expansion von Realschule und Gymnasium durch die Reform der Volksschule wirklich zum Halten zu bringen" (KLEWITZ & LESCHINSKY, 1984, S. 91). Fragt sich, ob die Trends in der Schülerzahlenentwicklung sich in der Entwicklung der Klassengrößen wiederfinden lassen.

3.4.2.2 Entwicklung der durchschnittlichen Klassengröße

Die Entwicklung der durchschnittlichen Klassengröße über alle Schularten und Länder seit 1960 ist in Abbildung 3.3 skizziert. Es zeigt sich eine deutliche Abnahme der Klassengrößen, die durch die Steigerung im Grundschulbereich der letzten Jahre aber wieder ansteigen werden.

Abbildung 3.3[58]

Die Entwicklung der Klassengrößen 1960 bis 1987 (Bundesrepublik Deutschland) Quelle: Statistisches Bundesamt, 1988

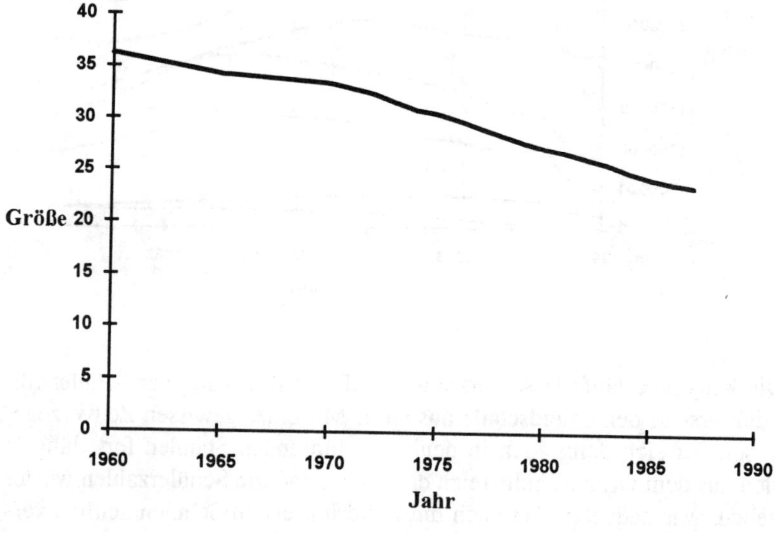

58) Die Klassengrößen wurden aufgrund der Daten des Statistischen Bundesamtes berechnet. Diese geben die Zahl der Klassen und die Zahl der Schüler pro Schulart an.

Auch diese Entwicklung ist schwerer zu interpretieren, wenn man sie nicht nach Schulart differenziert. Die Entwicklung der Klassengrößen vor 1960 sah wie folgt aus (s. Tabelle 3.6)

Tabelle 3.6
Schüler je Klasse nach Schulart 1950 und 1955

Jahr	GS/HS	Sonderschulen	Realschulen	Gymnasien
1950ab	44	27	38c	31
1955ab	36	21	37c	32

Legende:
a) einschl. Mittelschulzüge an Volksschulen, b) Bundesgebiet ohne Saarland, c) ohne Mittelschulzüge an Volksschulen
Quelle: Statistisches Bundesamt: Bevölkerung und Kultur, Reihe 10, Bildungswesen, I. Allgemeinbildende Schulen 1956-1961, S.10; Statistisches Bundesamt: Bildung im Zahlenspiegel 1984, S.45

Während sich zwischen 1950 und 1955 in den Grund- und Hauptschulen sowie in den Sonderschulen eine Reduzierung einstellte, kann man dies für die Realschulen und Gymnasien nicht beobachten.

Abbildung 3.4
Die Entwicklung der Klassengrößen 1960 bis 1987 für einzelne Schularten (Bundesrepublik Deutschland) Quelle: Statistisches Bundesamt, 1988[59]

59) Die Klassengrößen wurden aufgrund der Daten des Statistischen Bundesamtes berechnet. Diese geben die Zahl der Klassen und die Zahl der Schüler pro Schulart an.

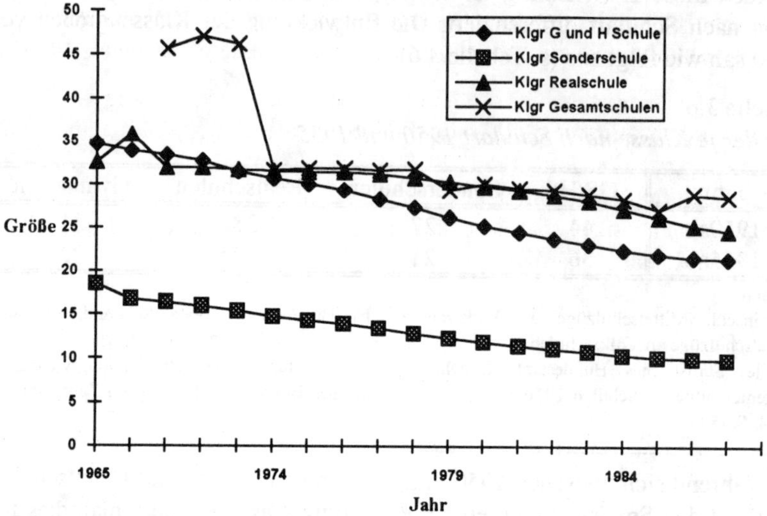

Die Entwicklung der Zahl der Schüler je Klasse bei den einzelnen Schularten seit 1960 (Bundesdurchschnitt) veranschaulicht Abbildung 3.4. In dieser Abbildung fehlt das Gymnasium. Dies liegt daran, daß für diese Schulart die Schülerzahlen aller Klassenstufen verzeichnet, die Klassengrößen sich aber nur bis zur Klassenstufe 10 erstreckten. Deshalb konnten die durchschnittlichen Klassengrößen nicht berechnet werden (vgl. RYTLEWSKI & OPP DE HIP, 1987a, S. 208ff).

Der in Abbildung 3.3 bereits deutlich gewordene Trend eines kontinuierlichen Rückgangs der durchschnittlichen Klassengröße setzt sich bei den **Grund- und Hauptschulen** weiter fort. Besonders augenfällig ist die Verringerung der Klassenschülerzahl von 1950 bis 1955 (s. Tab. 3.5). Bezogen auf den gesamten Zeitraum von 1950 bis 1983 ging die Zahl der Schüler je Klasse um fast die Hälfte zurück. Zugleich nahm auch der Anteil kombinierter Klassen ab. 1961 wurden noch an mehr als einem Viertel der Schulen Schüler von 8 und 9 Schuljahrgängen in einer Klasse von einem Lehrer unterrichtet, 50% der Schulen waren ein- und zweiklassig (Schüleranteil: 15,5%). Im Zuge der Landschulreform und der zunehmenden Verstädterung hat sich die Situation grundlegend geändert. Im Schuljahr 1980/81 besuchten nur noch 0,8% der Grund- und Hauptschüler kombinierte Klassen.

Die Entwicklung bis ca. 1985 an den Grund- und Hauptschulen wird nur noch von den **Sonderschulen** übertroffen. An den **Realschulen** waren 1983 im Durchschnitt etwa ein Viertel weniger Schüler in den Klassen als 1950.

An den **Gymnasien** fiel die Klassengröße über Jahre hinweg ab. Diese Aussage bezieht sich auf Rheinland-Pfalz, dessen Statistisches Landesamt verläßliche Daten liefert (1970: 34 Schüler, 1988: 25 Schüler). Auffallend ist hier lediglich der sprunghafte Anstieg im Jahr 1970. Dies dürfte v.a. damit zusammenhängen, daß seit diesem Jahr die Klassenstufen 11-13 nicht mehr berücksichtigt werden.

Der Vergleich der Entwicklung bei den einzelnen Schulgattungen läßt eine Verschiebung zugunsten der Grund-/ Hauptschulen erkennen. War bei diesen bis zu Beginn der 70er Jahre die durchschnittliche Klassengröße höher als an den beiden weiterführenden Schulgattungen, so liegt sie inzwischen deutlich darunter. Ein vergleichbarer Wert ist, sieht man von den Sonderschulen ab, nur an den beruflichen Schulen (ohne Berufssonderschulen) anzutreffen, bei denen sich seit 1960 die Klassengröße kaum verändert hat.

Im Grund- und Hauptschulbereich stieg die Zahl der Schüler von 1960 bis 1972 kontinuierlich an, von 5,2 Mio. auf 6,5 Mio. Danach verringerte sie sich als Folge des Mitte der 60er Jahre eingetretenen Geburtenrückgangs, aber auch der stark rückläufigen Bildungsbeteiligung an den Hauptschulen, um mehr als ein Viertel auf 4,2 Mio. (1983). Die Reduzierung der Klassengröße kam demnach dadurch zustande, daß dem Anstieg der Schülerzahlen bis 1972 mit einer überproportionalen Erweiterung des Lehrerbestandes begegnet wurde, der dann nach 1972 den sinkenden Schülerzahlen nur unterproportional angepaßt wurde. An den weiterführenden Schulen kam neben dem demographischen Effekt noch der beträchtliche Anstieg der Bildungsbeteiligung hinzu. An den Realschulen hatte dies zur Folge, daß sich die Zahl der Schüler von 1960 bis 1979 mehr als verdreifachte (von 0,4 Mio. auf 1,4 Mio.); an den Gymnasien stieg die Schülerzahl um 133% an, von 0,9 Mio. im Jahre 1960 auf 2,1 Mio. im Jahre 1980. Dies ist auch eine Folge der sog. Bildungsexpansion, die seit Mitte der 60er Jahre in der Bundesrepublik beobachtet werden kann.

Wenn die durchschnittliche Klassengröße leicht gesenkt wurde (Gymnasien), dann läßt dies Rückschlüsse darauf zu, in welchem Umfang im Zuge der Expansionspolitik der Personalbestand erweitert wurde. Der mittlerweile überall im allgemeinbildenden Schulbereich eingetretene demographisch bedingte Schülerzuwachs wird in den nächsten Jahren zu einer

Vergrößerung der durchschnittlichen Klassengrößen führen, wenn die Kultusadministration durch Personalanpassung nicht gegensteuert.

Im folgenden werden die Zahlen für die einzelnen Bundesländer dargestellt. Von den in Tabelle 3.6 dargestellten bundesdurchschnittlichen Klassengrößen-Werten weichen die Länderdurchschnitte mehr oder weniger stark ab. Am niedrigsten ist die Spannweite (1982) mit 3,0 Schülern bei den Grund- und Hauptschulen. Bei den Realschulen beträgt der entsprechende Wert 4,4, bei den Gymnasien (Klassenstufen 5-10) 4,1. Vergleicht man die Angaben von 1982 mit denen von 1964, dann zeigt sich, daß sich die Spannweiten deutlich verringert haben, wobei 1964 bei den Grund- und Hauptschulen die größte Spannweite (8,6) zu verzeichnen ist (Realschulen: 6,0; Gymnasien: 5,9).

Tabelle 3.7

Schüler je Klasse nach Schularten und Bundesländern (1964 und 1982)

	Jahr	BW	BA[b]	BE	BR	HA	HE
GHS[a]	1964	36,8	36,6	-	-	-	33,3
	1982	23,2	25,0	24,9	22,7	24,7	24,1
RS[c]-	1964	32,2	32,1	-	-	-	33,1
	1982	27,5	29,5	29,5	29,0	28,8	29,6
G	1964	28,5	27,9	-	-	-	25,3
(5-10)[d]	1982	28,3	29,7	29,1	27,2	27,3	29,5

	Jahr	NS	NW	RP	SA	SH	BG
GHS[a]	1964	32,3	36,8	39,0	38,1	30,4	-
	1982	22,4	23,4	23,3	22,1	22,0	23,6
RS[c]-	1964	31,7	34,8	35,9	37,7	27,9	-
	1982	27,5	30,1	30,6	26,6	26,2	28,8
G	1964	26,4	27,3	31,2	31,2	24,6	-
(5-10)[d]	1982	27,9	29,8	30,6	26,5	27,0	29,1

Legende:

a) ohne (Berlin mit) Sonderschulklassen und Realschulzug alter Art in Grund- und Hauptschulen

b) einschließlich Klassenstufen 5 und 6 der Grundschule

c) einschließlich Realschulklassen an Hauptschulen und der 3-4jährigen Wirtschaftsschulen in Bayern

d) Aufteilung der Klassen teilweise geschätzt

Quelle: Statistische Veröffentlichungen der Kultusministerkonferenz, Dokumentation Nr. 83 vom Nov. 1983; Hessische Bildungspolitik in Zahlen - Daten aus dem Schulbereich (Ausgabe 1984)

3.4.2.3 Die Entwicklung der Klassengrößen nach Gruppen

Hinter den dargestellten Bundes- und Landesdurchschnittswerten können sich unterschiedliche Verteilungen der Klassengröße verbergen. Im Extremfall kann der Durchschnittswert das Ergebnis des Zusammentreffens sehr kleiner und sehr großer Klassen sein. Um dies zu überprüfen, wurden für die einzelnen Schulformen auch nach Klassengrößen-Gruppen differenzierte Statistiken von WEISS (1985) zusammengestellt. Angaben zur Verteilung der Klassen auf Klassengrößen-Gruppen wurden bis 1972 vom Statistischen Bundesamt veröffentlicht, für Volksschulen erstmals 1957, für die übrigen

Schulgattungen seit 1965. Für die Zeit nach 1972 finden sich nur noch in den Schulstatistiken einiger Länder entsprechende Hinweise. Informationen darüber, wie sich die Schüler anteilmäßig auf die einzelnen Klassengrößen-Gruppen verteilen, liegen für das Bundesgebiet nur für ein Jahr (1969) und eine Schulgattung (Volksschulen) vor. Auch in den Länderstatistiken sind schülerbezogene Angaben nur vereinzelt anzutreffen. Dieser Zustand ist wahrlich kein Beispiel für transparente Politik, auch wenn es für ein Bundesland (Bayern) immer wieder Übersichten gibt (ORTNER, 1970, 1980).

Die Tabellen 3.8 bis 3.10 geben einen Überblick über die Verteilung der Klassen auf Klassengrößen-Gruppen für das alte Bundesgebiet. Anhand dieser Tabellen läßt sich zunächst feststellen, daß bei den Volks- und Realschulen die Klassen annähernd normalverteilt sind. Ein davon abweichendes Profil, das durch keine deutlich ausgeprägten Häufigkeitsunterschiede charakterisiert ist, weisen die Gymnasien auf. Richtet man das Augenmerk nur auf die extremen Größenbereiche (<25, >40), dann zeigt sich folgendes Bild: Bei den Volksschulen (Tab. 3.7) entsprach der Anteil der Klassen mit weniger als 26 Schülern 1972 (11,1%) etwa demjenigen im Jahre 1957 (11,3%). Der Anteil der Klassen mit mehr als 40 Schülern war dagegen 1972 deutlich niedriger als 1957 (9,9% gegenüber 30,1%). Ähnlich verlief die Entwicklung bei den Realschulen (vgl. Tab. 3.9). Bei den Gymnasien, die im Vergleich zu den anderen Schulgattungen einen wesentlich höheren Anteil von Klassen im unteren Größenbereich aufweisen, ist im Zeitraum 1965 bis 1972 ein Rückgang bei den Klassen unter 26 Schülern von 40,6% auf 32,9% zu verzeichnen. Leicht rückläufig war auch der - ohnehin relativ unbedeutende - Anteil der Klassen mit mehr als 40 Schülern (1965: 6,6%; 1972: 5,1%).

Tabelle 3.8

Klassen nach Klassengrößengruppen an öffentlichen Volksschulen (Bundesgebiet; obere Reihe absolute, untere prozentuale Werte)

Jahr	Klassen	davon mit einer Schülerzahl von...Schülern				
		insgesamt	bis20	21-25	26-30	31-35
1957e	abs.	134.876	5.217[b]	9.982[b]	19.982[b]	28.995[b]
	v.H.	100	4,0	3,9	7,4	14,8
1961e	abs.	122.589	2.926[a]	7.703[a]	18.461[a]	27.831[a]
	v.H.	100	3,3	2,4	6,3	15,1
1965	abs.	159.389	4.110	13.504	30.250	40.032
	v.H.	100	1,9	2,6	8,5	19,0
1969	abs.	144.341	1.914	8.346	24.591	39.930
	v.H.	100	1,2	1,3	5,8	17,0
1972	abs.	197.607	3.852	18.232	47.529	64.692
	v.H.	100	1,6	0,2	1,9	9,2
Jahr	Klassen	davon mit einer Schülerzahl von...Schülern				
		36-40	41-45	46-50	51-55	>55
1957e	abs.	9.725[b]	22.725[b]	11.642[b]	5.443[bc]	924[bd]
	v.H.	21,5	22,2	16,8	8,6	0,7
1961e	abs.	28.425[a]	20.489[a]	11.104[a]	4.070[a]	1.580[a]
	v.H.	22,7	23,2	16,7	9,1	1,3
1965	abs.	35.636	22.304	9.702	2.964	896
	v.H.	25,1	22,4	14,0	6,1	0,6
1969	abs.	38.300	21.411	7.673	1.711	465
	v.H.	27,7	26,5	14,8	5,3	0,3
1972	abs.	43.732	15.921	3.079	491	72
	v.H.	24,1	32,7	22,1	8,1	

Tabelle 3.9

Klassen nach Klassengrößengruppen an öffentlichen Realschulen (Bundesgebiet)

Jahr	Klassen	davon mit einer Schülerzahl von ... Schülern				
		insgesamt	<21	21-25	26-30	31-35
1965	abs.	15.068	378	1.654	3.386	4.542
	v.H.	100	2,5	11,0	22,5	30,1
1969	abs.	23.438	479	2.097	5.199	7.561
	v.H.	100	2,0	8,9	22,2	32,3
1972	abs.	28.729	609	2.861	7.603	10.294
	v.H.	100	2,1	10,0	26,5	35,8
Jahr	**Klassen**	**davon mit einer Schülerzahl von ... Schülern**				
		insgesamt	36-40	41-45	46-50	> 51
1965	abs.	15.068	3.460	1.329	279	40
	v.H.	100	23,0	8,8	1,9	0,3
1969	abs.	23.438	5.851	2.009	226	16
	v.H.	100	25,0	8,6	1,0	0,1
1972	abs.	28.729	6.016	2.288	58	
	v.H.	100	20,9	4,5	0,2	

Tabelle 3.10

Klassen nach Klassengrößengruppen an öffentlichen Gymnasien (Bundesgebiet)

Jahr	Klassen	mit einer Schülerzahl von ... Schülern						
		bis 20	21-25	26-30	31-35	36-40	41-45	>45
1965	abs.	6.586	5.553	5.712	5.776	4.259	1.685	312
	v.H.	22,0	18,6	19,1	19,3	14,3	5,6	1,0
1969	abs.	7.659	7.095	8.222	9.126	6.889	2.421	202
	v.H.	18,4	17,0	19,8	21,9	16,6	5,8	0,5
1972	abs.	7.551	7.911	9.671	11.468	8.060	2.236	131
	v.H.	16,1	16,8	20,6	24,4	17,1	4,8	0,3

Legende:

a) Ohne Baden-Württemberg, b) ohne Mittelschulzugklassen, c) in Nordrhein-Westfalen 51 und mehr Schulen, d) ohne Nordrhein-Westfalen, e) ohne Berlin

Quelle: Stat. Bundesamt, Bevölkerung und Kultur, Reihe 10, I Allgemeinb. Schulen und eigene Berechnungen

Es bleibt festzuhalten, daß sich die Klassengrößen in der Bundesrepublik kontinuierlich verringert haben. Erst in jüngster Zeit ist ein erneuter Anstieg zu verzeichnen.

Die Frage ist, wie sich diese Trends interpretieren lassen. Im folgenden sollen dazu einige Möglichkeiten diskutiert werden:

a) Die Schülerzahlen. Die Zahlen über die Entwicklung der Klassengrößen kann man den entsprechenden der Schülerentwicklung gegenüberstellen. Vergleicht man bspw. die Kurvenverläufe in Abb. 3.2 und 3.3, dann wird deutlich, daß generell die Klassengrößen auch zu einem Zeitpunkt sanken, als die Schülerzahlen noch im Aufsteigen begriffen waren. Bis Mitte der siebziger Jahre kann man vermuten, daß bildungspolitisch der Schülerzahlenentwicklung eine mehr als kompensierende Personalentwicklung gegenüberstand. Und dies trotz der negativen Selbstanalyse der damaligen Bundesregierung.In den Zielvorstellungen der Bundesregierung heißt es: "Senkung der Klassenfrequenz und Erhöhung der Zahl der Unterrichtsstunden" (Bildungsbericht '70, S. 43). Weiter heißt es: "Trotz aller Anstrengungen ist es wegen der steigenden Schülerzahlen nicht gelungen, die Klassenfrequenzen im allgemeinbildenden Schulwesen auf die seit 1963 von der Kultusministerkonferenz (KMK) schrittweise angestrebten sogenannten Mittelwerte zu senken. Dabei stellen die Mittelwerte der KMK keineswegs Idealvorstellungen dar" (Bildungsbericht '70, S. 20ff).

Durch die in den letzten Jahren wieder steigenden Schülerzahlen werden auch die Klassen wieder größer werden, wenn nicht mehr Personal eingestellt wird oder andere Parameter geändert werden (Wochenstundenzahl etc.). Damit stellt sich die Frage nach bildungspolitischen Trends.

b) Bildungspolitische Trends. Es gibt gerade für die Erziehungsgeschichte einige Modelle der Phaseneinteilung nach bildungspolitischen Gesichtspunkten. Diese Modelle widersprechen sich zum Teil. KANZ stellt mehrere solcher Modelle vor, die hier kurz beschrieben werden sollen. Das erste Modell von RUPP gliedert sich zweifach: Die Zeit von 1949 bis 1966/67 und die Zeit danach, zumindest bis 1978. Dieses Modell sieht sich eher von politisch-ökonomischen Zusammenhängen her strukturiert. Das zweite Modell von HARNDEN gliedert die deutsche Geschichte von 1945 bis 1970 schlicht in Fünferschritten. Das dritte Modell von KULMANN unterscheidet die zwei Phasen der "Non-Reform", einmal von 1949 bis 1960 und von 1960 bis 1966. Die dritte Phase (Phase der Reform) ist der Zeitabschnitt ab 1967.

Dieses Modell geht von einem festgefügten Verständnis von Reform aus. Das vierte Modell gliedert die Zeit von 1945 bis 1959 als eine an Weimar angeknüpfte Bildungspolitik, die Zeit von 1960 bis 1963 als Empirisierung und Ideologisierung bzw. demokratisierende Bildungsreform und die Zeit von 1974 bis 1979 als die Zeit der Reformen. Dieses Modell akzentuiert zweifelsohne mehr die Eigenart und die Eigenberechtigung der Phasen. Das fünfte und letzte Modell schließlich stammt von KLAFKI und gliedert sich in vier Phasen: Die erste Phase reicht von 1949 bis 1959/60, welches die Orientierung an Weimar markiert, die zweite Phase (Übergangsphase) geht von 1960 bis 1965, die dritte Phase (intensiver Reformaufschwung) geht von 1965 bis 1973; 1974 schließlich beginnt die Stagnations- bzw. Restaurationsphase. Dieses letzte Modell differenziert das dritte Modell, indem es dies zeitlich fortführt, andererseits aber die Erfahrungen der verschiedenen Phasen ausführlicher bedenkt. Klafkis Stagnationsphase markiert genau den Zeitpunkt in der Schülerzahlenentwicklung, zu dem die Zahlen wieder sanken. Klafkis Modell könnte auch für den Bereich Klassengröße gelten. Wie oben bereits betont, verlaufen die Schülerzahlen- und Klassengrößenkurven ab Mitte der siebziger Jahre parallel. Hätten die Politiker die Einstellung der Lehrer so fortgeführt wie vorher, dann hätten die durchschnittlichen Klassengrößen noch stärker abnehmen müssen. Absolut - so läßt sich festhalten - hat sich eine Verbesserung ergeben, relativ dagegen nicht.

c) Das Lehrerdefizit. BUCHINGER (1975, S.654) konnte herausarbeiten, daß die zeitliche Entwicklung der Klassengrößen von 1955 bis 1970 dem prozentualen Lehrerdefizit nahezu parallel läuft: je höher das Lehrerdefizit war, desto größer war auch die Klassengröße. Diese Beziehung ist keineswegs tautologisch, weil man auch durch andere organisatorische Maßnahmen zur Unabhängigkeit beider Variablen beitragen könnte.

3.4.2.4 Exkurs: Klassengrößen in der Deutschen Demokratischen Republik

Es sei im folgenden ein kleiner Exkurs über die Entwicklung der Klassengrößen in der DDR gestattet. Dies soll dem Vergleich mit den Statistiken der Bundesrepublik dienen. Zuvor eine kurze Erklärung der berücksichtigten Schularten:

a) *Zehnklassige allgemeinbildende polytechnische Oberschulen*: Dies war die grundlegende Schulform der DDR für alle weiterführenden Bildungswege und die berufliche Tätigkeit (1989 ca. 2 Mio. Schüler).

b) *Erweiterte allgemeinbildende polytechnische Oberschulen*: Diese Schule führte in zwei Jahren zur Hochschule und baute auf der unter a) genannten auf (1989 ca. 20 Tsd. Schüler).

c) *Spezialschulen*: Dieser Schultyp glich dem unter a), allerdings mit verstärktem Unterricht in bestimmten Fächern. Abschluß ist die Reifeprüfung (1989 ca. 1600 Schüler).

d) *Sonderschulen*: Diese Schulen bildeten Kinder mit psychischen oder physischen Störungen aus (1989 ca. 64000 Schüler. Die Sonderschulen der DDR hatten Klassengrößen, die in den Bereich fallen, der durch bisherige Statistiken zu diesem Schultyp umrahmt wurde.

In der folgenden Tabelle sind die Klassengrößen für die eben genannten Oberschultypen zu entnehmen.

Tabelle 3.11
Klassengrößen für vier Schultypen der DDR

Jahr	Zehnklassige POS		Erweiterte POS	
	Klassengröße	Schülerzahl	Klassengröße	Schülerzahl
1955	27,7	1,7 Mio	25,2	107 Tsd.
1960	25,3	1,9 Mio	25,3	82 Tsd.
1965	27,6	2,3 Mio	26,1	85 Tsd.
1970	27,7	2,5 Mio	25,1	55 Tsd.
1975	26,2	2,6 Mio	21,3	48 Tsd.
1980	22,6	2,2 Mio	20,4	46 Tsd.
1985	20,7	1,9 Mio	18,0	43 Tsd.
1989	21,3	2,0 Mio	16,6	40 Tsd.

Quelle: Statistisches Jahrbuch der Deutschen Demokratischen Republik 1990 (vgl. RYTLEWSKI & OPP DE HIP, 1987b, S. 155f).

Aus der Tabelle ist ersichtlich, daß in beiden Schularten die Klassengrößen in den letzten 35 Jahren abgenommen haben. Besonders auffällig ist die Veränderung bei der erweiterten POS. Diese Entwicklung kann gerade beim letztgenannten Schultyp z.T. durch die Abnahme der Schülerzahlen an der Erweiterten POS erklärt werden.

Die Spezialschulen hatten - wie bereits genannt - die Ausbildung auf bestimmte Fächer konzentriert. Dazu gehören (in Klammern die Schülerzahlen und Klassengrößen für 1989): Mathematik/Naturwissenschaften/Technik (2790, 16,9), Fremdsprachen (6496, 20,0), Musik (1683, 17,0), Bühnentanz/Artistik (280, 12,2) und Sport (10053, 10,2). Es fällt auf, daß die meisten Schüler in Spezialschulen für Sport gingen, und daß dort die Klassen mit ca. 10 Schülern weitaus am kleinsten waren (Quelle: s. Tab. 3.11).

3.5 Finanzierung

Die Finanzierung des derzeitigen Schulwesens interessiert hier für den Primarbereich sowie für den Sekundarbereich I und II. Der Bund bezahlt im Primarbereich Modellversuche zur Hälfte, Ausbildungsförderung zu 65% und ist verantwortlich für die Einrichtung überbetrieblicher Lehrwerkstätten. Das Land finanziert die Lehrer zu 100% und gibt Zuschüsse zu Schulbau, Lehr- und Lernmitteln sowie zur Ausbildungsförderung (35%). Das Land finanziert ebenfalls 50% der Kosten der Modellversuche, gibt Zuschüsse an Privatschulen und für den Schülertransport. Die Gemeinde muß das nichtlehrende Personal zu 100% finanzieren, ebenso den Schulbau und die Schulunterhaltung, Lehr- und Lernmittel und den Schülertransport (MÄDIG, 1984, S.265).

Intendierte Veränderungen der durchschnittlichen Klassengröße beeinflussen über die Planungsgröße Schüler-Lehrer-Relation den Lehrerbedarf und damit die Höhe der Bildungsausgaben des Landes. Die Schüler-Lehrer-Relation (RE) (als Planungsgröße) gibt an, für wieviel Schüler jeweils eine Lehrerplanstelle bereitgestellt wird. Klassengröße wirkt sich also nicht direkt auf die Finanzierung aus, wie oft behauptet wird (HALL & CARROLL, 1973; STERN, 1987). Die determinierenden Faktoren sind:

- die durchschnittliche Klassen-/ Gruppen-/ Kursgröße (F),
- das Angebot an durchschnittlichen Wochenstunden je Lehrer (Lehrerwochenstunden) (A),
- der Bedarf an Unterrichtsstunden je Klasse pro Woche (Schülerwochenstunden) (B).

In welchem Zusammenhang diese Faktoren stehen und von welchen Größen sie ihrerseits abhängen, veranschaulicht Abbildung 3.5. Anhand der nachstehenden Formel lassen sich die Zusammenhänge quantitativ darstellen (Brief von der BLK vom 2.10.1990):

$$\text{Schüler} - \text{Lehrer} - \text{Relation} = \frac{\text{Klassengröße X Unterrichtswochenstunden je Lehrer}}{\text{Unterrichtswochenstundenbedarf je Klasse}}$$

das bedeutet aber für die Klassengröße:

$$\text{Klassngröße} = \frac{\text{Schüler - Lehrer - Relation X Unterrichtswochenstunden je Lehrer}}{\text{Unterrichtswochenstundenbedarf je Klasse}}$$

Abbildung 3.5

Komponenten der Schüler-Lehrer-Relation (HIBS: Materialien zur Schulentwicklung 1982, S.70)

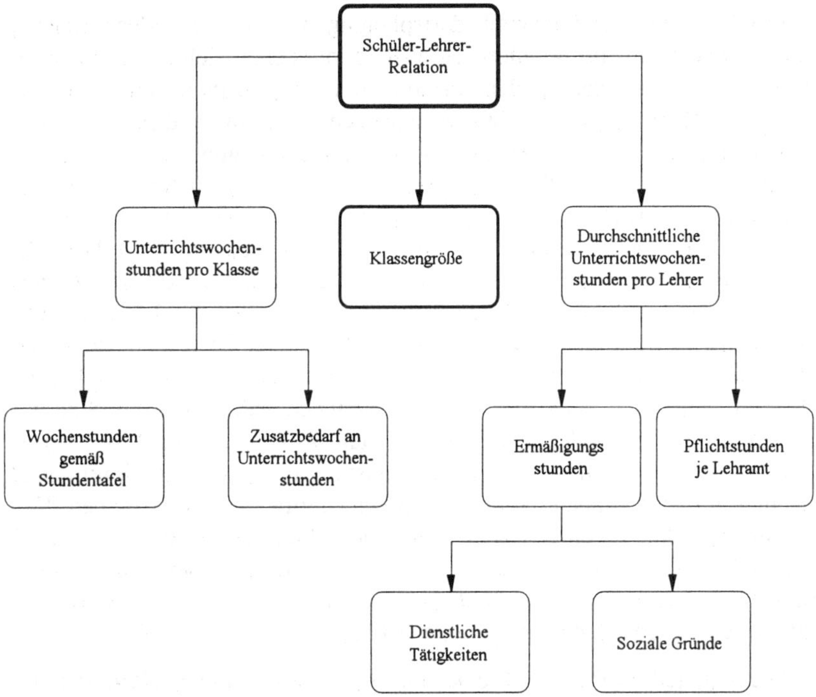

Die Forderung, durch Einstellung einer größeren Zahl von Lehrern eine Verkleinerung der Klassen zu erreichen, setzt also voraus, daß die beiden anderen Faktoren konstant bleiben. Die bedeutet aber auch, daß die Klassengröße gesenkt werden könnte, wenn (a) Lehrer mehr arbeiten würden, oder wenn (b) die Klassen weniger Unterricht erhalten würden.

Ist z.B. an Grundschulen ein Bedarf von 30 Schülerwochenstunden zu decken und ist für 20 Schüler eine Lehrerstelle mit durchschnittlich 25 Wochenstunden vorgesehen, dann ergibt sich ein Wert von 24 für die durchschnittliche Klassengröße. Ist nun beabsichtigt, die Klassengröße auf 22 zu senken, dann verringert sich RE (bei Konstanz von A und B) auf 18,3. Bei einer erwarteten Schülerzahl an Grundschulen von z.B. 280.000 in einem

Bundesland wären dann etwa 15.000 Planstellen erforderlich. Das sind 1.300 Planstellen mehr als bei der ursprünglichen Schüler-Lehrer-Relation von 20. Die damit verbundenen personellen Mehraufwendungen würden sich bei den gegenwärtigen Plankostenansätzen - legt man nur ein Haushaltsjahr zugrunde - auf knapp 115 Mio. DM belaufen.[60]

Probleme bei der Personalbedarfsplanung bzw. Lehrerstellenzuweisung anhand der Kennzahl Schüler-Lehrer-Relation stellen sich dann ein, wenn größere Abweichungen bei den einzelnen in die Kennzahl eingehenden Faktoren vom Durchschnitt (Richtwert) auftreten. Aufgrund sinkender Schülerzahlen traf dies für die Klassengröße zu. Je mehr Schulen mit unterdurchschnittlicher Klassengröße zugelassen werden, desto mehr Schulen müssen überdurchschnittlich große Gruppen bilden. Ist dies nicht möglich, dann erfolgt der Ausgleich über andere Faktoren, in der Praxis vor allem durch Reduzierung der erteilten Unterrichtsstunden. Ein Beispiel soll den Zusammenhang verdeutlichen: In einem Einzugsbereich seien 1200 Hauptschüler zu versorgen. Bei einem Richtwert für die Klassengröße von 30 und einem Wert für die Lehrerwochenstunden von 28 kann bei einer Schüler-Lehrer-Relation von 24 ein Bedarf an 35 Wochenstunden gedeckt werden. Sind nun aber aufgrund sinkender Schülerzahlen statt 40 Klassen (= 1200 : 30) 48 Klassen gebildet worden, d.h., ist die Klassengröße auf durchschnittlich 25 Schüler zurückgegangen, dann können bei Zugrundelegung desselben Wertes für die Schüler-Lehrer-Relation und die Lehrerwochenstunden nur noch knapp 29 Schülerwochenstunden erteilt werden. (Zum Problem der Lehrerbedarfsplanung bei sinkenden Schülerzahlen vgl. Hessisches Institut für Bildungsplanung und Schulentwicklung (HIBS), 1982, insbes. 74ff).

Die BLK teilt in ihrem Schreiben an den Verfasser vom 5.9.1990 mit, daß die "durchschnittliche Klassengröße bei den planerischen Arbeiten der BLK etwa zum Lehrerbedarf eine eher untergeordnete Rolle gespielt hat. Die BLK hat sich bei solchen Arbeiten stets auf die Schüler-Lehrer-Relationen gestützt, ohne dabei zu verkennen, daß die durchschnittliche Klassengröße - wie auch der Unterrichtswochenstundenbedarf und das Stundendeputat der Lehrer - die Schüler-Lehrer-Relation maßgeblich beeinflußt."

Im Bildungsgesamtplan der Bund-Länder-Kommission aus dem Jahre 1973 errechnete für die folgenden Jahre folgende Schüler-Lehrer-Relationen:

---

60) Zu den Ausgaben im Schulsystem siehe HAUG, 1983, 1984

Tabelle 3.12
Prognostizierte und (in Klammern) tatsächliche Schüler-Lehrer-Relation[61]

	1970	1975	1980	1985
Elementarbereich	20,4	18,0	17,0	17,0
Primarbereich	37	33-30	25-22	23-19
		(30,3)	(23,4)	(19,9)
Sekundarbereich I	23,2	22-21	22-20	20-18
		(22,3)	(19,9)	(16,1)
Sekundarbereich II	15,6	14	14	14-12
		(14,1)	(13,6)	(12,2)
Sonderschulen	15,6	14	12	11
		(11,8)	(8,7)	(6,9)

Man kann zwei Dinge festhalten: (1) Im Bildungsgesamtplan wird eine Verbesserung der Lehrer-Schüler-Relation im Primarbereich gefordert (S. 22). Dies ist umgesetzt worden, auch in den anderen Breichen. (2) Die Prognosewerte werden meistens unterschritten. Dies bedeutet aber, daß die Personal-Ausgaben pro Schüler gestiegen sein müssen. Sie werden weiterhin steigen müssen, wenn man die Klassen nicht wieder größer werden lassen will.

3.6 Zusammenfassung

Dieses Kapitel beschäftigte sich mit verschiedenen politischen, rechtlichen und statistischen Aspekten des Problemkreises Klassengröße in der Bundesrepublik Deutschland.

Die Institutionen der **Bildungsberatung** (Deutscher Ausschuß, Bildungsrat) haben sich in ihren diversen Gutachten und Stellungnahmen kaum mit der Klassengröße beschäftigt. Der einzige Bereich, über den unter diesem Aspekt nachgedacht wurde, ist das Sonderschulwesen. Diese Tatsache ist ein weiteres Indiz dafür, wie gering der Stellenwert der Klassengröße ist (vgl. Kapitel 1).

Der **juristische Aspekt** wurde unter zwei Gesichtspunkten diskutiert: Zum einen wurden die Empfehlungen und Beschlüsse der KMK im Hinblick

61) Der BLK sei an dieser Stelle sehr herzlich für Ihre Unterstützung gedankt.

auf Klassengröße durchgesehen, zum anderen wurden die Meßzahlen um 1950 und heute zusammengestellt.

Die KMK hat sich mit Klassengröße nicht beschäftigt. Selbst in zentralen Abkommen spielt sie keine Rolle. Dabei stellt sich allerdings berechtigt die Frage, ob gerade Klassengröße das zentrale Qualitätsmerkmal von Schule ist. Man muß der KMK zugestehen, daß Faktoren des Schulsystems in erster Linie nicht auf Klassenebene angesiedelt sind. Dennoch oder gerade deshalb sind die Beschlüsse der KMK auch ein Indiz für den Stellenwert der Klassengröße als bildungspolitische Komponente. Vielleicht liegt aber auch an der falschen Ebene angesetzt worden: Klassengröße wird wohl eher ein Kriterium der Umsetzung der Beschlüsse der KMK auf Landesebene sein.

Deshalb wurden die Meßzahlen der Bundesländer verglichen, weil auf Landesebene die Klassengröße als Planungsfaktor sehr wohl eine Rolle spielt. Die Regelungen zur Klassenbildung, welche auch die Klassenmeßzahlen einschließen, sind in der einzelnen Bundesländern in Umfang und Detailgrad sehr unterschiedlich und sind deshalb schwer direkt zu vergleichen.

Nach dieser Beschäftigung mit kultusadministrativer Planung wurden die Stellungnahmen der **politischen Organisationen** zur Klassengröße näher betrachtet. Parteien, Gewerkschaften und Kirchen fordern kleinere Klassen. Dieses Ergebnis muß allerdings noch durch intensive Archivarbeit untermauert werden.

Der nächste Aspekt war die **tatsächliche Entwicklung** der Klassengrößen seit dem Zweiten Weltkrieg. Die Klassengrößen sanken seit Ende des 2. Weltkrieges und der Nachkriegsphase kontinuierlich. Dieser Trend ist derzeit nicht nur gestoppt, die Schülerzahlen steigen wieder, was sich aus jüngsten (in den Graphiken noch nicht berücksichtigten) Zahlen zum Grundschulbereich zeigt. Und da es eine enorme Verschiebung des Anteils der Schüler, der weiterführende Schulen besuchte, gab, kommt wieder verstärkter Handlungsbedarf für alle Schularten auf die Bildungsplaner zu.

Der letzte diskutiert Aspekt war die Rolle der Klassengröße in der **Finanzplanung**. Der entscheidende Kostenfaktor ist die Relation zwischen Lehrern und Schülern. Die Klassengröße ist aber für diesen Faktor nicht alleine verantwortlich, sondern es kommen hinzu: Lehrerwochenstunden und Schülerwochenstunden. Diese Erkenntnis ist wichtig, um zu verstehen, daß die Formel: je kleiner, desto teuerer, so nicht stimmt.

Soweit zu den historischen und rechtlichen Bedingungen um die Klassengröße. Obwohl sich einerseits die Klassengrößen generell verringert haben und andererseits Klassengröße nicht der alleinige Kostenverursacher ist, sind die Argumente pro und contra verhärtet geblieben.

Das Lied von der kleinen Klasse (erste Strophe).

Frühaufstehn, das ist nicht immer schön und dann auch noch
in die Schule gehn.
Manchmal hat man da doch ziemlich Angst, vor so vielem,
was passieren kann.
Morgen schreiben wir Diktat, was ich gar nicht gerne mag,
und ich denk auch gleich daran, daß ich rechnen noch nicht kann.
Denn der Lehrer kümmert sich nur um wenige, nicht um mich.

Refrain:
Mensch, da braucht man doch ne kleine Klasse,
wo man auch mal was sagen kann
und wo der Lehrer nicht so laut zu schreien braucht,
und einer hilft dem anderen dann.

Geschrieben von der *Aktion kleine Klasse.*

LITERATUR

Adam, U. (1979). *Judenpolitik im Dritten Reich*. Königstein: Athenäum

Allgemeines Landrecht für die Preußischen Staaten. (1970). Frankfurt: Metzner.

Alt, R. (1960). *Bilderatlas zur Schul- und Erziehungsgeschichte*. Berlin: Volk und Wissen.

Anderson, K. E. (1950). The relationship between teacher load and student achievement. *School Science and Mathematics*, *50*, 468- 470.

Anger, H. (1970). Kleingruppenforschung heute. In E. Meyer (Hrsg.), *Die Gruppe im Lehr- und Lernprozeß* (S. 93-121). München: Reinhardt.

Apel, H. J. (1984). *Das preußische Gymnasium in den Rheinlanden und Westfalen 1814-1848*. Köln: Böhlau.

Arbeitsgruppe am MPI für Bildungsforschung. (1990). *Das Bildungswesen in der Bundesrepublik Deutschland*. Reinbeck: Rowohlt.

Bachem, J. & Sacher, H. (1912). *Staatslexikon*. Freiburg: Herder.

Bain, H. P. & Achilles, C. M. (1986). Interesting developments on class size. *Phi Delta Kappan*, *67*, 662-665.

Bartmann, T. (1974). *Psychologie der Lern- und Erziehungsschwierigkeiten*. Bochum: Kamp.

Bateson, G. (1987). *Geist und Natur*. Frankfurt: Suhrkamp.

Baumgart, F. & Zymek, B. (1977). Schule und gesellschaftliche Entwicklung im 18. Jahrhundert. *Zeitschrift für Pädagogik*, *23*, 617-624.

Becker, H. (1980). *Auf dem Weg zur lernenden Gesellschaft*. Stuttgart: Klett-Cotta.

Becker, P. (1980). *Studien zur Psychologie der Angst*. Weinheim: Beltz.

Beier, A. (1902). *Die höheren Schulen in Preußen und ihre Lehrer*. Halle: Verlag der Buchhandlung des Waisenhauses.

Bennett, S. (1987). *New dimensions in research on class size and academic achievement*. National Center on Effective Secondary Schools, Madison.

Benze, R. (1940). Der Umbruch der Schulerziehung im Spiegel grundlegender Reichserlasse. In R. Benze (Hrsg.), *Bericht über die Entwicklung der deutschen Schule 1933-1939* (S. 15-41). Berlin: Mittler & Sohn.

Blankertz, H. (1982). *Die Geschichte der Pädagogoik*. Wetzlar: Büchse der Pandora.

Blomberg, E. v. & Lutzmann, K. (1976). Zu große Klassen sind ein Übel. *Hamburger Lehrerzeitung*, *19*, 627-631.

Bornhak, C. (1889). Das preussische Unterrichtwesen als Staatsinstitut in rechtsgeschichtlicher Entwicklung. In P. Laband & F. Stoerk (Hrsg.). *Archiv für Öffentliches Recht (Band 4)*, 101- 146.

Brandau, H. W. (1959). *Die mittlere Bildung in Deutschland.* Weinheim: Beltz.

Brauchitsch, M. v. (1933). *Verwaltungsgesetze für Preußen (Band 6; 2 Teilbände).* Berlin: Heymann.

Brauns, C. E. & Theobald, F. A. A. (1837). *Statistisches Handbuch der deutschen Gymnasien. Band 1 für 1886.* Kassel: Krieger.

Bremen, E. v. (1905). *Die Preußische Volksschule. Gesetze und Verordnungen.* Stuttgart: Cotta.

Buchinger, H. (1975). *Volksschule und Lehrerbildung im Spannungsfeld politischer Entscheidungen 1945-1970.* München: Ehrenwirth.

Clausnitzer, L. (1891). *Geschichte des Preußischen Unterrichtsgesetzes.* Berlin: Goldschmidt.

Comenius, J. A. (1909). *Didactica magna.* Breslau: Hirt.

Comenius, J. A. (1960). *Pampaedia.* Heidelberg: Quelle & Meyer.

Condorcet, M. d. (1966). *Allgemeines Organisation des öffentlichen Unterrichtswesens.* Weinheim: Beltz.

Conze, W. (1976b). Sozialgeschichte 1850-1918. In H. Aubin, & W. Zorn (Hrsg.), *Handbuch der deutschen Wirtschafts- und Sozialgeschichte* (S. 602-680). Stuttgart: Klett.

Diesterweg, A. (1853). *Jahrbuch für Lehrer 1853.* Berlin: Selbstverlag.

Dietrich, T. (1975). *Geschichte der Pädagogik.* Bad Heilbrunn: Klinkhardt.

Dietrich, T. & Klink, J. G. (1964). *Zur Geschichte der Volksschule.(Band 1: Volksschulordnungen 16.- 18. Jahrhundert).* Bad Heilbrunn: Klinkhardt.

Doll, A. (1983). *Texte zur Landesgeschichte. Nationalsozialismus im Alltag.* Speyer: Landesarchiv.

Eilers, R. (1963). *Die nationalsozialistische Schulpolitik.* Köln: Westdeutscher Verlag.

Elzer, H. M. (1971). Herbart. In W. Horney et al. (Hrsg.), *Pädagogisches Lexikon.* Gütersloh: Bertelsmann.

Empfehlungen der Kommission 'Anwalt des Kindes'. (1978). Stuttgart: GEW Landesverband Baden-Würtemberg.

Fabry, E. (1989). Von der Einheitsschule zur Gesamtschule. *Pädagogik, 41,* 16-22.

Fischer, M. (1971). *Die innere Differenzierung des Unterrichts in der Volksschule.* Weinheim: Beltz.

Fischer, W., Krengel, J. & Wietog, J. (1982). *Sozialgeschichtliches Arbeitsbuch I. Materialien zur Statistik des Deutschen Bundes 1815-1870*. München: Beck.

Fleming, C. M. (1959). Class size as a variable in the teaching situation. *Educational Record, 1*, 35-48.

Flitner, A. (1989). *Konrad, sprach die Frau Mama*. München: Piper.

Foulkes, S. H. (1977). Probleme der großen Gruppe vom gruppenanalytischen Standpunkt aus. In L. Kreeger (Hrsg.), *Die Großgruppe* (S. 27-59). Stuttgart: Klett.

Friedrich, G. (1978). *Die Volkschule in Württemberg im 19. Jahrhundert*. Weinheim: Beltz.

Gauer, P. (1906). *Siebzehn Jahre im Kampf um die Schulreform*. Berlin: Weidmann.

Geissler, G. (1969). *Strukturfragen der Schule und der Lehrerbildung*. Weinheim: Beltz.

Giesecke, H. (1965). Zur Schulpolitik der Sozialdemokraten in Preußen und im Reich 1918/19. *Vierteljahreshefte für Zeitgeschichte*, *13*, 162-177.

Gump, P. V. (1987). School and classroom environments. In D. Stokols, & I. Altman (Hrsg.), *Handbook of Environmental Psychology* (S. 691-732). New York: Wiley.

Gupta, N. (1979). *Some schools and classroom antecedents of student achievement*. Southwest Educational Development Lab., Austin, Texas.

Haddad, W. D. (1978). *Educational effects of class size*. Washington: World Bank.

Halberstadt, E. (1947). *Aus der Praxis der Dorfschule*. Oberursel: Kompass-Verlag.

Halbritter, M. (1979). *Schulreformpolitik in der britischen Zone von 1945 bis 1949*. Weinheim: Beltz.

Hall, W. C. & Carroll, N. E. (1973). The effect of teachers' organizations on salaries and class size. *Industrial and Labor Relations Review*, *26*, 834-841.

Hartnacke, W. (1926). *Organische Schulgestaltung*. Radebeul.

Haug, R. (1983). *Die Ausgaben von staatlichen Schulen und freien Waldorfschulen im Vergleich*

Haupt, J. (1933). *Neuordnung im Schulwesen und Hochschulwesen*. Berlin: Heymanns Verlag.

Heckel, H. (1952). *Übersicht über das Schulwesen im Bundesgebiet*. Berlin: Weidmann-Greven.

Heckel, H. (1959). *Die Städte und ihre Schulen*. Stuttgart: Kohlhammer.

Heckel, H. (1967). *Schulrecht und Schulpolitik*. Damrstadt: Luchterhand.

Heckel, H. (1976). *Schulrechtskunde*. Darmstadt: Luchterhand.

Heinemann, M. (Hrsg.). (1980). *Erziehung und Schulung im Dritten Reich (2 Bände)*. Stuttgart: Klett-Cotta.

Henk, D. (1974). *Schulpädagogen in der zweiten Hälfte des 19. Jahrhunderts*. Diss. phil. Mainz: Universität. Fachbereich Philosophie/Pädagogik.

Henze, A. (1928). Das Förderklassensystem. In H. Nohl & L. Pallat (Hrsg.), *Handbuch der Pädagogik* (Band 4, S. 157-167). Langensalza: Beltz.

Heppe, H. (1971). *Geschichte des Deutschen Volksschulwesens (5 Bände, Original 1858)*. Hildesheim: Olms.

Hergang, K. G. (1851f). *Pädagogische Realencyclopädie*. Grimma & Leipzig: Verlag des Verlags-Comptoirs.

Herrlitz, H. G., Hopf, W. & Titze, H. (1981). *Deutsche Schulgeschichte von 1800 bis zu Gegenwart*. Frankfurt: Athenäum.

Hettwer, H. (1965). *Herkunft und Zusammenhang der Schulordnungen*. Mainz: v. Hase & Koehler.

Hohendorf, G. (1954). *Die pädagogische Bewegung in den ersten Jahren der Weimarer Republik*. Berlin: Volk und Wissen.

Hohorst, G., Kocka, J. & Ritter, G. A. (1978). *Sozialgeschichtliches Arbeitsbuch II. Materialien zur Statistik des Kaiserreichs 1870-1914* (2. Aufl.). München: Beck.

Holstein, H. (1972). *Die Schule als Institution*. Ratingen: Henn.

Holtzendorff, F. v. (1881). *Rechtslexikon*. Leipzig: Duncker & Humblodt.

Huber, E. R. (1957f). *Deutsche Verfassungsgeschichte seit 1789 (8 Bände)*. Stuttgart: Kohlhammer.

Ingenkamp, K. (1969). *Zur Problematik der Jahrgangsklasse*. Weinheim: Beltz.

Ingenkamp, K. (1990). *Pädagogische Diagnostik in Deutschland 1885-1932*. Weinheim: Deutscher Studienverlag.

Ingenkamp, K., Petillon, H. & Weiß, M. (Hrsg.). (1985). *Klassengröße: Je kleiner, desto besser? Forschungs- und Diskussionsstand zur Wirkung der Klassenfrequenz*. Weinheim: Beltz.

Jeismann, K. E. (1987). Schulpolitik, Schulverwaltung, Schulgesetzgebung. In K.-E. Jeismann & P. Lundgreen (Hrsg.), *Von der Neuordnung Deutschlands bis zur Gründung des Deutschen Reiches* (S. 105-121). München: Beck.

Kade, F. (1925). *Schleiermachers Anteil an der Entwicklung des preußischen Bildungswesens*. Leipzig: Quelle & Meyer.

Kahlert, H. (1978). *Prolegomena zur Geschichte der Bildungsökonomie*. Weinheim: Beltz.

Kahlert, H. (o.J.). Schulen unter Sparzwang. In J. Derbolav et al. (Hrsg.), Pädagogik in Weimarer Zeit (S. 3-30). Sonderheft Pädagogische Rundschau.

Kanz, H. (1987). *Deutsche Erziehungsgeschichte 1945-1985 in Quellen und Dokumenten*. Frankfurt: Lang.

Katzmann, M. T. (1971). *The political economy of urban schools*. Cambridge, Mass.: Harvard University Press.

Keim, W. (1989). Reformpädagogik und Faschismus. *Pädagogik*, *41*, 23-28.

Keliher, A. V. (1966). Effective learning and teacher-pupil ratio. *Childhood Education*, *43*, 3-6.

Kell, A. (1973). *Schulverfassung*. München: Kösel.

Kerschensteiner, G. (1954). *Grundfragen der Schulorganisation*. München: Oldenbourg.

Kleemann, U. (1977). *Der Deutsche Ausschuß für das Erziehungs- und Bildungswesen*. Weinheim: Beltz.

Klein, K. (1985). Practical applications of research: The research on class size. *Phi Delta Kappan*, *66*, 578-580.

Klewitz, M. & Leschinksy, A. (1984). Institutionalisierung des Volksschulwesens. In M. Baethge, & K. Nevermann (Hrsg.), *Organisation, Recht und Ökonomie des Bildungswesens* (S. 72-97). Stuttgart: Klett-Cotta.

Klink, J. G. (1966). *Zur Geschichte der Sonderschule*. Bad Heilbrunn: Klinkhardt.

Kluger, A. (1940). *Die Deutsche Volksschule im Großdeutschen Reich*. Breslau: Hirt.

Kluger, A. (1944). *Der Deutsche Volksschullehrer (2 Bände)*. Berlin: Deutscher Schulverlag.

Koch, L. (1977). Bemerkungen über die Anfänge der preußischen Bildungsreform. *Vierteljahresschrift für Wissenschaftliche Pädagogik*, *53*, 54-63.

Koldewey, F. (1886). *Braunschweigische Schulordnungen von den ältesten Zeiten bis zum Jahre1828 (Monumenta Germaniae Paedagogica Band I)*. Berlin: Hofmann & Comp.

Komensky, J. A. (Comenius). (1970). *Böhmische Didaktik*. Paderborn: Schöningh.

Koppelmann, H. (1940). Die Entwicklung des deutschen Schulwesens in den letzten Jahren. In R. Benze (Hrsg.), *Bericht über die Entwicklung der deutschen Schule 1933-1939* (S. 104-158). Berlin: Mittler & Sohn.

Kratochvil, M. V. (1984). *Comenius - Roman eines Lebens*. Hanau: Dausien.

Kraul, M. (1981). *Kindheit, Erziehung und Gesellschaft - früher und heute*. Stuttgart: Klett.

Kraul, M. (1984). *Das deutsche Gymnasium 1780-1980.* Frankfurt: Suhrkamp.

Kraul, M. (1988). Bildung und Bürgerlichkeit. In J. Kocka (Hrsg.), *Bürgertum im 19. Jahrhundert* (S. 45-73). München: dtv.

Krieck, E. (1925). *Philosphie der Erziehung.* Jena: Eugen Diederichs.

Krieck, E. (1927). *Bildungssysteme der Kulturvölker.* Leipzig: Quelle & Meyer.

Küppers, H. (1980). Weimarer Schulpolitik in der Wirtschafts- und Staatskrise der Republik. *Vierteljahreshefte für Zeitgeschichte, 28,* 20-46.

Kunert, H. (1973). *Deutsche Reformpädagogik und Faschismus.* Hannover: Schroedel.

Lagarde, P. D. (1924). *Deutsche Schriften.* München: Lehmann.

Landler, F. (1977). *Ein Simulationsmodell des primären und sekundären Bildungswesens in Österreich.* Wien: Institut für sozio-ökonomische Entwicklungsforschung.

Lang, L. (1949). *Landschule und ländliche Erziehung in Österreich.* Wien: Österreichischer Bundesverlag für Unterricht.

Lang, L. (1953). *Landschulerneuerung Landschulplan.* Wien: Österreichischer Bundesverlag für Unterricht.

Lange, H. (1967). *Schulbau und Schulverfassung der frühen Neuzeit.* Weinheim: Beltz.

Laughlin, J. S. (1976). A sacred cow - class size. *College and University, 51,* 339-347.

Leschinksy, A. & Roeder, P. M. (1983). *Schule im historischen Prozeß.* Frankfurt: Ullstein.

Leschinsky, A. & Roeder, P. M. (1978). Probleme einer sozialhistorischen Schulgeschichtsschreibung. *Zeitschrift für Pädagogik, 24,* 69-88.

Little, R. C. (1951). Effect of class size on learning. *NEA Journal, 40,* 215-216.

Lundgreen, P. (1973). *Bildung und Wirtschaftswachstum im Industrialisierungsprozeß des 19. Jahrhunderts.* Berlin: Colloquium.

Maassen, N. (1940). Die Mittelschule. In R. Benze (Hrsg.), *Bericht über die Entwicklung der deutschen Schule 1933-1939* (S. 201-216). Berlin: Mittler & Sohn.

Maassen, N. (1958f). *Quellen zur Geschichte der Mittel- und Realschulpädagogik.* Berlin: Schroedel.

Maskus, R. (1966). *Zur Geschichte der Mittel- und Realschule.* Bad Heilbrunn: Klinkhardt.

McKenna, B. H. & Olson, M. N. (1975). Class size revisited. *Today's Education, 2,* 29-31.

Menze, C. (1975). *Die Bildungsreform Wilhelm von Humboldts.* Hannover: Schroedel.

Michael, B. & Schepp, H. H. (1974). *Politik und Schule von der Französischen Revolution bis zur Gegenwart.* Frankfurt: Athenäum.

Milstead, J. (1973). Communication and identity as structural principles in small classes. *Liberal Education, 59*, 498-506.

Moog, W. (1967). *Geschichte der Pädagogik.* Ratingen: Henn.

Mors, A. (1986). *Die Entwicklung der Schulpflicht in Deutschland.* Tübingen: Dissertation. Juristische Fakultät.

Müller, D. K. & Zymek, B. (1978). *Sozialgeschichte und Statistik des Schulsystems in den Staaten des Deutschen Reiches 1800-1945.* Göttingen: Vandenhoeck & Ruprecht.

New York Teachers Association. (1959). *The school day, the school year and work load of teachers.* ED 011470, New York Teachers Association, Albany.

Nicklis, W. S. (1975). *Handwörterbuch der Schulpädagogik.* Bad Heilbrunn: Klinkhardt.

Nohl, H. & Pallat, L. (Hrsg.). (1933). *Handbuch der Pädagogik.* Langensalza: Beltz.

Noll, A. (1985). *Sickingers System der Klassen für förderungsbedürftige Schüler in derSchweiz.* Berlin: Carl Marhold.

Nyssen, F. (1974). Das Sozialisationskonzept der Stiehlschen Regulative und sein historischer Hintergrund. In U. Aumüller et al. (Hrsg.), *Schule und Staat im 18. und 19. Jahrhundert* (S. 292-322). Frankfurt: Suhrkamp.

Nyssen, F. (1979). *Schule im Nationalsozialismus.* Heidelberg: Quelle & Meyer.

Oelkers, J. (1986). Die Reformpädagogik. *Westermanns Pädagogische Beiträge, 38*, 34-38.

Oelkers, J. (1989). *Reformpädagogik.* Weinheim: Juventa.

Orlow, D. (1965). Die Adolf-Hitler-Schulen. *Vierteljahreshefte für Zeitgeschichte, 13*, 272-284.

Ortner, R. (1970). Grundschule und Klassenfrequenz. *Bayerische Schule, 23*, 9-11.

Ortner, R. (1980). Die Entwicklung der Klassenfrequenzen an Bayerns Grundschulen innerhalb der vergangenen zehn Jahre. *Bayerische Schule, 17*, 536-540.

Ostwald, W. (1928). Die Naturwissenschaften. In (Hrsg.), *Zehn Jahre deutsche Geschichte* (S. 409-412). Berlin: Stollberg.

Otto, B. (1898). *Die Schulreform im zwanzigsten Jahrhundert.* Leipzig: Jentzsch.

Ottweiler, O. (1979). *Die Volksschule im Nationalsozialismus.* Weinheim: Beltz.

Ottweiler, O. (1983). Die Ausbildung der Volksschullehrer im Nationalsozialismus - Struktur, Inhalte und Zielsetzungen nationalsozialistischer Lehrerbildung. *Informationen zur erziehungs- und bildungshistorischen Forschung, 20,* 289-326.

Padberg, R. (1977). Zum Gespräch um Wilhelm von Humboldt. *Vierteljahresschrift für Wissenschaftliche Pädagogik, 53,* 138- 142.

Petersen, P. (1935). Der Jena-Plan. *Die Erziehung, 10,* 1-8.

Petersilie, A. (1897). *Das Öffentliche Unterrichtswesen im Deutsche Reiche und in den übrigeneuropäischen Kulturländern (2 Bände).* Leipzig: Hirschfeld.

Petrat, G. (1979). *Schulunterricht. Seine Sozialgeschichte in Deutschland 1750-1850.* München: Ehrenwirth.

Petzina, D. & Abelshauser, W. (1978). *Sozialgeschichtliches Arbeitsbuch I. Materialien zur Statistik des Kaiserreichs 1914-1945.* München: Beck.

Plessner, H. (1959). *Die verspätete Nation.* Stuttgart:

Plickat, H. H. (1961). Schulaufbau, Schulorganisation. In H.-H. Groothoff, & M. Stallmann (Hrsg.), *Pädagogisches Lexikon* (S. 802- 808). Stuttgart: Kreuz.

Radde, G. (1973). *Fritz Karsen. Ein Berliner Schulreformer der Weimarer Zeit.* Berlin: Colloquium.

Rauscher, H. (1986). Die 'kleine Klasse' fast eine 'kleine Ideologie'. *Beispiele, H.1,* 9-10.

Reble, A. (1971). *Geschichte der Pädagogik.* Stuttgart: Klett.

Regener, F. (1910). *Die Prinzipien der Reformpädagogik.* Berlin: Gerdes & Hödel.

Reicke, E. (1979). *Magister und Scholaren.* Düsseldorf: Diederichs.

Reinhardt, K. (1919). *Die Neugestaltung des deutschen Schulwesens.* Leipzig: Quelle & Meyer.

Reisert, J. E. (1971). Class size. *Encyclopedia of Education, 2,* 157-160.

Rethwisch, C., Lehmann, R. & Bäumer, G. (1904). *Die höheren Lehranstalten und das Mädchenschulwesen im Deutschen Reich.* Berlin: Asher.

Reukauf, A. (1909). Überfüllung von Schulklassen. In W. Rein (Hrsg.), *Encyklopädisches Handbuch der Pädagogik* (S. 325-351). Langensalza: Beyer.

Roloff, E. M. (1913). *Lexikon der Pädagogik (Stichwort: Klassenfrequenz).* Freiburg: Herder.

Roth, H. (1970). *Pädagogische Psychologie des Lehrens und Lernens.* Hannover: Schroedel.

Rytlewski, R. & Opp de Hipp, M. (1987a). *Die Bundesrepublik Deutschland in Zahlen 1945/49-1980.* München: Beck.

Rytlewski, R. & Opp de Hipp, M. (1987b). *Die Deutsche Demokratische Republik in Zahlen 1945/49-1980.* München: Beck.

Rzesnitzek, F. (1909). *Johann Amos Comenius' Didactica magna.* Breslau: Hirt.

Sachse, A. (1933). Die Entwicklung der Bildungsorganisationen und ihr gegenwärtiger Zustand. In H. Nohl, & L. Pallat (Hrsg.), Handbuch der Pädagogik (S. 377-463). Langensalza: Beltz.

Schaller, K. (1962). *Die Pädagogik des Johann Amos Comenius.* Heidelberg: Quelle & Meyer.

Scheibe, W. (1965). *Zur Geschichte der Volksschule. Band 2: 19.- 20. Jahrhundert).* Bad Heilbrunn: Klinkhardt.

Scheibe, W. (1969). *Die Reformpädagogische Bewegung.* Weinheim: Beltz.

Scheuerl, H. (1985). *Geschichte der Erziehung.* Stuttgart: Kohlhammer.

Schmid, K. A. (Hrsg.). (1867f). *Encyklopädie des gesamten Erziehungs- und Unterrichtswesens.* Gotha: Besser.

Schmid, K. A. (1884f). *Geschichte der Erziehung vom Anfang an bis auf unsere Zeit.* Stuttgart: Cotta.

Schmitt, H. (1979). *Schulreform im aufgeklärten Absolutismus.* Weinheim: Beltz.

Schnorbach, H. (1983). *Lehrer und Schule unterm Hakenkreuz.* Frankfurt: Athenäum.

Schoelen, E. (1965). *Erziehung und Unterricht im Mittelalter.* Paderborn: Schöningh.

Scholtz, H. (1973). *Nationalsozialistische Ausleseschulen.* Göttingen: Vandehoeck & Ruprecht.

Scholtz, H. (1985). *Erziehung und Unterricht unterm Hakenkreuz.* Göttingen: Vandenhoeck & Ruprecht.

Schorb, A. O. & Fritzsche, V. (1966). *Schulerneuerung in der Demokratie.* Stuttgart: Klett.

Schwartz, E. (1907). *Organisation und Unterrichtserfolge der städtischen Volksschulen in Deutschland.* Berlin: R. Kühn.

Schwartz, H. (1928f). *Pädagogisches Lexikon (4 Bände).* Bielefeld: Velhagen & Klasing.

Seidel, R. (1979). Die Schule der Zukunft eine Arbeitsschule. In G. Wehle (Hrsg.), *Kerschensteiner* (S. 62-84). Darmstadt: Wissenschaftliche Buchgesellschaft.

Shapson, S. M. (1973). What is the optimum class size?. *Ontario Education, 5*, 18-24.

Sieglerschmidt, J. (1988). Probleme des Aufbaus und Umfangs einer Datenbank 'Historische Statistik'. *Historische Sozialforschung, 13*, 89-110.

Sienknecht, H. (1968). *Der Einheitsschulgedanke.* Beltz: Weinheim.

Simmel, G. (1968). *Soziologie*. Berlin: Duncker & Humblot.

Singer, K. (1976). *Verhindert die Schule das Lernen?* München: Ehrenwirth.

Solomon, D. (1966). Teacher behavior dimensions, course characteristics, and student evaluations of teachers. *American Educational Research Journal, 3*, 35-47.

Spieler, J. (1932). *Lexikon der Pädagogik der Gegenwart.* Freiburg: Herder.

Stein, E. & Roell, M. (1988). *Handbuch des Schulrechts.* Köln: Heymann.

Stern, D. (1987). *Teacher's Alaries, class size, and student achievement in grades 3 and 6: some new evidence.* Washington: AERA.

Suhor, C. (1984). Class size and English - looking for hard data. *Educational Leadership, 42*, 89.

Tausch, R. & Tausch, A. M. (1973). *Erziehungspsychologie.* Göttingen: Hogrefe.

Tenorth, H. E. (1987). Lehrerberuf und Lehrerbildung. In K.-E. Jeismann, & P. Lundgreen (Hrsg.), *Von der Neuordnung Deutschlands bis zur Gründung des Deutschen Reiches* (S. 250-269). München: Beck.

Tenorth, H. E. (1988). *Geschichte der Erziehung.* Weinheim: Juventa.

Tews, J. (1892). *Der preußische Schulgesetzentwurf im Lichte der deutschen Unterrichtsgesetzgebung*. Leipzig: Klinkhardt.

Tews, J. (1909). Unterrichtsstatistik. In W. Rein (Hrsg.), Encyklopädisches Handbuch der Pädagogik (S. 460-485). Langensalza: Beyer.

Tews, J. (1913). *Grundzüge der deutschen Schulgesetzgebung.* Leipzig: Voigtländer-Verlag.

Tews, J. (1914). *Ein Jahrhundert preußischer Schulgeschichte.* Leipzig: Quelle & Meyer.

Thorne, E. H. (1946). Watch elementary class size. *Nation's Schools, 37*, 52f.

Waldeyer, H. (1974). Zur Entstehung der Realschulen in Preußen im 18. Jahrhundert bis zu den dreißiger Jahren des 19. Jahrhunderts. In U. Aumüller et al. (Hrsg.), *Schule und Staat im 18 und 19. Jahrhundert.* (S. 146-170). Frankfurt: Suhrkamp.

Wehle, G. (1956). *Praxis und Theorie im Lebenswerk Georg Kerschensteiners.* Weinheim: Beltz.

Weiß, M. (1985). *Schuleffekt-Forschung: Ergebnisse und Kritik empirischer Input-Output-Untersuchungen*

Wende, ?. (1928). Der Aufbau des Schulwesens. In *Zehn Jahre deutsche Geschichte* (S. 445-462). Berlin: Stollberg.

Wiese, L. (1846f). *Das Höhere Schulwesen in Preussen (3 Bände).* Berlin: Wiegand & Grieben.

Wiese, L. (1886). *Verordnungen und Gesetze für die höheren Schulen in Preußen (Hrsg.: Otto Kübler).* Berlin: Wiegandt.

Wilhelm, T. (1987). Der reformpädagogische Impuls. In U. Herrmann (Hrsg.), 'Neue Erziehung'. 'Neuer Mensch′ (S. 177-199). Weinheim: Beltz.

Zahn, F. (1911). *Die Statistik in Deutschland nach ihrem heutigen Stand.* München: Schweitzer.

Zander, H., Ketterer, G. & Steiner, A. (1974). Zur Methodenproblematik in der Analyse der Volksschulentwicklung. In U. Aumüller et al. (Hrsg.), *Schule und Staat im 18* (S. 254-291). und 19. Jahrhundert. Frankfurt: Suhrkamp.

Zorn, W. (1976). Staatliche Wirtschafts- und Sozialpolitik und öffentliche Finanzen 1800-1970. In H. Aubin, & W. Zorn (Hrsg.), *Handbuch der deutschen Wirtschafts- und Sozialgeschichte* (S. 148- 198). Stuttgart: Klett.

Zymek, B. (1979). Schulen. In D. Langewiesche & H.-E. Tenorth (Hrsg.), *Die Weimarer Republik und die nationalsozialistische Diktatur* (S. 155-208). München: Beck.

M.v.Saldern
Klassengröße als Forschungsgegenstand
Landau: Verlag der Universität
ISBN 3-923786-41-7

Klassengröße als Forschungsgegenstand

Man irrt, wenn man annimmt, daß die Intensität der öffentlichen Diskussion zu einer Reihe von fundierten Forschungsprojekten über die Wirkung der Klassengröße geführt hat. Zwar spielt die Klassengröße - wie gezeigt wird - eine nicht unerhebliche Rolle bei den betroffenen Eltern, Lehrern und Schülern, dennoch ist die Forschungslage eher als desolat anzusehen. In diesem Band wird über eine umfassende Befragung von Eltern-, Lehrer- und Schülerverbänden berichtet. Es schließt die Darstellung der Ergebnisse einer Befragung von 2000 LehrerInnen an. Vor einer Zusammenfassung der bereits vorliegenden Forschungsergebnisse werden die Studien von Glass und Mitarbeitern einer gründlichen Kritik unterzogen. Dieser Band schließt ab mit einer Diskussion von Modellen zur Erfassung von Effekten der Klassengröße.

M.v.Saldern
Gruppengröße - eine humanökologische Perspektive
St. Augustin: Academia Verlag
ISBN 3-88345-681-0

Gruppengröße - eine human-ökologische Perspektive

Die theoretische Dimension einer möglichen Beeinflussung des Schülerverhaltens in unterschiedlich großen Klassen kann isoliert nicht bestimmt werden. Deshalb wird in diesem Band die Fragestellung ausgeweitet auf soziale Gruppen an sich. Dies schien auch deshalb gerechtfertigt, weil in Gruppendefinitonen aus Pädagogik, Soziologie und Psychologie die Größe ein Bestimmungsfaktor ist, der in den meisten weitergehenden Analysen nicht mehr Berücksichtigung findet. Die Rolle der Gruppe im menschlichen Dasein wird ebenso beleuchtet wie eines ihrer Bestimmungsfaktoren (die Größe). Es wurde versucht, auch neueste theoretische Konzeptionen wie z.B. die wieder erwachsende humanökologische Perspektive zu berücksichtigen. Dies geschah in kritischer Diskussion zu vorliegenden, auch schon älteren ökologischen Modellen, wozu auch die Bewältigung von Streß ebenso gezählt wird wie Konzepte des Raumes (Territorialverhalten, kognitive Karten, Dichte usw.)